我国财政信息公开问题研究

刘生旺　著

中国财经出版传媒集团
中国财政经济出版社

图书在版编目（CIP）数据

我国财政信息公开问题研究／刘生旺著．--北京：中国财政经济出版社，2021.3

ISBN 978-7-5223-0404-5

Ⅰ.①我… Ⅱ.①刘… Ⅲ.①财政-信息公开-研究-中国 Ⅳ.①F812

中国版本图书馆CIP数据核字（2021）第037440号

责任编辑：李筱文　　责任校对：徐艳丽
封面设计：陈宇琰　　责任印制：党　辉

中国财政经济出版社 出版

URL：http：//www.cfeph.cn

E-mail：cfeph@cfeph.cn

社址：北京市海淀区阜成路甲28号　邮政编码：100142

营销中心电话：010-88191522

天猫网店：中国财政经济出版社旗舰店

网址：https：//zgczjjcbs.tmall.com

北京财经印刷厂印刷　各地新华书店经销

成品尺寸：170mm×240mm　16开　13.25印张　215 000字

2021年4月第1版　2021年4月北京第1次印刷

定价：52.00元

ISBN 978-7-5223-0404-5

（图书出现印装问题，本社负责调换，电话：010-88190548）

本社质量投诉电话：010-88190744

打击盗版举报热线：010-88191661　QQ：2242791300

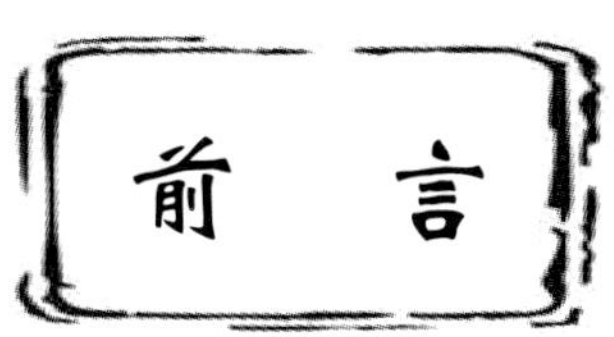

前　言

2019 年 10 月，十九届四中全会胜利召开，会议审议通过了《中共中央关于坚持和完善中国特色社会主义制度、推进国家治理体系和治理能力现代化若干重大问题的决定》（以下简称“决定”）。“决定”共有13个部分，其中的最核心词汇“人民”在决定中出现了99次。“为人民执政、靠人民执政”“坚持人民主体地位”“为人民服务”和“增进人民福祉”等话语再次极大地提升了中国老百姓的自豪感和幸福感。至于在大数据时代，政府该如何提高国家治理体系和治理能力，“决定”既提出要运用互联网、大数据和人工智能等技术手段来推进数字政府建设。又提出要通过推动公共财政支出等重点领域的监督机制改革和制度建设来构建不敢腐、不能腐、不想腐的体制机制。财政既是“邦国之本”又是“庶政之母”，大数据时代背景下的公共财政作用的充分有效发挥，财政信息公开无疑是最重要的前提，而财政信息公开也是将权力置于阳光下，有效地预防腐败，保障老百姓知情权和参与权的重要前提。基于此，在大数据时代，考察我国政府财政信息公开问题显得既重要又紧迫。

本书第一章定量地考察我国财政信息公开的重要性。主要结论如下：第一，财政信息公开有助于降低政府行政管理支出在公共财政支出中的比重，即有助于降低政府的维持性支出，优化地方政府财政支出结构。第二，自然资源依赖度越高，越会削弱财政信息公开对政府行政管理支出的约束。分样本的回归结果表明，财政信息公开对政府行政支出的约束作用仅在低自然资源依赖地区存在。第三，加入转移支付为控制变量后，财政信息公开依然可以制约政府行政支出占总财政支出的比重。但转移支付与财政信息公开的交乘项系数不显著。这说明从支出结构来看，财政信息公开与政府行政管理支出的关系不随转移支付依赖程度的不同而变化。第四，对于转移支付越高，财政收入当中的政府行政管理支出也相应提高的政府规模膨胀现象，提高财政信息公开度可以有效减弱这种后果。

第二章结合我国财政的四本账，即一般公共预算、政府性基金预算、国有资本经营预算和社会保障基金预算来考察我国财政信息的公开情况。具体而言，从完整性、透明性、确定性和统一性四个方面来对我国财政预决算信息的公开情况予以分析。就完整性而言，一般公共预决算支出和社会保险基金预决算收支不符合完整性要求；就透明性而言，四个“钱包”的透明性主要集中在类和款，只有一般公共预算的决算支出的大部分透明到了项，至于目级科目，则完全不涉及；就确定性而言，当年的财政预算信息不仅不能之前公布，也不能在当年公布，而是选择在下一年年中公布财政决算信息时才一同公布；就统一性而言，财政部门并非是唯一的预决算部门。财政信息公开在完整性、透明性、确定性和统一性四个方面都有很大的改进空间。

第三章结合我国一般公共预算、政府性基金预算、国有资本经营预算三种预算分析了对完整性和透明度有很大影响的一种科目设置——其他财政收入和其他财政支出。我国四本账中的上述三本账设置了其他财政收支科目，分析的结论是无论对于规模最大的一般公共预算、规模居中的政府性基金预算，还是规模最小的国有资本经营预算，从类级到款级乃至到项级的财政收支科目的设置无论是绝对规模还是相对比重，都不能轻易忽视。未来的财政预决算信息公开改革在其他收支的科目设置、缩小绝对规模和相对比重上有很大的进步余地。

第四章结合财政预决算信息公开分析我国一般公共预算、政府性基金预算、国有资本经营预算中需要重点关注的项目。具体而言，结合一般公共预算公布的财政信息分析民生财政支出、政府行政成本支出的现状、问题和对策；结合政府性基金预算公布的财政信息和预算法对政府性基金预算的规定性要求，分析政府性基金预算在完整、独立和衔接等方面存在的问题和未来的改革方向；结合国有资本经营预算公布的财政信息分析我国的国有资本经营预算在收入、支出、国有企业改革和经济增长等方面存在的问题和改革路径。总体结论是上述三种预算在经济改革、民生改革、政府机构改革和国有企业改革中发挥过积极的作用，但未来还有很大的改革空间。

第五章结合我国财政的四本账分析我国财政预算信息对财政决算信息的约束水平。财政预算的作用在于对财政决算（预算执行）产生有效的约束。以此为出发点，本章构建了5%的预算约束容错率。考察结果显示，在考察年度，无论是一般公共预算、政府性基金预算、国有资本经营预算还是社会保险基金预算，财政决算（预算执行）不符合预算约束是常态。在未来的改革中，可以通过加强《中华人民共和国预算法》（以下简称《预算法》）的改革，将财政预算硬约束写进“预算法”、把权力机关的权力更好地关进笼子里，加强人民代表大会对预算的批准和监督权力，以及加强新闻媒体和民众监督等方式来切实保障财政预算对财政决算（预算执行）的约束。

第六章结论部分，对我国财政信息公开的作用、财政预决算信息的公开性、财政预决算信息中的其他财政收支科目、财政信息公开的重点项目、财政预算约束等问题进行了总结，并提出了对未来的改革建议。

目 录

第一章
财政信息公开重要吗？[①]

财政乃“庶政之母”，财政也是“邦国之本”[②]，古今中外，对财政问题的关注既是国之重点，也是民之重点，而无论是国之关注还是民之关注，其前提都是财政信息的公开。财政信息公开究竟有何作用、应该怎样推动财政信息公开？对上述问题的研究直接关系着我国财政信息公开的进程。通常认为，财政信息公开通过把财政信息置于阳光下能控制和约束政府行为，进而增进民众福利。实际情况究竟怎样，本章基于行政管理支出的角度并结合不同地区的自然资源禀赋情况、中央政府的转移支付情况等来对上述问题进行定量研究。研究发现，财政信息公开对一个地区的行政管理支出具有显著的约束作用，而一个地区对自然资源依赖度的增加会弱化两者间的关系；中央对地方转移支付规模的增加会引发地方政府行政管理支出增加的“粘蝇纸”效应，而提高财政信息公开度可以减弱这种效应。为了充分发挥财政信息公开对政府收支的约束作用，应继续推进各级政府的财政信息公开工作；不同地区应当披露各自的重点财政信息，至少要披露一般公共预算、政府性基金预算、国有资本经营预算和社会保险基金预算等预算法明确规定的政府四本账；此外应建设有利于财政信息公开发挥作用的宏观经济环境。

① 本章主要内容参见刘生旺、陈鑫：“财政透明能约束政府行为吗？——基于政府行政管理支出视角的研究”，《审计与经济研究》，2019 年第 4 期，第 116—127 页。

② 转引自唐仁健：《“皇粮国税”的终结》，中国财政经济出版社 2004 年版。财政乃“庶政之母”原出自亚当·斯密的《国富论》，财政是“邦国之本”原出自我国唐代的理财家杨炎。

第一节 引言与文献综述

财政信息公开属于政府信息公开的一部分。财政预决算信息向公众公开，可以使公众知晓政府所管理的所有公共资金和资产的运转状况，为防止财政资金浪费和行政腐败提供制度性保障①。可见，财政信息公开在提高政府治理水平、规范政府行为方面具有重要意义。自 2008 年 5 月《中华人民共和国信息公开条例》施行以来，我国以“全面规范、公开透明”为核心内容的财政信息公开改革稳步推进。那么我国的财政信息公开改革是否对政府行为形成了有效约束呢？对此问题的回答，直接关系到政府和公众对财政信息公开的态度，关系到我国财政信息公开的推动进程。

有关财政信息公开与政府行为，我国国内学者主要从以下三个方面做了研究：第一，关于财政信息公开与腐败的研究，黄寿峰和郑国梁（2015）使用 2006—2009 年的省级面板数据，发现当前我国的财政信息公开尚不能有效遏制腐败；而李春根和徐建斌（2016）使用 2006—2011 年的省级面板数据，发现预算公开可以显著抑制官员腐败。第二，有关财政信息公开与债务融资的研究，潘俊等（2016）使用 2010—2012 年的省级面板数据，发现财政信息公开与地方政府融资规模和债务风险呈负向关系，财政分权与地方政府融资规模和债务风险呈正向关系，财政信息公开可以遏制财政分权对地方政府债务的这种正向效应；肖鹏等（2015）使用 2012 年我国 29 个省份的截面数据，发现财政信息公开度与政府债务规模呈反向关系。第三，关于财政信息公开与财政资金配置效率的研究，李丹和裴育（2016）使用 2009—2012 年的省级面板数据，发现我国财政信息公开工作没有明显地提高财政资金的配置效率。

学者们的研究从不同角度考察财政信息公开对政府行为的影响，得出了有差异的结论，这说明有关财政信息公开能否有效约束和规范政府行为，结论依然不够明确。此外，从已有研究来看，有关财政信息公开是否能约束政府行为，主要集中在腐败、政府债务等方面，还缺乏对财政信息公开是否能约束政

① 参见上海财经大学公共政策研究中心，2009 年和 2010 年《中国财政信息公开度报告》。

府支出本身的分析。降低政府行政成本是规范并约束政府行为，提高政府行政效率的重要手段和保障。从2007年党的十七大报告到2017年的十九大报告再到2019年的十九届四中全会，“简政放权”是贯穿党和国家机构行政体制改革的最核心词汇，本章将从近些年来广受诟病的政府行政管理支出角度考察财政信息公开对政府行为的影响。

有关政府行政管理支出的研究。目前，单独研究行政管理支出的文献较少，研究集中于将行政管理支出作为政府支出的一部分，对政府整体规模进行研究。有关政府规模走势的影响因素，有从城市化角度的考察（余华义，2015）；有从贸易开放角度的考察（胡兵等，2013；高翔和黄建忠，2016）；有从增值税收入角度的考察（王莹等，2014）；有从转移支付角度的考察（范子英和张军，2010；范子英和张军，2013）；有从财政分权角度的考察（庄玉乙和张光，2012）。有关政府规模扩张的效应，文雁兵（2016）认为适度政府规模有助于经济增长和福利增进。有关行政管理支出的研究，宋小宁等（2015）从区位劣势角度研究发现偏远地区往往拥有更高的行政管理费；宋小宁等（2015）发现更高的转移支付依赖导致更高的行政管理费比重。总结上述政府规模和政府行政管理支出的实证研究发现，现有研究主要是从经济、地理等角度进行考察，缺乏制度层面的分析。虽然很多文献提出，应从财政信息披露和严格财经纪律入手约束地方政府不合理的支出膨胀，但在实证研究中都没有将制度环境考虑在内。本章将从制度因素入手直接考察财政信息公开对我国地方政府行政管理支出的影响。

通过本章的研究，我们希望从地方政府行政管理支出角度探讨如下问题：财政信息公开是否能约束政府行为？财政信息公开什么情况下可以更好地约束政府，规范政府行为？本章余下部分的结构安排如下：第二部分是有关财政信息公开影响政府行政管理支出的理论分析和研究假设；第三部分是有关数据、变量和模型的说明；第四部分是财政信息公开影响政府行政管理支出的实证分析，最后是文章的结论与政策启示。

第二节
理论分析与研究假设

从支出功能的角度来看，政府支出可以分为维持性支出、民生性支出以及经济性支出。维持性支出属于政府最基本的支出，主要包括行政管理费、国防费等政府消费性支出。由于国防属于典型的纯公共产品，主要由中央政府提供，中央财政支持。因此，对于地方政府而言，其维持性支出主要指行政管理费。

不同地方政府的维持性支出规模总量、人均规模和维持性支出占当地财政总支出的比重差异很大。不同地方政府维持性支出绝对规模的差异，一定程度上反映了不同地方政府正常运转、正常履行职责的规模差异，维持性支出绝对规模大，通常意味着该地方政府机构设置的规模较大，反之则意味着该地方政府机构设置的规模较小。人均维持性支出的差异，一定程度上反映了不同地方政府工作人员的行政成本，人均维持性支出越高，通常意味着该地方政府工作人员的行政成本越高，反之则意味着该地方政府工作人员的行政成本越低。维持性支出占本地方政府支出的比重，该比重在一定程度上反映了某地方政府机构运转的成本比重，该比重越高，通常意味着该地方政府机构运转的成本越高，反之则意味着该地方政府机构运转的成本越低。不同地方政府维持性支出上的差异，是不同地方政府间地域不同、文化不同、物价水平不同等因素综合作用的结果。

不同地方政府在民生性支出的规模和支出比重上的差异也很大。民生性支出绝对规模的差异，一定程度上反映了不同地方政府用于保障和改善民生支出方面的差异，民生性支出绝对规模大，通常意味着该地方政府用于保障和改善民生支出方面的规模大，反之则意味着该地方政府用于保障和改善民生支出方面的规模小。民生性支出占本地方政府支出比重，该比重在一定程度上反映了某地方政府用于保障和改善民生的比重，该比重越高，通常意味着该地方政府在总支出中用于保障和改善民生的支出越高，反之则意味着该地方政府在总支出中用于保障和改善民生的支出越低。

不同地方在上述两种乃至包括经济性支出在内的三种支出的差异，既有地域、文化、物价水平、风俗习惯不同以及需求偏好的不同的原因，还有地区间资源禀赋不同，接受中央转移支付不同的原因。但毋庸置疑，维持性支出所占比重越大，政府支出中用于民生和经济发展的支出就越少。因此，在满足社会维持职能的前提下，维持性支出应越少越好，这也是高效廉洁政府的一个体现。然而，很多因素会影响政府行政管理支出的走向。根据瓦格纳法则，随着社会的发展，第一，政府部门维护社会秩序、完善法律法规、协调经济人纠纷的活动增加；第二，政府部门提供的公共产品的范围不断扩大至交通、教育、卫生保健等领域；第三，政府需进一步扩大规模以处理城市化过程中不断产生的环境污染和生活拥挤等负外部性行为；第四，随着人们收入的不断增加，对政府提供的公共产品产生了更高层次的要求，如文化、福利等。总之，随着经济的发展，政府支出无论从绝对规模还是相对规模来看，都呈增加趋势。根据鲍莫尔的非均衡增长理论[①]，国民经济分为两个部门：生产率提高相对迅速的部门和生产率提高相对缓慢的部门。政府部门属于生产率提高相对缓慢的部门，而社会生产发展的结果是对政府部门提供的公共产品和服务数量会随着整个社会生产率的提高而相应提高，但由于政府部门的生产率提高相对缓慢，要满足整个社会所需求的公共产品和服务只能靠增加劳动力来满足。最终的结果是政府部门的规模不断膨胀，支出水平不断上涨。根据官僚行为理论[②]，从事政治活动的政客与从事经济活动的企业家一样，都为了追求个人利益的最大化，在政治活动中追求个人利益最大化的方式即是追求自己所领导的机构规模最大化，领导权力最大化。为此，政客会千方百计地让政府和百姓相信他们扩大机构的规模是合理和必要的，此外他们也不关心甚至排斥提高效率，因为这样可以为他们要求扩大规模，提高财政预算，增加福利提供充足的理由。以上三种经典的理论说明行政管理支出增长既有经济社会发展推动的合理因素，也有导致政府支出膨胀与低效率的不合理因素。众所周知，行政管理费高企一直是我国政府支出结构中的一个不合理现象，政府行政管理支出中的“三公”经费也是问题频出的领域。而约束政府支出无效膨胀的一个重要制度是财政信息的公开透明。通过财政信息公开，公众和媒体可以监督政府行政管理费的使用，减少政府官员滥用公款和财政资金浪费的行为。据此，我们提出本章的第一个研究假说：

假说1：财政信息公开可以有效约束政府行政管理支出膨胀，优化政府支出结构。

不同的国家和地区财政信息公开度差异很大。据国际预算合作组织2008年对世界85个国家的预算公开度进行调查的结果[③]发现，外援依赖程度越高、自然资源依赖程度越高的地区，通常拥有越低的预算公开度；从而财政信息公开对政府的制约有限。国内辛兵海等（2014、2015）的研究也发现，我国资源依赖度对预算公开度有负面影响。多年来，我国资源型地区的政府效率低

① 杨斌：《财政学》（第三版），东北财经大学出版社2014年版。

② 同①。

③ 转引自上海财经大学公共政策研究中心：《2009中国财政透明度报告》，上海财经大学出版社。

下、腐败严重与经济绩效不尽如人意等现象，一直是我国经济发展中的难题。而转移支付向中西部地区倾斜、转移支付规模增加所引发的政府规模扩大、所伴随的腐败增加（范子英，2013）等问题也引发了公众对转移支付负面效果的关注。若财政信息公开制度有效，则政府的行政管理支出会受到约束，这将有助于自然资源依赖地区从“资源咒诅”走向“资源祝福”，有助于减少转移支付资金浪费，提高转移支付的资金配置效率。

有关资源依赖对预算公开与政府行政管理支出关系的影响。结合前述分析，我们提出本章的第二个研究假说。

假说2：自然资源依赖会弱化财政信息公开与政府行政管理支出的关系。

这是因为，一方面自然资源依赖地区，往往存在大量的资源租，这种自然资源依赖的经济结构不利于形成政府对公众负责的态度；另一方面，自然资源依赖地区财政信息公开度通常较低（辛兵海和张志超，2014）。这两方面均会削弱财政信息公开对政府行政管理支出的制约作用。进一步地，鉴于自然资源依赖地区财政信息公开度通常较低，可能导致在资源依赖地区，财政信息公开对政府行政管理支出无法形成有效约束。这也是待检验的假说。

有关转移支付对财政信息公开与政府行政管理支出关系的影响。国外财政实证研究发现，地方财政收入状况相同时，地方政府从上级获得的补助比重越大，政府规模就越大，这被称作粘蝇纸效应。[①] 国内很多文献（付文林和沈坤荣，2012；范子英和张军，2010；宋小宁等，2015；等）也证实，我国转移支付在增加了地方政府的可支配财力的同时，也扩张了政府规模。为何会有这种现象？官僚理论是其中的一种解释。根据官僚行为理论，官僚会利用公众与官僚有关转移支付信息的不对称，扩大本部门的预算规模，以实现官员个人利益的最大化。如果财政信息公开可以有效约束政府，则财政信息公开度提高，会缓解转移支付的“粘蝇纸”效应。据此，本章提出第三个研究假说。

假说3：财政信息公开会弱化转移支付的政府行政管理支出膨胀效应。

---

① 参见哈维·S．罗森和特德·盖亚，《财政学》（第十版），中国人民大学出版社2015年版。

第二节
数据、变量和模型

一、数据来源

本章样本包括 31 个省、自治区、直辖市 2007—2014 年的省级面板数据。本章的财政收支数据来自历年中国财政年鉴，社会经济数据来自历年中国统计年鉴。预算公开数据来自上海财经大学公共政策研究中心 2009—2016 年发布的历年《中国财政透明度报告》。

二、变量说明

1. 被解释变量：政府行政支出。财政学中的行政管理支出是维持国家政权存在、保障各级国家管理机构正常运转所必需的费用，是财政用于各级党委、各级权力机关、行政机关、公安司法检察机关行使其职能的开支（杨斌，2014）。行政管理支出在一般公共预算支出表中主要包括：一般公共服务支出、外交支出和公共安全支出。这些支出与其他消费性支出的差异在于，行政管理支出基本不涉及政府的教育、医疗、社会保障、环境保护等社会职能。一般来说，在维持政府机构运转的基本前提下，行政管理支出越少越好。这意味着可以有更多财力用于政府提供的其他公共服务。上述理解可以称为狭义的政府行政支出。广义的政府行政支出，不仅包括一般公共服务支出、外交支出和公共安全支出，还包括教育、医疗卫生、科技、社会保障等公共服务中的行政支出，但这部分数据在公开资料中不可得，因此我们以狭义的行政管理支出来度量政府行政支出。

本章将一般公共服务支出占公共财政支出的比重称作小口径行政管理支出，将一般公共服务支出与公共安全支出之和占公共财政支出的比重称作中口径的行政管理支出。并将分别以小口径和中口径的行政管理支出作为被解释变量进行计量回归。之所以这样处理原因是：第一，外交支出占地方财政支出的比重很少，以 2016 年数据为例，全国外交支出中中央级支出占 99.5%，地方所占比重很少。本章主要研究地方政府预算公开对地方政府行政支出的影响，由于地方外交支出没有或很少，所以本书在统计地方行政管理支出时，将外交支出忽略不计。第二，公共安全支出部分体现了政府的社会职能，容易受到劳动力流动等因素的影响，仅使用一般公共服务支出而暂时不考虑公共安全支出，能更好地体现出最小政府的特点。随后以中口径行政管理支出为被解释变量进行稳健性分析。

2. 核心解释变量：预算公开度。指标采用上海财经大学公共政策研究中心 2009—2016 年发布的历年《中国财政透明度报告》中有关各省的预算公开度指数来反映各省的财政信息公开程度。需要注意的是，2009—2012 年各册书有关总的财政信息公开度是对省级政府滞后三年的财政信息的公开程度进行评估，2013—2016 年各册书中有关总的财政信息公开度是对省级政府滞后两年的财政信息的公开程度进行评估，因此实际数据为 2006—2009 年和 2011—2014 年。本章以各省 2009 年的财政信息公开度指数补充 2010 年的财政信息公开度指数。所以数据范围为 2006—2014 年。鉴于 2007 年政府收支分类改革，2007 年以后的相关财政科目与 2007 年之前不可直接对比。故本章数据范围为 2007—2014 年。

3. 控制变量。根据瓦格纳的理论，伴随经济发展，政府规模也会提高。我国正处于工业化、城镇化的快速发展中，因此本章将人均 GDP（国内生产总值）、人口密度、城市化水平作为主要的控制变量。其中，城市化水平使用常住人口城镇化率指标来衡量，城镇人口，是指居住在城镇范围内的全部常住人口，城市化水平即城镇人口占年末常住人口的比重。

4. 转移支付依赖和自然资源依赖。为了考察财政信息公开度对政府行政支出的约束在何时能得到强化，何时受到制约。本章重点分析了转移支付依赖和自然资源依赖对财政信息公开度与政府行政管理支出关系的影响。参考宋小宁等（2015），转移支付依赖使用中央补助占地方政府本级预算内收入的比重来衡量。参考辛兵海和张志超（2014），自然资源依赖使用采矿业就业人数占城镇就业人数的比重来衡量。

为缓解异方差的影响，本章对财政信息公开度、人均 GDP、人口密度取对数处理。为防止异常值对结果的影响，在 1% 分位数处对核心变量进行了缩尾处理。表 1 -1 是各个主要变量的描述性统计。

表 1-1　　变量描述性统计

变量名称	均值	标准差	中位数	最小值	最大值
admi（行政管理支出）	0.122	0.0340	0.119	0.0570	0.200
lntran（预算公开度）	3.317	0.377	3.211	2.653	4.183
lnpgdp（经济发展水平）	10.35	0.531	10.38	9.266	11.49
lnden（人口密度）	7.799	0.485	7.814	6.433	8.683
urban（城市化水平）	0.514	0.145	0.493	0.223	0.893
grant（转移支付依赖）	1.591	2.220	1.205	0.133	15.651
reso（资源依赖）	0.046	0.040	0.042	0.000	0.222

三、模型与估计方法

为了验证假说1，在进行基本回归时，本章主要的计量模型设定如下：

$$y_{it} = \alpha + x_{it}'\beta + z_{it}'\gamma + \lambda_t + \varepsilon_{it} \tag{1-1}$$

$$y_{it} = \alpha + x_{it}'\beta + z_{it}'\gamma + u_i + \lambda_t + \varepsilon_{it} \tag{1-2}$$

$$y_{it} = \alpha + \rho y_{i,t-1} + x_{it}'\beta + z_{it}'\gamma + u_i + \lambda_t + \varepsilon_{it} \tag{1-3}$$

其中，模型（1-1）为不考虑个体效应的 OLS 回归，模型（1-2）为考虑了个体效应的 FE 回归，模型（1-3）为进一步考虑了滞后因变量的动态面板模型。模型从（1-1）至（1-3）是逐渐优化的过程。

y_{it} 表示被解释变量；i 表示省（自治区，直辖市。以下统称省）；t 表示年份；x_{it} 为核心解释变量（预算公开度）；z_{it} 表示控制变量；u_i 表示不随时间变化的不可测的个体效应；λ_t 表示不随个体变化的时间效应。加入 u_i 以控制可能与预算公开相关的不可测的且不随时间变化的个体异质性，如文化等因素。加入 λ_t 来反映各省共同面临的宏观政策环境的变化，如中央压力对行政管理支出的影响。2014 年以来，中央加大了对中央国家机关和地方政府“三公”经费的管控，这必会影响行政管理支出的走势。此外，中央政府的政策调控往往与预算公开度进程相关，加入 λ_t 也可以缓解这种遗漏变量偏差引起的内生解释变量问题。考虑到行政管理支出具有时间上的延续性，模型（1-3）中加入行政管理支出的滞后期作为解释变量。对于模型（1-3）而言，若使用 OLS 或 FE 直接估计，由于内生解释变量，OLS 和 FE 的估计结果是不一致的。更加有效的方法是：首先对模型（1-3）先使用一阶差分法去掉个体效应，然后对差分后的模型采用广义矩估计（即 GMM 估计）。GMM 估计有差分 GMM 与系统 GMM 之分。当被解释变量持续性很强时，采用差分 GMM 得到的工具变量可能会是弱工具变量，此时采用系统 GMM 可以使弱工具变量问题得到改善。在本章中，由于行政管理支出 1 阶滞后项的系数远小于 0.9，没有必要使用系统 GMM，因此对模型（1－3）使用差分 GMM 估计。

OLS 和 FE 均假定模型中解释变量是严格外生的。而经济变量往往相互影响，有可能违背这一假定。为防止内生性偏差，在对模型（1－3）的动态面板模型进行差分 GMM 估计时，本章遵循付文林和沈坤荣（2012）的做法，使用一步法 GMM 估计，只将时间虚拟变量看作严格外生，而将其他解释变量和因变量的一阶滞后项看作内生变量。采用一步法 GMM 的估计结果进行系数显著性的统计推断，这一做法与 Arellano 和 Bond（1991）的建议一致。为了最大化样本容量，同时防止滞后期数过多导致的弱工具变量问题，本章仅指定内生解释变量的二阶和三阶滞后项为差分方程的工具变量。另外，本章采用两阶段估计结果给出的异方差稳健的 Hansen 统计量对模型进行筛选。

为了验证假说 2 和假说 3，本章在模型（1－1）—（1－3）中将分别加入核心解释变量——预算公开度与自然资源依赖或者转移支付依赖的交乘项，并同时控制自然资源依赖或者转移支付依赖。

第四节 实证回归结果分析

一、我国预算公开程度的持续上升与政府行政管理支出比重的持续下降

使用上海财经大学公共政策研究中心 2009—2016 年发布的《中国财政透明度报告》中的省级财政信息公开度指数（以百分制计）（见图 1－1），我们发现，随着时间的推移，平均而言，我国地方政府的财政信息公开度是在不断增加的，说明政府财政信息公开工作确实在不断取得成效。同样，察看 2007—2016 年全国一般公共服务支出占一般公共预算支出的比重，如图 1－2

所示，发现此比重随着时间的推移在逐渐下降。从两者的走势上看，我们初步判断预算公开与政府行政支出走向是负相关的。然而，我国行政管理支出的下降既有可能源于预算公开制度工作的推进，也有可能源于中央对地方政府行政管理支出的严肃管控。“三公”经费是我国行政管理费中问题频出的领域。自2014年政府工作报告中首次提出“三公”经费以来，中央及各级地方政府加大了对“三公”经费的约束力度。为配合减税降费的财政政策，2017年政府工作报告明确要求各级政府要过紧日子，进一步压缩一般性支出。预算公开是否真的约束了政府行政支出，是本章需要验证的问题。

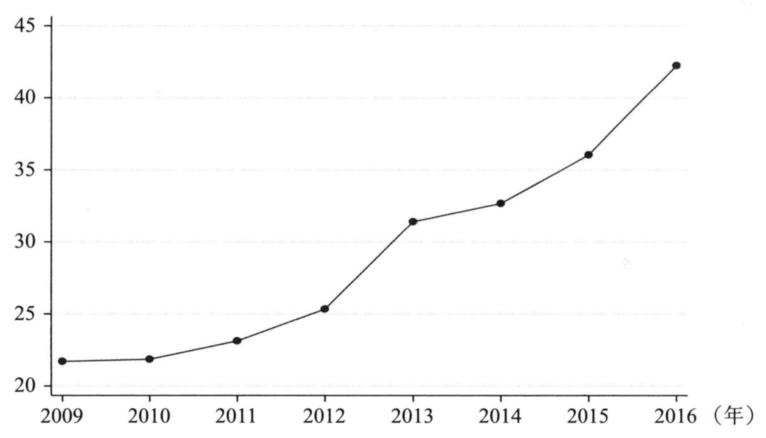

图1-1　2009—2016我国省级政府财政信息公开度指数

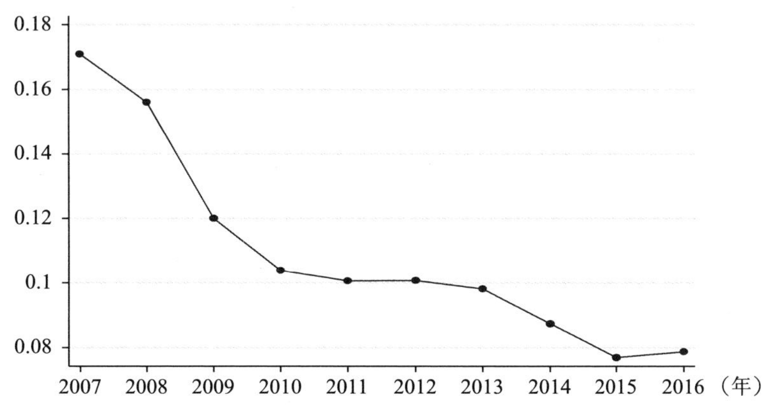

图1-2　2007—2016年全国一般公共服务支出占一般公共预算支出的比重

资料来源：根据财政部网站历年《一般公共预算支出决算表》中的数据计算得到。

二、被解释变量为小口径行政管理支出时的回归结果

1. 基础回归。为了验证假说1，以一般公共服务支出占一般公共预算支出的比重为被解释变量进行回归，回归结果如表1-2所示。

表1-2 预算公开度对行政管理支出的影响

变量名称	(1) OLS	(2) OLS	(3) OLS	(4) FE	(5) FE	(6) GMM	(7) GMM
ln tran	-0.031***	-0.008	0.005	-0.001	-0.003	-0.008**	-0.004**
	(0.00)	(0.01)	(0.00)	(0.00)	(0.00)	(0.00)	(0.00)
ln pgdp		-0.037***	0.047***	-0.065***	0.008	-0.033	0.053**
		(0.01)	(0.01)	(0.01)	(0.02)	(0.02)	(0.02)
ln den		-0.011	0.003	0.002	-0.002	0.013	0.015
		(0.01)	(0.00)	(0.02)	(0.01)	(0.02)	(0.01)
urban		-0.016	-0.239***	-0.110	-0.230**	-0.073	-0.121
		(0.03)	(0.03)	(0.10)	(0.11)	(0.15)	(0.13)
L. admi						0.497***	0.457***
						(0.11)	(0.16)
L2. admi						-0.318***	
						(0.08)	
year	no	no	yes	no	yes	no	yes
常数项	0.224***	0.623***	-0.223*	0.838***	0.221	0.406***	-0.498***
	(0.02)	(0.09)	(0.12)	(0.13)	(0.25)	(0.15)	(0.18)
样本容量	248	248	248	248	248	155	186
R^2	0.116	0.453	0.778	0.745	0.858		
AR (1)						0.009	0.052
AR (2)						0.544	0.755
Hansen Test						0.955	1.000

注：括号内数值为稳健标准误。*、**、***分别表示10%、5%和1%的显著性水平。AR (1)、AR (2)以及Hansen Test给出的是相应检验的p值。

表1-2中第（1）、第（2）、第（3）列为OLS的估计结果，第（4）、第（5）列为固定效应模型的估计结果，第（6）、第（7）列为动态面板模型的估

计结果。其中，第（1）、第（2）、第（4）、第（6）列未控制时间效应，第（3）、第（5）、第（7）列分别是控制了时间效应后的 OLS、固定效应、动态面板模型的估计结果。表 1 - 2 中这三类模型所列结果的区别是：相比 OLS，FE 考虑了与核心解释变量有关的，不随时间而变的不可观测的个体异质性。相比 FE，动态面板模型加入了因变量的滞后 1 期做解释变量，且更多考虑了内生解释变量问题。

考虑到因变量和解释变量间的相互影响，表 1 - 2 的第（6）和第（7）列表明，预算公开度的提高有助于缩减政府行政管理支出占公共财政支出的比重。这一结果与假说 1 一致。因变量的滞后一期系数为正，表明行政管理支出比重具有正向跨期依赖性。需要注意的是，控制了时间效应之后，经济发展水平的系数为正，这再次印证了瓦格纳法则，即随着经济发展水平的提高，政府的相对规模会扩大。此外，表 1 - 2 中第（3）、第（5）、第（7）列将年份作为控制变量，回归结果发现时间效应的系数显著不为零，系数均为负值，说明随着时间的推移，中央对地方政府行政管理支出政策的收紧，地方政府行政管理支出比重呈下降趋势。

2. 自然资源依赖对预算公开度与政府行政管理支出关系的影响。

（1）交乘项回归结果。本章特别关注预算公开度对政府行政管理支出的影响是否受到各地自然资源充裕度的影响。为了验证假说 2，在模型（1 - 1）—（1 - 3）基础上，加入了自然资源依赖以及自然资源依赖与预算公开度的交乘项。为避免多重共线性对回归结果的影响，参考谢宇（2013），本章对预算公开度和自然资源依赖均先做对应处理再构建交乘项。回归结果如表 1 - 3 所示。第（1）、第（2）、第（4）列分别为考虑时间效应的 OLS、FE 和动态面板模型的估计结果，第（3）列为不考虑时间效应的动态面板模型的估计结果。trreso 为自然资源和预算公开度的交乘项。尽管第（4）列的结果告诉我们，更高的自然资源依赖度会削弱预算公开度对政府行政管理支出的影响。但需要注意的是，该列序列相关检验 AR（2）未通过。为了慎重考虑第（4）列的结果，我们加入了第（5）和第（6）列。第（5）和第（6）列是将所有解释变量滞后一期并控制时间效应以后的 FE 估计结果，第（6）列在第（5）列基础上，进一步控制被解释变量的一阶滞后项。ltrreso 为自然资源和预算公开度的交乘项。这两列的结果均表明，自然资源依赖度提高会减弱预算公开度对政府行政管理支出的效果。这一结果与假说 2 一致。

表 1-3 预算公开度对政府行政支出的影响：考虑自然资源

变量名称	(1) OLS	(2) FE	(3) GMM	(4) GMM	(5) FE	(6) FE
meantran1	0.005	-0.002	-0.011***	-0.004*		
	(0.01)	(0.00)	(0.00)	(0.00)		
meanreso	-0.089	0.047	0.850***	0.339		
	(0.07)	(0.16)	(0.24)	(0.24)		
trreso	-0.119***	-0.098**	-0.002	-0.039*		
	(0.03)	(0.04)	(0.06)	(0.02)		
ln pgdp	0.050***	0.043*	0.003	0.062***		
	(0.01)	(0.02)	(0.02)	(0.02)		
ln den	0.005	0.003	0.008	0.013*		
	(0.00)	(0.01)	(0.01)	(0.01)		
urban	-0.243***	-0.218*	-0.172	-0.224		
	(0.03)	(0.12)	(0.19)	(0.14)		
L. admi			0.370**	0.370***		0.362***
			(0.16)	(0.14)		(0.10)
L2. admi			-0.240***			
			(0.08)			
lmeantran1					0.000	0.002
					(0.00)	(0.00)
lmeanreso					0.034	0.020
					(0.14)	(0.16)
ltrreso					-0.096***	-0.061*
					(0.03)	(0.03)
lln pgdp					0.042**	0.028*
					(0.02)	(0.02)
lln den					-0.005	-0.007
					(0.01)	(0.00)
lurban					-0.184*	-0.100
					(0.09)	(0.07)
year	yes	yes	no	yes	yes	yes

续表

变量名称	(1) OLS	(2) FE	(3) GMM	(4) GMM	(5) FE	(6) FE
常数项	-0.271** (0.12)	-0.200 (0.25)	0.090 (0.16)	-0.584*** (0.19)	-0.166 (0.17)	-0.098 (0.13)
样本容量	217	217	124	155	186	186
R^2	0.723	0.818			0.726	0.780
AR (1)			0.460	0.334		
AR (2)			0.969	0.079		
Hansen Test			0.995	1.000		

注：括号内数值为稳健标准误。*、**、*** 分别表示 10%、5% 和 1% 的显著性水平。AR (1)、AR (2) 以及 Hansen Test 给出的是相应检验的 p 值。

(2) 分组效果。为了更加细致和稳健地考察不同自然资源依赖度下，预算公开度对政府行政管理支出的影响，我们进一步按自然资源依赖度将样本进行分组。将每年各省自然资源依赖度从低到高分为三组，我们以固定效应模型为例对分样本分别考察①，回归结果如表 1-4 所示。其中，第 (1) —第 (3) 列分别是低自然资源依赖度地区的回归结果。差异是：第 (1) 列不控制年份、第 (2) 列控制年份、第 (3) 列进一步控制因变量的滞后 1 期。第 (4)、第 (5) 列是中自然资源依赖度地区的回归结果，两列均控制年份，第 (5) 列在第 (4) 列基础上控制因变量的滞后 1 期。第 (6)、第 (7) 列是高自然资源依赖度度情形下的回归结果。两列均控制年份，第 (7) 列在第 (6) 列基础上控制因变量的滞后 1 期。由于篇幅的关系，这里不再列出未控制年份的回归结果。

第 (3) 列中因变量的滞后 1 期系数不显著。由第 (1)、第 (2) 列的结果表明，在低自然资源依赖度地区，预算公开度的提高可以显著抑制政府行政管理支出规模。而在中和高自然资源依赖度地区，预算公开度约束政府行政管理支出的效果却不显著。为进一步确定低资源依赖度地区和高资源依赖度地区，预算公开度的估计系数是否显著不同，我们对第 (2) 和第 (6) 列的结果还进行了似无相关回归 (SUR)，结果发现在 1% 的显著性水平下两者预算公开度的系数显著不同。根据自然资源依赖程度分组的回归结果表明：预算公

① 在分组做动态面板数据模型时，发现序列相关检验均未能通过。退而求其次，分组做固定效应模型。

开对行政管理支出的约束仅在低资源依赖度地区显著。假说2中有关自然资源依赖地区，财政信息公开可能无法对政府行政管理支出形成有效约束的猜测得到验证。可能的原因是：第一，相对来说，自然资源依赖度高的地区预算公开度较低，从而预算公开对政府行政支出的约束作用有限。第二，预算公开度制度本身未能充分披露与自然资源有关的财政收支，从而预算公开未能对政府行政支出形成有效约束。第三，资源型地区的经济结构或经济环境不利于预算公开作用的发挥。

表1-4　预算公开度对政府行政支出的影响：基于自然资源的分组

	(1) 低资源 依赖度	(2) 低资源 依赖度	(3) 低资源 依赖度	(4) 中资源 依赖度	(5) 中资源 依赖度	(6) 高资源 依赖度	(7) 高资源 依赖度
ln tran	-0.013** (0.01)	-0.009** (0.00)	-0.005 (0.00)	0.001 (0.01)	-0.001 (0.00)	0.002 (0.01)	0.001 (0.00)
ln pgdp	-0.014 (0.02)	0.053** (0.02)	0.057* (0.03)	0.106 (0.06)	0.049 (0.03)	0.065** (0.03)	0.004 (0.03)
ln den	0.025* (0.01)	0.024*** (0.01)	0.025** (0.01)	-0.032 (0.04)	0.002 (0.01)	-0.008 (0.01)	-0.003 (0.01)
urban	-0.386** (0.13)	-0.419*** (0.11)	-0.277** (0.12)	-0.547 (0.47)	0.010 (0.21)	-0.096 (0.11)	-0.236** (0.10)
L. admi			0.114 (0.19)		0.381*** (0.12)		0.428*** (0.09)
year	no	yes	yes	yes	yes	yes	yes
常数项	0.349** (0.11)	-0.312 (0.21)	-0.499** (0.21)	-0.403 (0.58)	-0.441* (0.24)	-0.383 (0.24)	0.166 (0.26)
样本容量	77	77	66	63	54	77	66
R^2	0.757	0.880	0.826	0.780	0.844	0.930	0.893

注：括号内数值为稳健标准误。*、**、*** 分别表示10%、5%和1%的显著性水平。

3. 转移支付依赖对预算公开度和政府行政管理支出关系的影响

（1）基础回归：控制转移支付依赖。本章首先在基础模型（1-1）—（1-3）中加入转移支付依赖度作为新增的控制变量。表1-5第（5）和第（6）列的差分GMM回归结果表明，控制了转移支付依赖度以后，预算公开度依然可以显著约束政府的行政管理支出比重。转移支付依赖的系数为负，可能的原因是：我们的被解释变量为一般公共服务支出占地方全部财政支出的比重，而非付文林和沈坤荣（2012）、范子英和张军（2010）所使用的人均指标。我们的指标中，地方财政支出包括使用转移支付资金的支出。如果转移支付增加的结果是政府行政管理支出增长慢于转移支付资金的增长，就会出现系数为负的情况。①

表 1－5　　预算公开度对政府行政支出的影响：考虑转移支付 I

	(1) OLS	(2) OLS	(3) FE	(4) FE	(5) GMM	(6) GMM
ln tran	－0.010 (0.01)	0.004 (0.00)	0.001 (0.00)	－0.002 (0.00)	－0.007** (0.00)	－0.004*** (0.00)
ln pgdp	－0.035*** (0.01)	0.048*** (0.01)	－0.084*** (0.01)	－0.012 (0.03)	－0.049*** (0.02)	0.043* (0.02)
ln den	－0.013* (0.01)	0.001 (0.00)	－0.008 (0.02)	－0.007 (0.01)	0.009 (0.02)	0.012* (0.01)
urban	－0.042 (0.03)	－0.256*** (0.03)	0.035 (0.12)	－0.118 (0.11)	－0.001 (0.11)	－0.139 (0.12)
grant	－0.002 (0.00)	－0.002 (0.00)	－0.013** (0.01)	－0.007** (0.00)	－0.004* (0.00)	－0.002** (0.00)
L. admi					0.416*** (0.09)	0.378** (0.15)
L2. admi					－0.315*** (0.07)	
year	no	yes	no	yes	no	yes
常数项	0.641*** (0.10)	－0.203 (0.13)	1.063*** (0.12)	0.414 (0.27)	0.581*** (0.12)	－0.353* (0.18)
样本容量	248	248	248	248	155	186
R^2	0.468	0.786	0.786	0.870		
AR（1）					0.023	0.021
AR（2）					0.684	0.724
Hansen Test					0.998	1.000

注：括号内数值为稳健标准误。*、**、*** 分别表示 10%、5% 和 1% 的显著性水平。AR（1）、AR（2）以及 Hansen Test 给出的是相应检验的 p 值。

① 例如转移支付中的专项转移支付往往限定资金的使用方向，不允许用于政府行政管理支出。

（2）增加转移支付依赖、转移支付依赖与预算公开度的交乘项。为验证假说3，本章在基础回归模型中加入转移支付依赖以及转移支付依赖和预算公开度的交乘项。为了防止严重的多重共线性，我们对预算公开度和转移支付均做了对中处理。回归结果如表1-6所示。表1-6中，第（1）、第（3）、第（5）列分别对应不考虑时间效应的OLS、FE以及动态面板模型的结果，第（2）、第（4）、第（6）列分别对应控制了时间效应的OLS、FE以及动态面板模型的回归结果。trgrant为转移支付依赖与预算公开度的交乘项。第（5）和第（6）列回归结果表明，考虑了内生性因素后，预算公开度依然对政府行政管理支出规模有制约作用。但预算公开度和转移支付的交叉项系数不显著。说明针对小口径行政管理支出，转移支付依赖水平不影响预算公开度与政府行政管理支出的关系。

表1-6　　预算公开度对政府行政支出的影响：考虑转移支付II

	(1) OLS	(2) OLS	(3) FE	(4) FE	(5) GMM	(6) GMM
meantran1	-0.010 (0.01)	0.004 (0.00)	0.001 (0.00)	-0.001 (0.00)	-0.007** (0.00)	-0.003** (0.00)
meangrant	-0.002 (0.00)	-0.002 (0.00)	-0.014** (0.01)	-0.008** (0.00)	-0.002 (0.00)	-0.003** (0.00)
trgrant	-0.000 (0.00)	-0.001 (0.00)	-0.001 (0.00)	-0.001 (0.00)	0.001 (0.00)	0.000 (0.00)
ln pgdp	-0.035*** (0.01)	0.048*** (0.01)	-0.084*** (0.01)	-0.011 (0.03)	-0.048** (0.02)	0.040* (0.02)
ln den	-0.013* (0.01)	0.001 (0.00)	-0.011 (0.02)	-0.009 (0.01)	0.016 (0.02)	0.010 (0.01)
urban	-0.042 (0.03)	-0.257*** (0.03)	0.023 (0.12)	-0.121 (0.11)	-0.002 (0.13)	-0.125 (0.11)
L. admi					0.434*** (0.08)	0.404*** (0.13)
L2. admi					-0.321*** (0.07)	
year	no	yes	no	yes	no	yes

续表

	(1) OLS	(2) OLS	(3) FE	(4) FE	(5) GMM	(6) GMM
常数项	0.606 ***	-0.194	1.066 ***	0.402	0.479 ***	-0.328 *
	(0.11)	(0.12)	(0.12)	(0.27)	(0.11)	(0.18)
样本容量	248	248	248	248	155	186
R^2	0.468	0.786	0.788	0.871		
AR (1)					0.004	0.012
AR (2)					0.378	0.529
HansenTest					1.000	1.000

注：括号内数值为稳健标准误。*、**、*** 分别表示 10%、5% 和 1% 的显著性水平。AR (1)、AR (2)以及 Hansen Test 给出的是相应检验的 p 值。

三、稳健性检验——被解释变量为中口径的政府行政管理支出

为了验证上述结果是否稳健，本部分将被解释变量换为一般公共服务支出与公共安全支出之和占一般公共预算支出的比重。即中口径的政府行政管理支出的相对规模。

1. 基础回归。结果见表 1－7。其中，第（1）、第（2）、第（4）、第（6）列为不控制时间效应的 OLS、FE 和动态面板模型的回归结果，第（3）、第（5）、第（7）列为控制了时间效应后的 OLS、FE 和动态面板模型的回归结果。考虑内生性因素后的动态面板模型回归结果表明，预算公开度可以约束财政支出中用于政府行政支出的比重。假说 1 再次得到验证。

表 1－7　　预算公开度对政府行政管理支出的影响

	(1) OLS	(2) OLS	(3) OLS	(4) FE	(5) FE	(6) GMM	(7) GMM
ln tran	-0.036 *** (0.01)	-0.009 (0.01)	0.009 (0.01)	-0.001 (0.01)	-0.003 (0.00)	-0.011 ** (0.00)	-0.004 * (0.00)
ln pgdp		-0.052 *** (0.01)	0.062 *** (0.02)	-0.082 *** (0.01)	0.017 (0.02)	-0.055 ** (0.02)	0.059 ** (0.03)
ln den		-0.017 * (0.01)	0.002 (0.01)	0.001 (0.02)	-0.003 (0.01)	0.014 (0.01)	0.016 * (0.01)

续表

	(1) OLS	(2) OLS	(3) OLS	(4) FE	(5) FE	(6) GMM	(7) GMM
urban		0.035	-0.265***	-0.152	-0.310***	0.046	-0.110
		(0.05)	(0.05)	(0.11)	(0.11)	(0.15)	(0.15)
L. guanga ~ n						0.509*** (0.11)	0.409** (0.19)
L2. guang ~ n						-0.303*** (0.07)	
year	no	no	yes	no	yes	no	yes
常数项	0.301*** (0.02)	0.859*** (0.12)	-0.283 (0.18)	1.109*** (0.13)	0.247 (0.25)	0.619*** (0.18)	-0.531** (0.22)
样本容量	248	248	248	248	248	155	186
R^2	0.106	0.360	0.725	0.800	0.897		
AR（1）						0.004	0.067
AR（2）						0.399	0.890
Hansen Test						0.947	1.000

注：括号内数值为稳健标准误。*、**、*** 分别表示 10%、5% 和 1% 的显著性水平。AR（1）、AR（2）以及 Hansen Test 给出的是相应检验的 p 值。

2. 自然资源依赖对预算公开度与政府行政管理支出关系的影响。

（1）交乘项回归结果。首先加入自然资源，以及自然资源与预算公开度的交互项。为防止极端值的影响，对主要变量做了缩尾处理。为防止多重共线性，对自然资源与预算公开度做了对中处理。结果见表 1－8。trreso 为预算公开与自然资源依赖的交乘项。其中第（1）、第（3）、第（5）列分别为不考虑时间效应的 OLS、FE 和动态面板模型的估计结果，第（2）、第（4）、第（6）列分别为考虑了时间效应的 OLS、FE 和动态面板模型的估计结果。第（2）、第（4）、第（6）列的结果均表明，自然资源依赖度提高会抑制预算公开度对政府行政管理支出的效果。假说 2 得到验证。

表 1－8　预算公开度对政府行政支出的影响：考虑自然资源

	(1) OLS	(2) OLS	(3) FE	(4) FE	(5) GMM	(6) GMM
meantran1	-0.009 (0.01)	0.010 (0.01)	-0.004 (0.00)	-0.003 (0.00)	-0.012*** (0.00)	-0.002 (0.00)

续表

	(1) OLS	(2) OLS	(3) FE	(4) FE	(5) GMM	(6) GMM
meanreso	-0.192	-0.176	-0.121	0.054	0.786***	0.196
	(0.13)	(0.13)	(0.25)	(0.17)	(0.21)	(0.26)
trreso	0.011	-0.099*	-0.088	-0.084*	-0.041	-0.050*
	(0.16)	(0.05)	(0.06)	(0.04)	(0.06)	(0.03)
ln pgdp	-0.031**	0.062***	-0.060***	0.058**	-0.038	0.063***
	(0.01)	(0.02)	(0.01)	(0.03)	(0.03)	(0.02)
ln den	-0.012	0.004	0.001	0.001	0.013	0.015**
	(0.01)	(0.01)	(0.02)	(0.01)	(0.01)	(0.01)
urban	-0.026	-0.271***	-0.212	-0.296**	0.059	-0.200
	(0.04)	(0.04)	(0.13)	(0.12)	(0.22)	(0.16)
L. guanga ~ n					0.344**	0.397**
					(0.14)	(0.15)
L2. guang ~ n					-0.209***	
					(0.07)	
year	no	yes	no	yes	no	yes
常数项	0.605***	-0.308*	0.899***	-0.231	0.406**	-0.597***
	(0.12)	(0.16)	(0.16)	(0.28)	(0.19)	(0.21)
样本容量	217	217	217	217	124	155
R^2	0.310	0.664	0.719	0.860		
AR (1)					0.104	0.260
AR (2)					0.402	0.109
Hansen Test					0.999	1.000

注：括号内数值为稳健标准误。*、**、*** 分别表示 10%、5% 和 1% 的显著性水平。AR (1)、AR (2)以及 Hansen Test 给出的是相应检验的 p 值。

（2）分组效果。将每年各省自然资源依赖度从低到高分为三组，我们以固定效应模型为例对分样本分别考察，回归结果如表 1-9 所示。其中，第（1）、第（3）、第（5）列分别是控制了时间效应的低自然资源依赖度、中自然资源依赖度以及高自然资源依赖度情形下，预算公开度对政府行政管理支出的影响结果。第（2）、第（4）、第（6）列则分别是加入因变量的滞后1期后的回归结果。第（2）列中因变量的滞后1期的系数不显著。我们以第（1）列的回归结果为准进行分析，发现低资源依赖度地区，预算公开度可以制约政府行政支出的规模。而中高资源依赖度地区，预算公开度的作用不显著。使用似无相关模型对低资源依赖度和高自然依赖度透明度的系数差异进行检验，发现两者的差异在10%的水平下显著。假说2中，财政信息公开在自然资源依赖地区可能无法有效约束政府行政管理支出的猜测再次得到验证。

表1-9　预算公开度对政府行政支出的影响：基于自然资源的分组

	(1) 低资源 依赖度	(2) 低资源 依赖度	(3) 中资源 依赖度	(4) 中资源 依赖度	(5) 高资源 依赖度	(6) 高资源 依赖度
ln tran	-0.009**	-0.004	-0.002	-0.001	-0.001	-0.000
	(0.00)	(0.00)	(0.01)	(0.01)	(0.01)	(0.00)
ln pgdp	0.058	0.054	0.160*	0.055	0.071**	0.010
	(0.03)	(0.04)	(0.09)	(0.04)	(0.02)	(0.03)
ln den	0.022**	0.026**	-0.025	0.004	-0.010	-0.004
	(0.01)	(0.01)	(0.05)	(0.01)	(0.01)	(0.01)
urban	-0.516***	-0.309*	-0.682	-0.020	-0.143	-0.175*
	(0.13)	(0.15)	(0.60)	(0.26)	(0.11)	(0.09)
L. guanga ~ n		0.123		0.479***		0.381***
		(0.22)		(0.10)		(0.08)
year	yes	yes	yes	yes	yes	yes
常数项	-0.228	-0.390	-0.861	-0.485	-0.344	0.125
	(0.30)	(0.27)	(0.81)	(0.30)	(0.21)	(0.23)
样本容量	77	66	63	54	77	66
R^2	0.902	0.854	0.800	0.888	0.950	0.913

注：括号内数值为稳健标准误。*、**、*** 分别表示10%、5%和1%的显著性水平。

3. 转移支付对预算公开度和政府行政管理支出关系的影响。

（1）基础回归：仅增加转移支付依赖作为控制变量。表1-10第（5）、第（6）列的结果表明，在控制了转移支付依赖后，仍然无法改变预算公开提高可以制约政府行政管理支出的结论。此时，转移支付的系数不显著。

表 1－10　　预算公开度对政府行政支出的影响：考虑转移支付 I

	(1) OLS	(2) OLS	(3) FE	(4) FE	(5) GMM	(6) GMM
ln tran	－0.010 (0.01)	0.009 (0.01)	0.001 (0.00)	－0.001 (0.00)	－0.010 ** (0.00)	－0.005 ** (0.00)
ln pgdp	－0.050 *** (0.01)	0.062 *** (0.02)	－0.104 *** (0.01)	－0.003 (0.03)	－0.069 *** (0.02)	0.055 * (0.03)
ln den	－0.018 * (0.01)	0.000 (0.01)	－0.010 (0.02)	－0.008 (0.01)	0.008 (0.02)	0.013 * (0.01)
urban	0.0130 (0.05)	－0.277 *** (0.05)	0.008 (0.13)	－0.197 * (0.10)	0.071 (0.11)	－0.162 (0.14)
grant	－0.002 (0.00)	－0.001 (0.00)	－0.014 ** (0.01)	－0.008 ** (0.00)	－0.004 (0.00)	－0.002 (0.00)
L. guanga ~ n					0.437 *** (0.08)	0.338 ** (0.16)
L2. guang ~ n					－0.304 *** (0.06)	
year	no	yes	no	yes	no	yes
常数项	0.875 *** (0.13)	－0.270 (0.19)	1.358 *** (0.13)	0.442 (0.28)	0.807 *** (0.16)	－0.416 * (0.23)
样本容量	248	248	248	248	155	186
R^2	0.367	0.727	0.832	0.906		
AR（1）					0.019	0.016
AR（2）					0.846	0.975
Hansen Test					0.998	1.000

注：括号内数值为稳健标准误。*、**、*** 分别表示 10%、5% 和 1% 的显著性水平。AR（1）、AR（2）以及 Hansen Test 给出的是相应检验的 p 值。

（2）加入转移支付依赖、以及转移支付依赖与预算公开度的交乘项。回归结果如表 1－11 所示。其中，第（1）、第（3）、第（5）列为未控制时间效应的 OLS、FE 以及动态面板的估计结果，第（2）、第（4）、第（6）列为控制时间效应后的 OLS、FE 以及动态面板的估计结果。第（6）列考虑内生性因素的动态面板模型回归结果表明，预算公开度与政府行政管理支出的关系不受转移支付依赖度的影响。

表 1-11　　预算公开度对政府行政支出的影响：考虑转移支付 II

	(1) OLS	(2) OLS	(3) FE	(4) FE	(5) GMM	(6) GMM
meantran1	-0.010 (0.01)	0.009 (0.01)	0.002 (0.00)	-0.000 (0.00)	-0.010*** (0.00)	-0.004* (0.00)
meangrant	-0.002 (0.00)	-0.001 (0.00)	-0.015** (0.01)	-0.008** (0.00)	-0.002 (0.00)	-0.002 (0.00)
trgrant	-0.000 (0.00)	-0.001 (0.00)	-0.002* (0.00)	-0.001 (0.00)	0.001* (0.00)	0.000 (0.00)
ln pgdp	-0.050*** (0.01)	0.062*** (0.02)	-0.104*** (0.01)	-0.002 (0.03)	-0.064*** (0.02)	0.050* (0.03)
ln den	-0.018* (0.01)	0.000 (0.01)	-0.013 (0.02)	-0.010 (0.01)	0.018 (0.02)	0.012 (0.01)
urban	0.012 (0.05)	-0.278*** (0.05)	-0.005 (0.13)	-0.200* (0.10)	0.057 (0.12)	-0.141 (0.13)
L. guanga ~ n					0.465*** (0.08)	0.358** (0.15)
L2. guang ~ n					-0.307*** (0.07)	
year	no	yes	no	yes	no	yes
常数项	0.838*** (0.14)	-0.243 (0.18)	1.362*** (0.13)	0.433 (0.28)	0.642*** (0.17)	-0.389 (0.24)
样本容量	248	248	248	248	155	186
R^2	0.367	0.728	0.833	0.906		
AR（1）					0.001	0.011
AR（2）					0.139	0.667
Hansen Test					1.000	1.000

注：括号内数值为稳健标准误。*、**、*** 分别表示 10%、5% 和 1% 的显著性水平。AR（1）、AR（2）以及 Hansen Test 给出的是相应检验的 p 值。

四、进一步考察：预算公开度对政府行政管理支出的影响——预算内收入依赖的角度

前面的分析可以视为预算公开度对政府行政管理支出在总公共财政支出中的结构性约束，即预算公开度是否可以降低行政支出在总财政支出中的比重。前面的研究表明，假说 1 和假说 2 得到了验证，但从支出结构角度而言，转移支付依赖不影响预算公开与行政管理支出的关系，即实证结果似乎并不支持假说 3。可能的原因是我们的因变量指标分母中混杂了转移支付结构因素的影响。为了对假说 3 深入分析，我们参考宋小宁等（2015）有关行政管理费指标，将被解释变量换为一般公共服务支出占政府预算内收入的比重，从而将转移支付结构因素从分母中剥离出去。我们希望探索预算公开度变化是否会影响政府本级预算内收入中有关行政管理支出的安排，尤其是重新验证假说 3。因为很多文献，如宋小宁等（2015）、范子英和张军（2010）等的研究表明，转移支付依赖会增加地方政府的行政管理费。尤其是转移支付依赖高的地区，往往存在“吃饭财政”现象，大量资金用于政府的维持性职能，财政用于改善民生的资金捉襟见肘。如果预算公开能改善这种状况，无疑会使财政资金的成本上升、效率提升。

1. 基础回归。基础回归中，被解释变量为一般公共服务支出占政府预算内收入的比重[①]。表 1－12 中，第（1）、第（2）、第（4）、第（6）列为不控制时间效应的 OLS、FE 和动态面板模型的回归结果，第（3）、第（5）、第（7）列为控制了时间效应后的 OLS、FE 和动态面板模型的回归结果。应注意，第（6）列中有关扰动项序列相关的检验 AR（2）未能通过。考虑内生性因素后的动态面板模型回归结果（7）表明，预算公开度没有显著地减少财政收入中用于行政管理支出的比重。可能的原因有两个：一是预算内收入所安排的行政管理费具有高度的惯性，即遵循增量预算，这使预算公开制约政府的作用不能得到充分发挥。我们注意到，第（7）列因变量滞后 1 期的系数高达 0.845，这说明公共财政预算收入中用于政府行政管理支出的部分具有高度的正向依赖。这可能正是预算公开提高不能显著约束地方政府财政收入中用于行政管理

① 为验证本实证中第四部分的结论，我们还将被解释变量换成一般公共服务支出与公共安全支出之和占预算内收入的比重重新回归，实证结果非常稳健。因篇幅所限，结果不再在正文中呈现。

支出比重的原因。二是现行财政信息的公开少有充分公布人员状况、人头经费、公务经费信息的，这也会削弱预算公开对政府行政管理费的约束作用。考虑到转移支付对政府规模与行政管理费的重要影响，我们接下来重点关注预算公开在其中所能起的调节作用。

表 1-12　预算公开度对政府行政管理支出的影响

	(1) OLS	(2) OLS	(3) OLS	(4) FE	(5) FE	(6) GMM	(7) GMM
ln tran	-0.197**	-0.099	-0.081	0.015	0.017	0.025	0.032
	(0.08)	(0.07)	(0.07)	(0.02)	(0.02)	(0.03)	(0.04)
ln pgdp		0.066	0.214	-0.468*	-0.527**	-0.165	-0.128
		(0.16)	(0.30)	(0.23)	(0.25)	(0.12)	(0.19)
ln den		-0.162	-0.139	0.035	0.035	0.165**	0.173**
		(0.12)	(0.11)	(0.09)	(0.09)	(0.08)	(0.07)
urban		-1.619	-2.011	2.383	2.628	0.857	1.134
		(1.08)	(1.41)	(2.00)	(2.26)	(0.83)	(1.04)
L. bizhon ~ r						0.796***	0.845***
						(0.04)	(0.04)
year	no	no	yes	no	yes	no	yes
常数项	0.983***	2.074***	0.598	3.628***	4.067***	-0.056	-0.654
	(0.33)	(0.60)	(1.82)	(0.83)	(1.34)	(0.32)	(0.93)
样本容量	248	248	248	248	248	186	186
R^2	0.045	0.401	0.412	0.484	0.510		
AR (1)						0.173	0.089
AR (2)						0.022	0.692
Hansen Test						0.995	1.000

注：括号内数值为稳健标准误。*、**、*** 分别表示 10%、5% 和 1% 的显著性水平。AR (1)、AR (2)以及 Hansen Test 给出的是相应检验的 p 值。

2. 转移支付、预算公开与政府行政管理支出。

（1）模型中加入转移支付依赖作为控制变量。回归结果如表 1-13 所示。第（1）列是 OLS 回归结果，第（2）列是 FE 的回归结果，第（3）和第（4）列分别是不控制年份和控制年份的差分 GMM 回归结果。由于第（4）列中因变量滞后 1 期的系数不显著，为将内生性因素考虑在内，我们首先将解释变量全部滞后 1 期做固定效应回归得到第（5）列。然后在第（5）列的基础上控制了滞后 1 期的因变量，得到第（6）列的结果。表 1－13 绝大部分回归结果表明，预算公开度对政府行政支出占预算内收入的比重是负向影响，但在统计上不显著。所有回归结果表明，转移支付依赖（grant、lgrant）增加了预算内收入中用于政府行政管理支出的比重，这一结果与宋小宁等（2015）相符。

表 1－13　预算公开度对政府行政管理支出的影响：考虑转移支付 I

	(1) OLS	(2) FE	(3) GMM	(4) GMM	(5) FE	(6) FE
ln tran	0.013 (0.03)	-0.007 (0.02)	-0.016 (0.02)	-0.008 (0.02)		
ln pgdp	0.137*** (0.05)	-0.206* (0.12)	-0.228** (0.11)	-0.001 (0.15)		
ln den	0.018 (0.02)	0.117 (0.15)	0.292 (0.18)	0.284** (0.14)		
urban	-0.491*** (0.12)	0.844 (0.65)	0.923 (0.74)	0.625 (0.69)		
grant	0.149*** (0.01)	0.118*** (0.03)	0.138** (0.07)	0.096* (0.05)		
L. bizhonggser			0.118 (0.32)	0.382 (0.34)		0.661*** (0.04)
L2. bizhonggser			-0.184* (0.11)			
lln tran					-0.013 (0.02)	-0.009 (0.01)
lln pgdp					-0.300* (0.15)	-0.110 (0.10)
lln den					0.116 (0.12)	0.015 (0.03)
lurban					1.592 (1.14)	0.682 (0.71)
lgrant					0.084*** (0.02)	0.028*** (0.01)
year	yes	yes	no	yes	yes	yes

续表

	(1) OLS	(2) FE	(3) GMM	(4) GMM	(5) FE	(6) FE
常数项	-1.115*	0.998	-0.209	-2.382*	1.623	0.756
	(0.57)	(1.84)	(0.88)	(1.33)	(1.34)	(0.61)
样本容量	248	248	155	186	217	217
R^2	0.951	0.704			0.585	0.733
AR (1)			0.083	0.185		
AR (2)			0.120	0.214		
Hansen Test			0.999	1.000		

注：括号内数值为稳健标准误。*、**、*** 分别表示 10%、5% 和 1% 的显著性水平。AR (1)、AR (2)以及 Hansen Test 给出的是相应检验的 p 值。

（2）模型中加入转移支付依赖，以及转移支付依赖与预算公开度的交乘项。结果如表 1-14 所示。第（1）列为控制时间效应的 OLS 回归，第（2）列为控制时间效应的 FE 回归，第（3）和第（4）列分别为不控制和控制时间效应的差分 GMM 回归。由于在第（4）列中滞后 1 期的因变量的系数不显著，我们将所有解释变量滞后 1 期得到第（5）列的固定效应模型回归结果，而第（6）列是在第（5）列的基础上进一步控制因变量的滞后 1 期的回归结果。结果发现，尽管预算公开度的系数普遍不显著，但绝大部分情况下，预算公开度与转移支付依赖的交乘项（trgrant 以及 l. trgant）的系数显著为负，说明在转移支付依赖地区如果加强预算公开度，会显著约束政府预算内本级收入中用于行政管理支出的比重，即减弱转移支付的"粘蝇纸"后果。假说 3 得到验证。

表 1-14　预算公开度对政府行政支出的影响：考虑转移支付 II

	(1) OLS	(2) FE	(3) GMM	(4) GMM	(5) FE	(6) FE
meantran1	0.017	0.004	-0.016	-0.015		
	(0.03)	(0.02)	(0.02)	(0.02)		
meangrant	0.146***	0.103***	0.129**	0.087*		
	(0.01)	(0.03)	(0.06)	(0.04)		
trgrant	-0.014***	-0.017**	-0.005	0.003		
	(0.00)	(0.01)	(0.00)	(0.01)		

续表

	(1) OLS	(2) FE	(3) GMM	(4) GMM	(5) FE	(6) FE
ln pgdp	0.137*** (0.05)	−0.191* (0.11)	−0.255** (0.11)	−0.002 (0.13)		
ln den	0.018 (0.02)	0.089 (0.14)	0.241 (0.17)	0.258** (0.13)		
urban	−0.506*** (0.12)	0.794 (0.63)	1.105 (0.76)	0.636 (0.61)		
L. meantr ~ 1					0.003 (0.02)	−0.001 (0.01)
L. meangr ~ t					0.066** (0.02)	0.022*** (0.01)
L. trgrant					−0.019*** (0.00)	−0.009*** (0.00)
L. ln pgdp					−0.279* (0.15)	−0.109 (0.10)
L. ln den					0.078 (0.11)	0.002 (0.02)
L. urban					1.534 (1.15)	0.696 (0.73)
L. bizhon ~ r			0.080 (0.33)	0.450 (0.32)		0.631*** (0.04)
L2. bizho ~ r			−0.179* (0.10)			
year	yes	yes	no	yes	yes	yes
常数项	−0.828 (0.57)	1.252 (1.74)	−0.125 (1.33)	−2.080* (1.23)	1.835 (1.27)	0.870 (0.62)
样本容量	248	248	155	186	217	217
R^2	0.953	0.719			0.610	0.739
AR (1)			0.074	0.092		
AR (2)			0.211	0.202		
Hansen Test			1.000	1.000		

注：括号内数值为稳健标准误。*、**、*** 分别表示 10%、5% 和 1% 的显著性水平。AR (1)、AR (2)以及 Hansen Test 给出的是相应检验的 p 值。

五、结论与政策启示

财政信息公开作为约束政府行为的重要财政制度，是否能有效地约束政府收支行为呢？本章从政府行政管理支出角度，考察了财政信息公开的有效性及影响财政信息公开效果的主要因素。具体而言，本章使用2007—2014年的省级面板数据，从财政支出结构中行政管理支出的比重以及预算内本级收入对行政管理支出的安排两个角度，分别考察了预算公开对地方政府行政管理支出规模的影响。研究结果表明：

（1）预算公开有助于降低政府行政管理支出在公共财政支出中的比重，即有助于降低政府的维持性支出，优化地方政府财政支出结构。（2）自然资源依赖度越高，越会削弱预算公开对政府行政管理支出的约束。分样本的回归结果表明，预算公开对政府行政支出的约束作用仅在低自然资源依赖地区存在。（3）加入转移支付为控制变量后，预算公开依然可以制约政府行政支出占总财政支出的比重。但转移支付与预算公开的交乘项系数不显著。这说明从支出结构来看，预算公开与政府行政管理支出的关系不随转移支付依赖程度的不同而变化。（4）在样本区间，预算公开无法有效约束政府本级预算内收入中用于政府行政支出的比重，即无法降低行政支出对预算内收入的依赖。进一步研究发现，对于转移支付越高，预算内收入当中的政府行政管理支出也相应提高的政府规模膨胀现象，提高预算公开度可以有效减弱这种后果。

本章的研究表明，即使缺乏明确的有关财政信息公开工作的问责机制，财政信息公开依然发挥了对政府的约束作用，该研究结论与多数文献（如李春根和徐建斌，2016；潘俊等，2016）相符。但以往的研究未从政府行政管理支出角度考察预算公开对政府行为的影响，本章的研究可算是对该领域的补充。本章还论证了治理我国地方政府行政管理支出高企的重要途径——财政信息公开和外部舆论监督的必要性。此外，以往的研究主要从全样本角度考察财政信息公开的有效性，未能考察财政信息公开有效性的差异和作用机制。本章考察了影响我国财政信息公开有效性的两个重要因素——自然资源依赖程度和转移支付依赖程度，发现自然资源依赖状况与转移支付依赖状况的不同会影响财政信息公开制约政府的效果，这是对财政信息公开有效性条件的初步探索。

本章的政策启示是：

（1）应继续推进财政预决算公开度进程。财政信息公开，可以使社会各界得以监督政府资金的来龙去脉，规范政府收支行为，提高财政资金的使用效率。目前，我国政府的财政信息公开度整体水平依然很低，这会大大制约财政信息公开有效约束政府行为的程度。就我国财政信息公开的“四本账”而言，2013 年中央预算公开了一般公共预算、政府性基金预算、国有资本经营预算和社保基金预算情况，但社保基金的预算公布依然粗糙且与其他“三本账”的公布部门和公布方式不一致[①]。同年，全国已有 30 多个省市公开了省级财政预决算和省级部门预算，但遗憾之处在于公布的信息完整性和透明性质量不高[②]。

（2）预决算公开工作应完整、透明、确定、统一。上述是财政信息公开的最重要特点，也是最基本要求，决定了财政信息公开的质量和未来的改革进程。当预算公开度从中央至基层政府基本实现了上述特点时，应突出财政信息公开的“实质性”和“重点性”，如对于民众重点关心的财政收支的信息公开，比如政府行政管理支出的信息公开[③]，政府民生支出的信息公开，政府国有资产管理方面的信息公开，以及按经济分类的财政支出信息的公开等工作应及时推进。但现实情况是即使以最基础的财政信息，即政府的“四本账”作为考量，我国的财政信息公开工作在完整、透明、确定、统一等方面都不尽如人意。

（3）加强对自然资源依赖地区以及与自然资源有关的财政收支信息公开。40 多年来，中国的改革开放取得了举世瞩目的成就，但这种成就是以资源地普遍陷入经济发展落后、资源加速枯竭和生态环境恶化的经济诅咒为代价的。诚然导致资源地陷入诅咒的原因是多方面的[④]，但根据分析，与资源地的财政信息公开水平低也不无关系，也可以认为资源地的财政信息公开水平低助长了自然资源依赖地区的政府低效率以及腐败。而根据分析，资源地的财政信息公开有助于优化政府的支出结构，降低行政管理支出占总支出的比重。因此，一方面要加强对自然资源依赖地区与自然资源有关的财政信息的公开；另一方面应推进资源依赖地区的经济结构调整，构建有利于财政信息公开作用发挥的宏观经济环境。

---

① 详细分析见第二章。

② 详细分析见第二章。

③ 本书第三章会对将上述重要事项与财政信息公开相结合进行分析。

④ 详见刘生旺：“资源税改革的有效性分析——基于新制度经济学的视角”，《经济问题》2009 年第 1 期。

（4）要加大对转移支付依赖地区的财政信息公开度。2002 年所得税分享改革以来，中央加大了对中西部地区的转移支付，这对推进公共服务均等化、缩小地区福利差距起了重要作用。然而也应当注意，由于“粘蝇纸”效应的存在，转移支付增加往往伴随着逐渐膨胀的政府规模和逐渐增加的行政管理费。如何提高转移支付资金的使用效率，减弱转移支付的行政支出膨胀后果？本章的政策启示是：应提高转移支付依赖地区的预算公开度，重点披露与转移支付资金有关的财政收支信息，削弱地方政府的无效支出倾向，这是提高转移支付依赖地区转移支付资金使用效率的重要途径。

综上所述，为了使财政信息公开约束政府收支的作用得到充分发挥，我们不仅要继续推进财政信息公开工作所需具备的最基本的四个性质，即完整性、透明性、确定性、统一性，在条件成熟后，还要继续推进财政信息公开的实质性和重点性。此外，还要加强财政信息公开的监督和问责机制，构建有利于财政信息公开作用发挥的宏观经济环境。

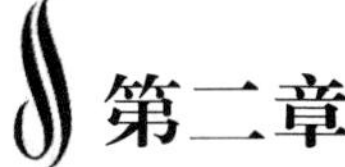

第二章 财政信息公开的完整性、透明性、确定性和统一性[①]

2007 年政府收支分类改革正式启动；同年 4 月 5 日，《中华人民共和国政府信息公开条例》（2007 年国务院令第 492 号）发布，条例规定从 2008 年 1 月 1 日起，政府的财政预决算报告正式列入政府信息公开的范围，这意味着财政信息公开真正实现了有法可依。从财政收支分类和政府信息公开同时发力至今已经走过了 10 几个年头，改革的效果怎样？本章以 2008 年以来财政部网站所公布的财政预决算信息为分析对象，对财政预决算公开的完整性、透明性、确定性和统一性进行评价，以期推动未来的财政预决算改革能更好地规范政府收支行为、强化政府预算约束，保障民众的知情权、增进民众福利。本章的结构安排如下：首先是有关财政信息公开性评估的文献回顾；其次是对财政信息公开完整性、透明性、确定性和统一性的概念厘清；然后是就 2008—2016 年财政预决算公开的完整性、透明性、确定性和统一性进行分析；最后是结论与政策建议。

第一节 财政信息公开性评估的文献回顾

有关财政公开的评估，上海财经大学公共政策研究中心（2009—2016 年）

① 本章有关完整性与透明性的主要分析参见："财政预决算公开的完整性与透明性分析：2008—2016"，《中央财经大学学报》，2019 年第 5 期，第 3－12 页。该文被人大报刊复印资料《财政与税务》2019 年 10 月，全文转载。

自2009年通过构建指标对省级政府的财政公开度状况进行年度评估；清华大学公共管理学院公共经济、金融与治理研究中心财政透明度课题组（2012—2016年）自2012年通过构建指标对市级政府财政公开度状况进行年度评估。翟司霞（2013）构建指标，对我国2011年中央财政预算公开度进行了评价。周伟（2017）使用2015年IBP（国际预算合作组织）的调查数据和《预算公开指数标准》对“一带一路”沿线国家的财政透明度进行了比较。

现有对我国财政公开度评价的文献主要通过构建指标来对各级政府的财政信息公开透明程度进行评估。本章认为通过构建指标来对公开性进行评价，因为研究者构建指标体系时，对指标体系应包含哪些指标和如何对不同指标赋予权重的认识和选取差异较大，最终得出的结论很难达成共识。因此，本章摒弃通过构建指标来对公开性进行评价的方法，从公开的定义出发，以全国财政预决算的全部四本账为分析对象，将财政信息公开从完整性、透明性、确定性和统一性进行评估，其中完整性和透明性是分析的最主要方面。本章的研究结论有助于深化我们对财政信息公开的认识、并为我国下一步如何提高财政信息公开提供了思路。

第二节 财政信息公开与相关概念厘清

一、涉及财政收支的公民权利和义务的法律规定

《中华人民共和国宪法》（以下简称《宪法》）第二章第五十六条规定：“中华人民共和国公民有依照法律纳税的义务。”《宪法》第二章第三十三条规定：“国家尊重和保障人权。”何为人权？联合国《世界人权宣言》宣布了30条最基本的人权，并以此作为所有人类和所有国家努力实现的共同标准。《世界人权宣言》第25条第1款指出：“人人有权享受为维持他本人和家属的健康和福利所需的生活水准，包括食物、衣着、住房、医疗和必要的社会服务；在遭到失业、疾病、残废、守寡、衰老或在其他不能控制的情况下，丧失谋生能力时，有权享受保障。”第2款指出：“母亲和儿童有权享受特别照顾和协助。

一切儿童，无论婚生或非婚生，都应享受同样的社会保护。”第26条第1款指出：“人人都有受教育的权利，教育应当免费，至少在初级和基本阶段应如此。初级教育应属义务性质。技术与职业教育应普遍设立。高等教育应根据成绩而对一切人平等开放。”第27条第1款指出：“人人有权自由参加社会的文化生活，享受艺术，并分享科学进步及其产生的福利。”《世界人权宣言》的上述条款概括起来主要包括两个方面：第一，公民有享受政府提供的基本公共产品和服务的权利；第二，公民有享受政府提供的基本社会福利和保障的权利。

二、公民的权利和义务对财政预决算的约束

根据我国《宪法》的上述规定可知：公民有纳税的义务，公民也有相应的人权。公民的义务和人权与财政之间有着天然的联系，即公民所缴纳的税收会转化成为政府的收入，公民的人权需求会转化成为政府提供的公共产品和服务以及社会福利和保障。换言之，公民的纳税行为和保障公民人权的行为都离不开政府的收支活动，即财政。

财政预决算是对政府收支活动的事前安排和事后报告，财政预决算分别反映了政府钱从哪里来，钱到哪里去的计划和事实。这种计划和事实直接关系到公民如何纳税，能享受到什么样的公共产品和服务、社会福利和保障。我国《宪法》第二章第四十一条规定：“中华人民共和国公民对于任何国家机关和国家工作人员，有提出批评和建议的权利；对于任何国家机关和国家工作人员的违法失职行为，有向有关国家机关提出申诉、控告或者检举的权利，但是不得捏造或者歪曲事实进行诬告陷害。”上述法律规定赋予了公民对国家财政收支基于事实的监督权利。这种权利与基于财政角度的“尊重和保障人权”对财政预决算的要求是一致的，即政府收支信息的公开。

三、财政信息公开

公开的意思是公之于众，即将事情的内容暴露于大众。根据公开的定义，财政预决算的公开至少应包括四个方面：第一，预决算公开的完整性。该公开的政府收支都要公开，要“天衣无缝”。第二，预决算公开的透明性。公开的政府收支要尽可能的详细，要“条分缕析”。第三，预决算公开的确定性。公

开的收支要明确在什么时间以什么样的方式公开。第四，预决算公开的统一性。公开的收支应由财政部门统一发布，避免政出多门。

完整性是指该公开的政府收支都要公开，完整性旨在考察财政预决算信息披露的完整程度。完整性要求政府财政预决算公开的信息之和应是政府的全部财政信息，即所有的财政收入都有来源，所有的财政支出都有去向，不能有遗漏，否则即是违反完整性的要求。根据财政预决算信息公开级次，若某个一级科目（类）是其下二级科目（款）的和，则该类级科目符合完整性要求，反之则不符合完整性要求，对于不符合完整性要求的科目，分析其在多大程度上符合完整性。对于其他二级科目（款）和三级科目（项）的完整性分析，思路相同。

透明性旨在考察财政预决算信息披露的深入程度。透明性要求政府财政预决算公开的信息要尽可能的详细。即某种财政收入能确切地知道其具体来源，某种财政支出能确切地知道其具体去向，不能有含糊，否则即是违反透明性要求。根据财政预决算信息公开级次，某个科目信息公开的级次越多表明该科目信息越透明，反之则越不透明。根据信息公开级次的不同，可分为只公布到一级科目（类）的信息、只公布到二级科目（款）的信息、只公布到三级科目（项）的信息和公布到四级科目（目）的信息。

确定性着重考察财政预决算信息公开在时间和方式上的刚性。若财政信息在规定的时间以规定的方式进行了公布，则符合确定性，反之则不符合确定性。确定性反映了财政收支公布的刚性，即确保民众可以在确定的时间，以确定的方式获取财政信息。确定性反映了财政收支公布的原则性。与确定性相反即是不确定性，如果财政收支不符合确定性，即法律法规没有规定政府需在何时间，以何种方式公布财政信息，若没有公布会受到何种惩罚，则说明财政信息公布具有不确定性，不确定性本质上说明财政信息公布不具有原则性和强制性。

统一性着重考察财政预决算信息公开主体的唯一性。若财政信息只有财政部门发布则符合统一性，反之则不符合统一性。统一性反映了财政部门是政府授权管理财政收支活动最高机构的唯一性。只有满足了统一性，民众才能以低成本获取政府完整的、清晰的财政收支预决算信息和财政收支活动。与统一性相反，即为分散性，即财政预决算和财政收支活动分散在多个部门，民众要获取完整清晰的财政预决算信息和财政收支活动成本较高，且对结果的完整和清晰并没有十分把握。

公开“四性”中完整性、透明性是难点，也是本章分析的重点和主要创新点。本章的研究结论有助于深化我们对财政信息公开的认识，并为我国下一步如何提高财政信息公开提供了思路。

第三节
财政预决算公开的“四性”分析

根据《中华人民共和国预算法》（以下简称《预算法》）的规定，我国政府收支活动的全貌反映在一般公共预算、政府性基金预算、国有资本经营预算和社会保险基金预算中。以下分别结合四个预算来对我国2008年以来的财政预决算公开的“四性”予以剖析。

一、完整性分析

以下分别考察政府收支的总体完整性和每个预算的完整性。在考察四个预算的完整性时，本章只以最基本的完整性要求作考察，即考察每个预算收支的类是否是款的合计。

（一）政府财政预决算的总体完整性

政府收支的总体完整性情况描述如表2-1所示。

表2-1　财政预决算的完整性①

年份	全国一般公共预算收支预决算数据	全国政府性基金预算收支预决算数据	全国国有资本经营预算收支预决算数据	全国社会保险基金预算收支预决算数据
2008	有	无	无	无
2009	有	无	无	无
2010	有	有	无	无
2011	有	有	无	无
2012—2016	有	有	有	无/有

资料来源：财政部网站，表中有或无表示当年的预决算数据同时有或同时无。无/有表示预算数据无但决算数据有。

① 有或无的标准是是否能找到官方公布的直接数据，若能则为有，若不能则为无。

通过财政部公布的数据可以发现，政府收支的四种预决算包[①]从2008—2016年的完整性经历了两年的1/4覆盖，即政府向民众公示了一个“钱包”的收支情况、两年的1/2覆盖，政府向民众公示了“两个钱包”的收支情况、从2012年起基本实现了全覆盖，即政府向民众公示了所有“四个钱包”的收支情况，但有关社会保险基金的预算数据却没有直接来源，虽然2012年后财政部在公布每年的全国社会保险基金决算数据时，也会公布有关全国社会保险基金决算的说明，在说明中会指出决算数相对预算数的变化情况，但没有直接公布的预算数据。

（二）全国一般公共预算收支预决算的完整性

2008—2016年每年预决算收入的类均是款的合计，即收入符合完整性要求。就支出而言，每年预决算支出一级科目（类）的数值均大于二级科目（款）的合计，即每年的支出都不符合完整性要求，表明政府的支出并没有完全向公众指明用途。由于预算的支出项目设置每年都在调整，因此，本章选取一般公共预决算支出总体和相对稳定的类来对一般公共预算支出的完整性进行分析。

1. 一般公共预算支出的总体分析。2008—2016年不符合完整性的类的数量及变化趋势如图2－1所示。

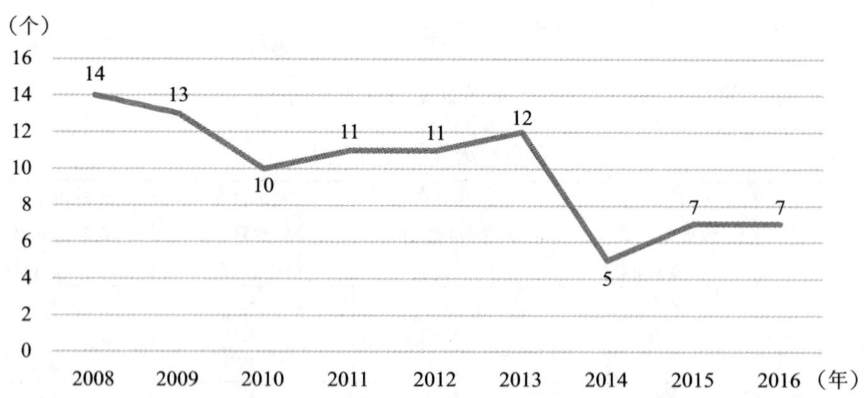

图2－1　一般公共预算支出预决算类级科目非完整性数量及变化趋势图

资料来源：根据我国财政部网官方网站提供的相关信息计算整理得出。

① 即包括全国一般公共预算收支预决算数据、全国政府性基金预决算数据、全国国有资本经营预算收支预决算数据和全国社会保险基金预算收支预决算数据等在内的四种数据。

由图 2－1 可见，2008—2016 年，一般公共预算支出预决算的类级科目非完整性数量变化有起伏，但总趋势是下降的，2008 年类级科目非完整个数为 14 个，到 2014 年下降到最低值 5 个，说明一般公共预算支出预决算的完整性总体在进步，但 2015 年和 2016 年相对于进步最大的 2014 年而言不进反退，非完整性个数上升为 7 个。

2. 一般公共服务的完整性分析。一般公共服务是一般公共预算支出中最大的一项支出，反映人大、政协、政府办公厅（室）及相关机构的行政运行、一般行政管理事务、专项业务活动等支出[①]。2008 以来我国一般公共服务支出预决算的完整性情况如图 2－2 所示。

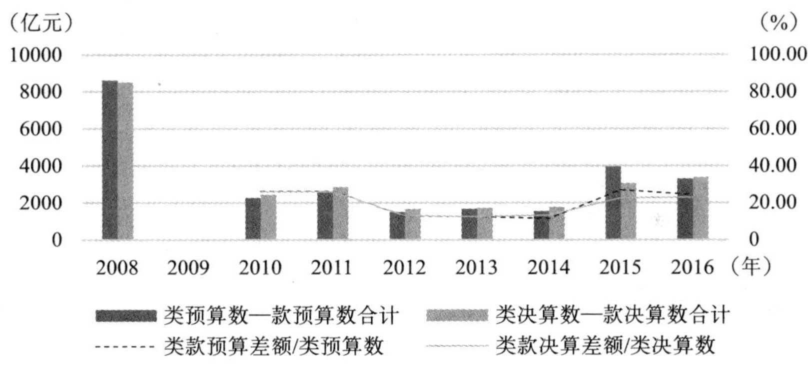

图 2－2　2008—2016 年我国一般公共服务支出预决算的完整性图

资料来源：根据我国财政部官方网站提供的相关信息计算整理得出。

2008 年政府未指明用途的一般公共服务预决算支出分别达到 8604. 53 亿元和 8490. 83 亿元，分别占到当年预决算支出总额的 86. 82% 和 86. 68%，即当年政府的一般公共服务预决算有超过 86% 未向公众指明用途。由于 2009 年的一般公共服务预决算数据只公布到类，不能对其完整性进行分析。2010 年未指明用途的一般公共服务预决算支出绝对额分别为 2258. 39 亿元和 2436. 87 亿元，相对比重分别为 26. 33% 和 26. 10%；2014 年下降到谷底，绝对额分别为 1546. 97 亿元和 1758. 91 亿元，相对比重分别为 11. 47% 和 13. 26%，2015 年后开始反弹，2016 年的绝对额分别为 3312. 53 亿元和 3382. 72 亿元，相对比

① 该解释在财政部网站中未找到，文中解释来自海南省财政厅网站的财政知识介绍，网址：http：//mof. hainan. gov. cn/czt/zwxx/czzs/index_ 1. html。下文中有关外交支出、公共安全支出、科技支出、粮油物资储备支出的解释来源相同。

重分别为 24.27% 和 22.87%。

3. 外交支出的完整性分析。外交支出是国家外事机构进行外交活动的经费支出，主要包括国家驻外使领馆等机构的经费、政府团体的出国访问费、外宾招待费、国际组织会费、政府援外费等。2008 以来我国外交支出预决算的完整性情况见图 2－3。

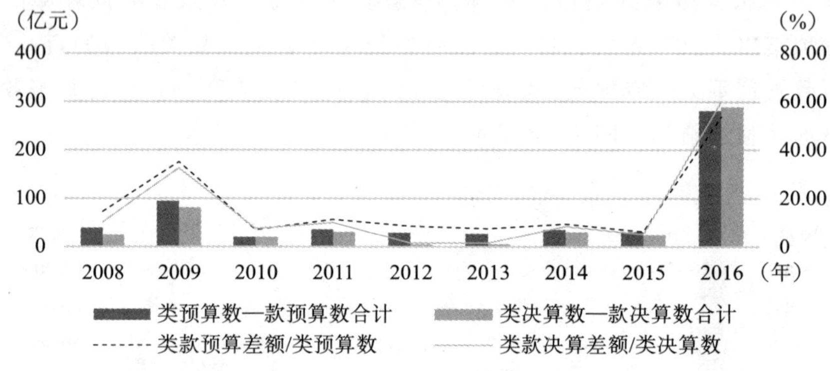

图 2－3 2008—2016 年我国外交支出预决算的完整性图

资料来源：根据我国财政部官方网站提供的相关信息计算整理得出。

2008—2016 年，我国外交支出预决算不符合完整性要求。2008 年政府未指明用途的外交预决算支出分别达到 39.61 亿元和 24.84 亿元，分别占当年预决算支出总额的 14.68% 和 10.32%，即当年政府的外交支出预决算分别有 14.68% 和 10.32% 未向公众指明用途。2009 年未指明用途的外交支出预决算无论是绝对额还是相对比重都大幅提升，未指明用途的外交预决算支出分别达到 95.2 亿元和 81.76 亿元，分别占到当年预决算支出总额的 35.18% 和 32.58%。2009 年后的外交支出变化虽不稳定，但总体而言是下降的，就未指明用途的外交支出决算数比重而言，2013 年降到了最低值 1.56%，即 1.56% 的外交支出未指明用途。但这一比重在 2016 年急剧上升到 59.87%，绝对值达到 280.98 亿元。

4. 公共安全支出的完整性。公共安全支出指政府维护社会公共安全方面的支出，包括武装警察、公安、国家安全、检察、法院、司法行政、监狱、劳教、国家保密、缉私警察等人员工资待遇及机关行政事务经费等支出。2008 年以来我国公共安全支出预决算的完整性情况如图 2－4 所示。

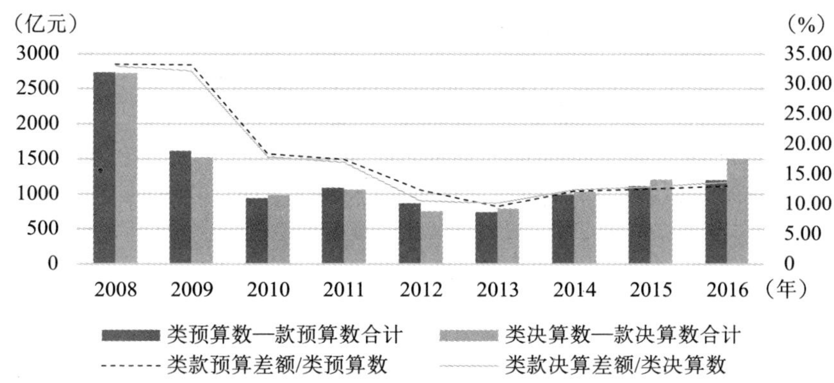

图2-4　2008—2016年我国公共安全支出预决算的完整性图

资料来源：根据我国财政部官方网站提供的相关信息计算整理得出。

从2008—2016年，公共安全支出预决算不符合完整性要求。2008年政府未指明用途的公共安全支出预决算分别达到2733.4亿元和2721.8亿元，分别占到当年预决算支出总额的33.29%和32.96%，即当年政府的公共安全支出预决算分别有33.29%和32.96%未向公众指明用途。之后就相对比重而言，一直处于下降趋势，2013年政府未指明用途的公共安全决算支出比重降到10.13%的最低比重，之后又有小幅回升，2016年为13.66%，绝对值为1507.31亿元。即2016年政府有13.66%的公共安全指出未指明用途，金额为1507.31亿元。

5. 科技支出的完整性。科技支出是指国家用于科学技术管理事务、基础研究、应用研究、科技条件与服务、社会科学、科学技术普及和科技交流与合作等方面的支出。2008年以来我国科技支出预决算的完整性情况如图2-5所示。

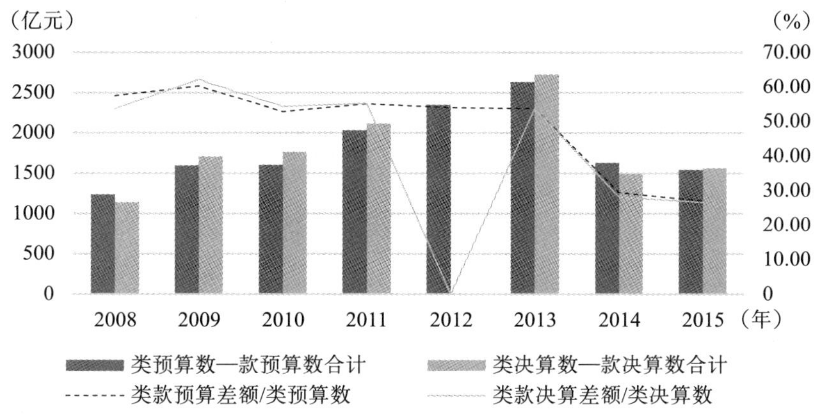

图2-5　2008—2016年我国科技支出预决算的完整性图

资料来源：根据我国财政部官方网站提供的相关信息计算整理得出。

2008—2016 年我国的科技支出预决算不符合完整性要求。2008—2011 年，未指明用途的科技支出比重无论是预算数比重还是决算数比重均超过 50%，即科技支出超过 50% 未向公众指明用途。从绝对额来看，2011 年最高，达到 2032. 37 亿元。2012 年十分特别，全部科技支出决算都指明了用途，虽然当年的预算数仍有 53. 99% 未指明用途。但 2013 年未指明用途的科技支出决算数比重又反弹到 53. 63%，2014—2016 年总体下降，比重在 30% 左右。

6. 粮油物资储备支出的完整性。粮油物资储备支出是指国家用于粮油事务、物资事务和粮油储备等方面的支出。该类支出统计始于 2009 年，2009 以来我国粮油物资储备支出预决算的完整性情况如图 2－6 所示。

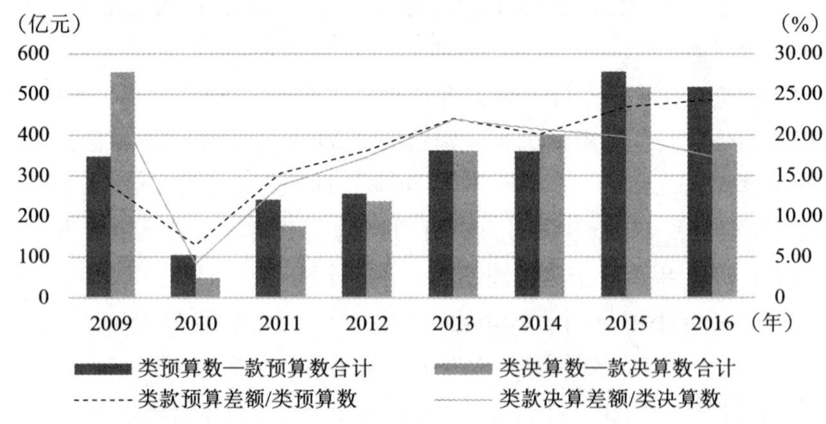

图 2－6　2009—2016 年我国粮油物资储备支出预决算的完整性图

资料来源：根据我国财政部官方网站提供的相关信息计算整理得出。

2009—2016 年，粮油物资储备支出不符合完整性要求。2009 年政府未指明用途的粮油物资储备支出预决算支出分别达到 347. 82 亿元和 554. 47 亿元，分别占到当年预决算支出总额的 13. 86% 和 24. 99%，即当年政府的粮油物资储备支出预决算分别有 13. 86% 和 24. 99% 未向公众指明用途。2010 年，无论是粮油物资储备支出的预算数占预算总支出的比重，还是粮油物资储备支出的决算数占决算总支出的比重，都降到了这些年的最低比重，分别为 6. 44% 和 4. 18%。之后粮油物资储备支出的决算数占决算总支出的比重又呈现出总体上升后下降的趋势，2013 年政府未指明用途的粮油物资储备支出占决算总支出的比重上升到 21. 93%，之后缓慢下降，2016 年该比重为 17. 36%。

（三）政府性基金收支预决算的完整性

政府性基金收支预决算始于 2010 年，2010—2016 年政府性基金收支预决算符合完整性要求。即政府向民众公示了政府性基金的全部收入来源和支出用途。

（四）国有资本经营收支预决算的完整性

国有资本经营收支预决算始于2012年，2012—2016年国有资本经营收支预决算符合完整性要求。即政府向民众公示了国有资本经营的全部收入来源和支出用途。

（五）社会保险基金收支预决算的完整性

社会保险基金是指国家为了使社会保险有可靠的资金保障，通过立法要求全社会统一建立的，用于支付社会保险待遇的专项资金。我国社会保险基金决算数据始于2011年，截至目前官方尚未直接公布预算数据；由于基金具有专款专用的性质，以下结合社会保险基金的分类，从企业职工基本养老保险基金、居民社会养老保险基金①、城镇职工基本医疗保险基金、居民基本医疗保险基金、工伤保险基金、失业保险基金和生育保险基金七个方面分别对其决算收支的完整性进行分析。

1. 企业职工基本养老保险基金收支决算的完整性。2011—2016年每年的类级科目企业职工基本养老保险基金收入都只公布了其中的一种款级收入：企业职工基本养老保险费收入。同样，每年的类级科目企业职工基本养老保险基金支出都只公布了其中的一种款级支出——企业职工基本养老金支出。2011年以来我国企业职工基本养老保险收支决算完整性如图2－7所示。

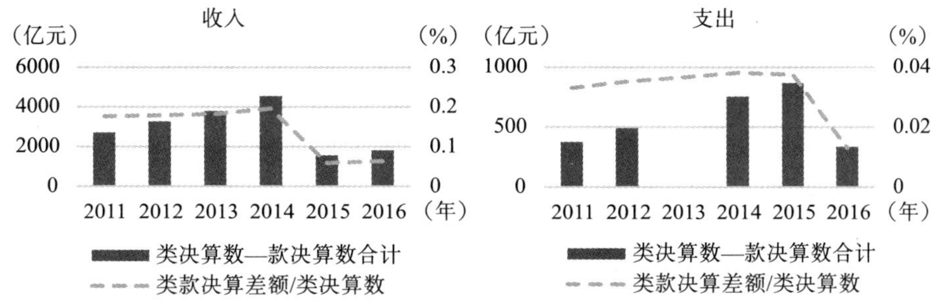

图2－7　2011—2016年我国企业职工基本养老保险基金收支决算完整性图

资料来源：根据我国财政部官方网站提供的相关信息计算整理得出。

① 2014年后，新农保和城居保合并，合并为城乡居民基本养老保险。

2011—2016年，我国企业职工基本养老保险收支均不符合完整性要求。无论是就绝对值还是相对比重，收入的完整性较支出的完整性要差，两者都有缩小的变化趋势。2011年未指明来源的决算收入为2715.57亿元，占决算总收入的比重为17.59%，2016年绝对值下降为1820.55亿元，占比下降为6.38%。2011年未指明用途的决算支出为375.52亿元，占决算总支出的比重为3.29%，2016年绝对值下降为336.38亿元，占比下降为1.30%。

2. 居民社会养老保险基金收支决算的完整性。2011—2016年每年的类级科目居民社会养老保险基金收入都只公布了其中的一种款级收入：居民社会养老保险基本养老保险费收入。同样，每年的类级科目居民社会养老保险基金支出都只公布了其中的一种款级支出：居民社会养老保险基本养老金支出。2011年以来我国居民社会养老保险基金收支决算完整性如图2-8所示。

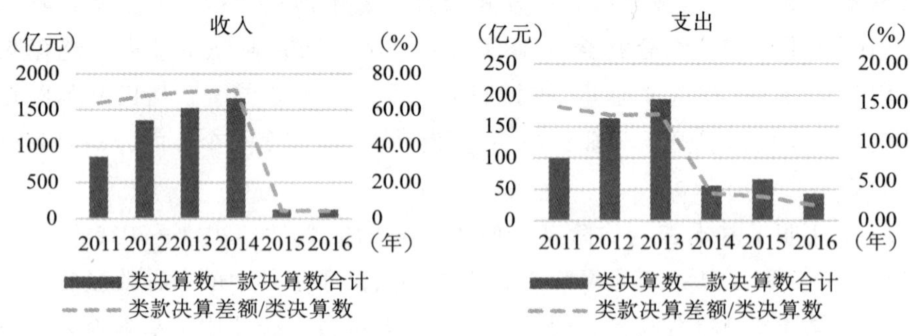

图2-8 2011—2016年我国居民社会养老保险基金收支决算完整性图

资料来源：根据我国财政部官方网站提供的相关信息计算整理得出。

2011—2016年，我国居民社会养老保险基金收支均不符合完整性要求。无论是就绝对值还是相对比重，支出走向完整的趋势要明显优于收入走向完整的趋势。2011年未指明来源的决算收入为856.69亿元，占决算总收入的比重为63.84%，2016年绝对值为126.62亿元，占比为4.28%。2011年未指明用途的决算支出为99.97亿元，占决算总支出的比重为14.49%，2016年绝对值下降为43.20亿元，占比下降为1.99%。

3. 城镇职工基本医疗保险基金收支决算的完整性。2011—2016年每年的类级科目城镇职工基本医疗保险基金收入都只公布了其中的一种款级收入：城镇职工基本医疗保险费收入。同样，每年的类级科目城镇职工基本医疗保险基金支出都只公布了其中的一种款级支出：城镇职工基本医疗保险待遇支出。2011年以来我国城镇职工基本医疗保险基金收支决算完整性如

图 2 -9 所示。

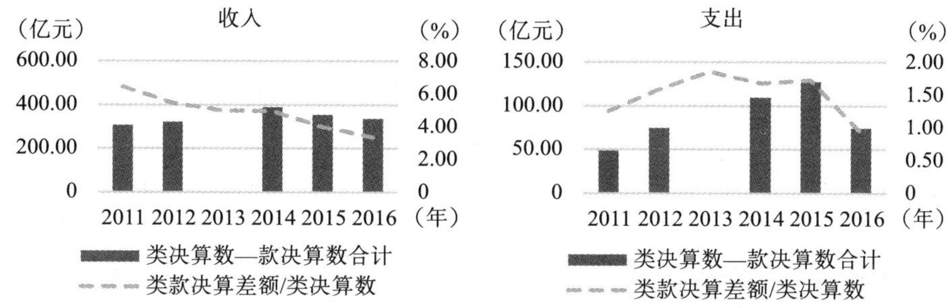

图 2 -9　2011—2016 年城镇职工基本医疗保险基金收支决算完整性图

资料来源：根据我国财政部官方网站提供的相关信息计算整理得出。

2011—2016 年，我国城镇职工基本医疗保险基金收支均不符合完整性要求。无论是就绝对值还是相对比重，收入的完整性较支出的完整性要差，从绝对额和相对比重来看，支出更接近完整性，但收入始终保持接近完整性的趋势。2011 年年未指明来源的决算收入为 307.05 亿元，占决算总收入的比重为 6.42%，2016 年绝对值为 337.04 亿元，占比下降为 3.34%。2011 年年未指明用途的决算支出为 48.61 亿元，占决算总支出的比重为 1.25%，2016 年绝对值为 74.78 亿元，占比下降为 0.92%。

4. 居民基本医疗保险基金收支决算的完整性。2011—2016 年每年的类级科目居民基本医疗保险基金收入都只公布了其中的一种款级收入：居民基本医疗保险费收入。同样，每年的类级科目居民基本医疗保险基金支出都只公布了其中的一种款级支出：居民基本医疗保险待遇支出。2011 年以来我国居民基本医疗保险基金收支决算完整性如图 2 -10 所示。

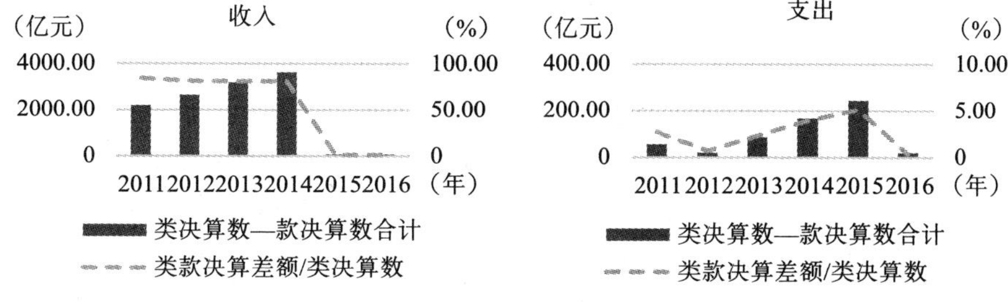

图 2 -10　2011—2016 年居民基本医疗保险基金收支决算完整性图

资料来源：根据我国财政部官方网站提供的相关信息计算整理得出。

2011—2016年，我国居民基本医疗保险基金收支均不符合完整性要求。就相对比重而言，未指明来源的决算收入占决算总收入的比重呈现下降趋势，未指明用途的决算支出占决算总支出的比重起伏波动很大。就决算收入而言，未指明来源的决算收入占决算总收入的最高比重出现在2012年，达到84.21%，未指明来源的决算收入最大值出现在2014年，达到3634.16亿元，2016年，未指明来源的决算收入占决算总收入的比重下降为1.26%，是2011—2016年的最低比重，绝对值也下降到77.07亿元的最低值。就决算支出而言，未指明用途的决算支出占决算总支出的最高比重和最大值均出现在2015年，分别为5.13%和245.33亿元。2016年，未指明用途的决算支出占决算总支出的比重下降为0.37%，是2011—2016年的最低比重，绝对值也下降到20.18亿元的最小值。

5. 工伤保险基金收支决算的完整性。2011—2016年每年的类级科目工伤保险基金收入都只公布了其中的一种款级收入：工伤保险费收入。同样，每年的类级科目工伤保险基金支出都只公布了其中的一种款级支出：工伤保险待遇支出。2011年以来我国工伤保险基金收支决算完整性见图2-11。

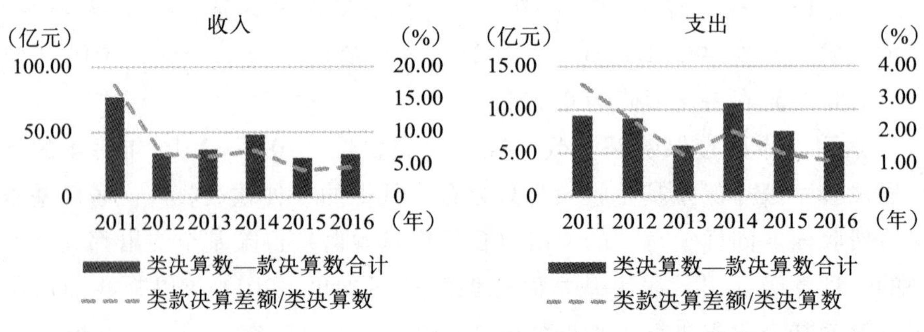

图2-11 2011—2016年工伤保险基金收支决算完整性图

资料来源：根据我国财政部官方网站提供的相关信息计算整理得出。

2011—2016年，我国居民工伤保险基金收支均不符合完整性要求。就未指明来源的收入占决算总收入的比重和未指明用途的支出占决算总支出的比重而言，总体呈现下降趋势。就决算收入而言，未指明来源的决算收入占决算总收入的最高比重和最大值均出现在2011年，分别为17.18%和76.98亿元。未指明来源的决算收入占决算总收入的最低比重和最小值均出现在2015年，分别为4.15%和33.30亿元，2016年，未指明来源的决算收入占决算总收入的比重为4.62%，绝对值为33.05亿元。就决算支出而言，未指明用途的决算支出占决算总支出的最高比重出现在2011年，为3.44%；最大值出现在2014

年，为 10.75 亿元；未指明用途的决算支出占决算总支出的最低比重出现在 2016 年，为 1.06%，绝对值为 6.26 亿元，未指明用途的决算支出最低值出现在 2013 年，为 5.86 亿元。

6. 失业保险基金收支决算的完整性。2011—2016 年每年的类级科目失业保险基金收入都只公布了其中的一种款级收入：失业保险费收入。同样，每年的类级科目失业保险基金支出都只公布了其中的一种款级支出：失业保险金支出。2011 年以来我国失业保险基金收支决算完整性如图 2－12 所示。

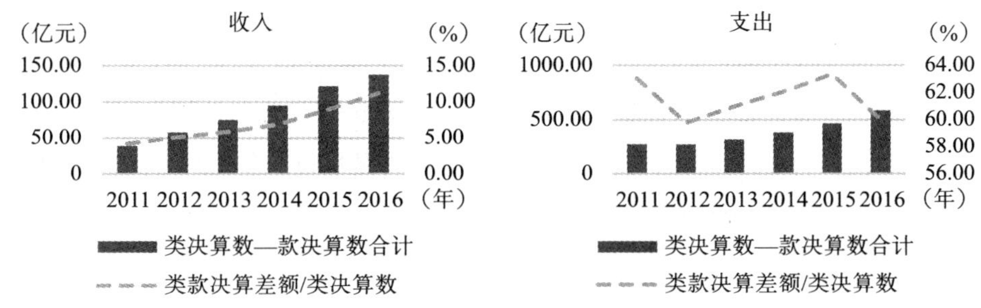

图 2－12 2011—2016 年失业保险基金收支决算完整性图

资料来源：根据我国财政部官方网站提供的相关信息计算整理得出。

2011—2016 年，我国失业保险基金收支均不符合完整性要求。未指明来源的决算收入的绝对值和相对比重呈现上升趋势。未指明用途的决算支出绝对值总体呈现上升趋势，但未指明用途的决算支出占总支出的比重变化趋势不明朗。就决算收入而言，未指明来源的决算收入占决算总收入的最高比重和最大值均出现在 2016 年，分别为 11.21% 和 137.62 亿元。未指明来源的决算收入占决算总收入的最低比重和最小值均出现在 2011 年，分别为 4.18% 和 38.58 亿元。就决算支出而言，未指明用途的决算支出占决算总支出的最高比重出现在 2015 年，为 63.36%；最大值出现在 2016 年，为 585.52 亿元，未指明用途的决算支出占决算总支出的最低比重出现在 2012 年，为 59.78%，未指明用途的决算支出最小值出现在 2012 年，为 269.00 亿元。2016 年，未指明用途的决算支出占决算总支出的比重为 60.02%，绝对值为 585.52 亿元。

7. 生育保险基金收支决算的完整性。2011—2016 年每年的类级科目生育保险基金收入都只公布了其中的一种款级收入：生育保险费收入。同样，每年的类级科目生育保险基金支出都只公布了其中的一种款级支出：生育保险待遇支出。2011 年以来我国生育保险基金收支决算完整性如图 2－13 所示。

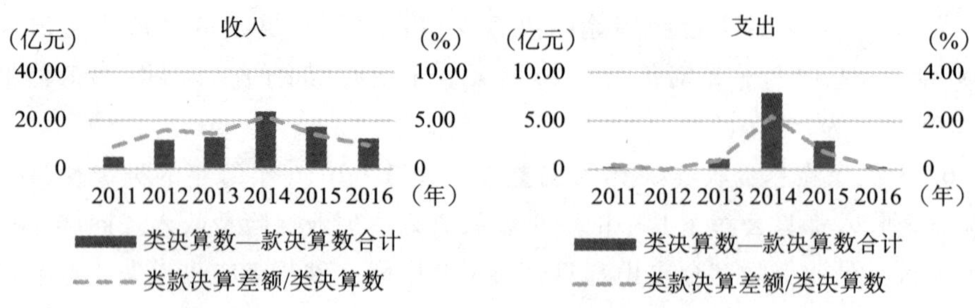

图 2-13 2011—2016 年生育保险基金收支决算完整性图

资料来源：根据我国财政部官方网站提供的相关信息计算整理得出。

2012 年我国生育保险基金支出决算实现了完整性，即支出全部指明了用途，除此之外的收支均未实现完整。收支无论是就绝对值还是相对比重，两者的变化趋势均不明朗。就决算收入而言，未指明来源的决算收入占决算总收入的最高比重和最大值均出现在 2014 年，分别为 5.41% 和 23.77 亿元。未指明来源的决算收入占决算总收入的最低比重和最小值出现在 2011 年，分别为 2.32% 和 4.99 亿元。2016 年，该比重和绝对值分别为 2.46% 和 12.70 亿元。就决算支出而言，未指明用途的决算支出占决算总支出的最高比重和最大值均出现在 2014 年，分别为 2.18% 和 7.92 亿元。2016 年，未指明用途的决算支出占决算总支出的比重和绝对值分别为 0.06% 和 0.31 亿元。

二、透明性分析

根据透明性的要求，政府收支要尽可能详细，要“条分缕析”。我国预算法有关政府收支分类科目规定，收入分为类、款、项、目；支出按其功能分为类、款、项。以预算法有关收支级次分类作为判断标准，对我国财政收支预决算的透明性分析如下。

（一）一般公共预决算收支透明性

1. 一般公共预决算收入透明性。2008—2016 年，我国财政一般公共收入决算表在列示预决算收入时，将收入分为税收收入和非税收入两个类级科目。税收收入又分为国内增值税、国内消费税等约 20 个款级科目；非税收入又分为政府住房基金收入、专项收入等约 10 个款级科目。至于项级科目，只有款级收入印花税下设置了证券交易印花税。2008—2016 年一般公共预决算收入透明性如图 2-14 所示。

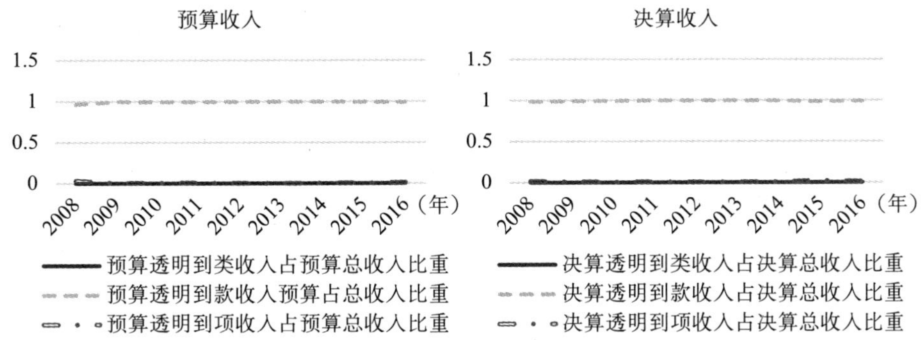

图 2－14　2008—2016 年一般公共预决算收入透明性图

资料来源：根据我国财政部官方网站提供的相关信息计算整理得出。

图 2－14 显示，一般公共预决算收入透明到款的比重从 2008—2016 年都十分接近 1，即预决算收入都接近 100% 透明到款，透明到项的预决算收入比重几乎可以忽略不计。

2. 一般公共预决算支出透明性。2008—2016 年，我国财政一般公共支出决算表在列示预决算支出时，将支出分为一般公共服务、外交、国防、公共安全等约 20 个类级科目，其中国防等科目公开到类，外交等科目公开到款，一般公共服务等绝大部分科目预算公开到款、决算公开到项。2008—2016 年一般公共预决算支出的透明性如图 2－15 所示。

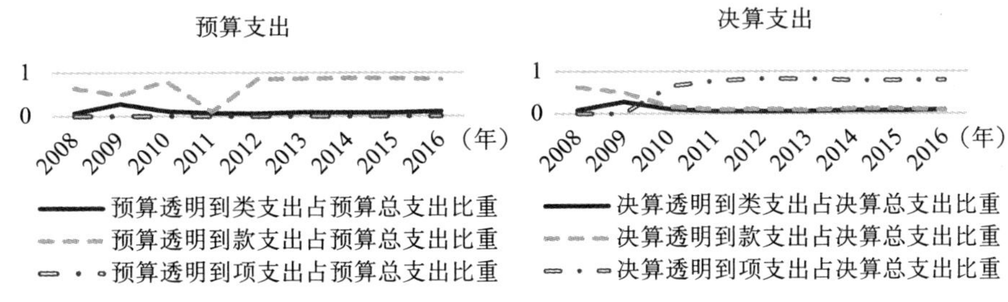

图 2－15　2008—2016 年一般公共预决算支出透明性图

资料来源：根据我国财政部官方网站提供的相关信息计算整理得出。

预算支出透明性图显示，一般公共预算支出 2008—2011 年透明性起伏波动很大，2012 年后，预算到款的比重相对稳定，在 80%—90%，即有 80%—90% 的支出可以预算到款。其他部分有少于 1% 的部分预算到了项，另外 10% 左右的部分仅仅预算到了类。决算支出透明性图显示，一般公共预算支出

2008—2011 年透明性起伏波动很大，2012 年后相对稳定，其中 80% 左右的支出决算到项。决算到类和款的收入比重各占约 10%。

（二）政府性基金收支预决算透明性分析

2010—2016 年政府性基金收支预决算全部透明到类。

（三）国有资本经营收支预决算透明性分析

2012—2016 年国有资本经营收入预决算很少的一部分透明到类，绝大部分透明到款，具体情况如图 2-16 所示。2012—2016 年国有资本经营支出预决算全部透明到款。

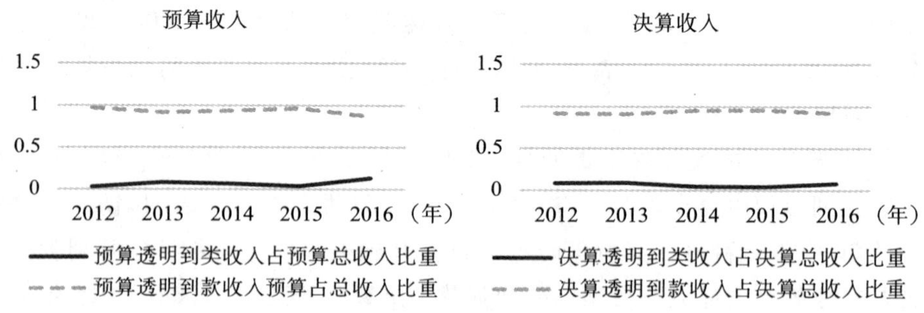

图 2-16 2012—2016 年国有资本经营收入透明性图

资料来源：根据我国财政部官方网站提供的相关信息计算整理得出。

2012—2015 年预决算收入透明到款的比重均超过 90%，其余部分预决算透明到类，没有收入透明到项。就预算收入而言，2016 年预算收入透明到款的比重下降到了 87%，预算到类的比重上升到 13%。就决算收入而言，2016 年决算收入透明到款的比重与 2014 年和 2015 年相比有所下降，从超过 95% 下降到了 92%。即决算到类的比重由 2014 年和 2015 年的不超过 5% 上升到 8%。

（四）社会保险基金收支预决算透明性分析

2011—2016 年社会保险基金收支预决算全部透明到款。

三、确定性分析

目前，我国的财政预决算信息主要是由财政部门公布的，财政部门公布相关信息的确定性情况如表 2-2 所示。

表 2-2　　财政预决算的确定性情况表

年份	全国一般公共预决算数据		全国政府性基金预决算数据		全国国有资本经营预决算数据		全国社会保险基金预决算数据	
	公开方式	公开时间	公开方式	公开时间	公开方式	公开时间	公开方式	公开时间
2008	网站：财政部预算司	2009 年 7 月 7 日						
2009	网站：财政部预算司	2010 年 7 月 9 日						
2010	网站：财政部预算司	2011 年 7 月 20 日	网站：财政部预算司	2011 年 7 月 20 日				
2011	网站：财政部预算司	2012 年 7 月 10 日	网站：财政部预算司	2012 年 7 月 10 日			网站：财政部社会保障司	2012 年 12 月 18 日
2012	网站：财政部预算司	2013 年 7 月 15 日	网站：财政部预算司	2013 年 7 月 15 日	网站：财政部预算司	2013 年 7 月 15 日	网站：财政部社会保障司	2013 年 11 月 27 日
2013	网站：财政部预算司	2014 年 7 月 11 日	网站：财政部预算司	2014 年 7 月 11 日	网站：财政部预算司	2014 年 7 月 11 日	网站：财政部社会保障司	2014 年 10 月 9 日
2014	网站：财政部预算司	2015 年 7 月 10 日	网站：财政部预算司	2015 年 7 月 10 日	网站：财政部预算司	2015 年 7 月 10 日	网站：财政部社会保障司	2015 年 11 月 16 日
2015	网站：财政部预算司	2016 年 7 月 15 日	网站：财政部预算司	2016 年 7 月 15 日	网站：财政部预算司	2016 年 7 月 15 日	网站：财政部社会保障司	2016 年 11 月 9 日
2016	网站：财政部预算司	2017 年 7 月 14 日	网站：财政部预算司	2017 年 7 月 14 日	网站：财政部预算司	2017 年 7 月 14 日	网站：财政部社会保障司	2017 年 11 月 27 日

资料来源：根据财政部网站资料整理得出。

就公布方式的确定性而言，根据财政部网站相关信息，全国一般公共预决算数据、全国政府性基金预决算数据和全国国有资本经营预决算数据的详细公示主体为财政部预算司；全国社会保险基金预决算数据的详细公示主体为财政部社会保障司。公示方式多年来始终坚持相关公示主体在财政部官网公示的方式，符合公示方式的确定性。就公示时间的确定性而言，2008—2016 年全国一般公共预决算数据的公示时间跨度从 7 月 7 日—7 月 15 日，即全国一般公共预决算数据公示最早公示年份和最晚公示年份的时间差为 8 天；全国政府性基金预决算数据和全国国有资本经营预决算数据的公示时间跨度从 7 月 10 日—7 月 15 日，即全国政府性基金预决算数据、全国国有资本经营预决算数据和全国一般公共预决算数据公示最早公示年份和最晚公示年份的时间差为 6 天；全国社会保险基金预决算数据的公示时间跨度从 10 月 9 日—12 月 18 日，即全国社会保险基金预决算数据最早公示年份和最晚公示年份的时间差为 71 天。相比前三种预决算数据公示在时间确定性最多相差 8 天的时长，全国社会保险基金预决算数据公示在时间上的不确定性较大。

四、统一性分析

统一性要求公开的收支应由一个部门统一发布。既然是财政预决算数据，显然应该由财政部门统一发布。根据我国数据的公布情况来看，数据是由财政部门公布的，符合统一性要求，而如果做进一步深究可以发现，数据公示主体并不统一，全国一般公共预决算数据、全国政府性基金预决算数据和全国国有资本经营预决算数据的详细公示主体为财政部预算司，全国社会保险基金预决算数据的详细公示主体为财政部社会保障司，两个司分工完成了财政预决算数据公示的任务。作为财政的预算部门应全面负责财政的预决算情况，而社会保险基金预决算游离于预算部门的做法从细节上显然违背了财政的统一性。财政部门内部的机构设置，甚至于财政部和其他部委之间的机构设置，在很大程度上导致了财权的分散和财政预决算的分散性。

第四节
结论和政策建议

1. 就完整性而言，一般公共预决算支出和社会保险基金预决算收支不符合完整性要求，财政收支事关国家机器运转、民众享受的公共产品和服务以及社会福利与保障。一项收支活动如果不符合完整性要求，则意味着有部分收支没有纳入民众的视野，不在民众的监督范围之内。收支活动与相应的收支权力相伴相生，“权力导致腐败，绝对的权力导致绝对的腐败”。[①] 就此而言，若要实现财政预决算的完整性，需要有关部门直接公布全国社会保险基金预算数据。若这一举动得到实施，则我国的财政收支就真正实现了包括社会保障基金预决算在内四种预决算公开的全覆盖，即完成了财政预决算应该实现完整性的使命。近年来的腐败也涉及外交、公共安全、国防、科技和社会保障等所谓的“冷衙门”，与这些部门的“钱袋子”管理松散和民众难以监督不无关系。建议国家进一步明确《保密法》的保密范围，尽可能地实现收支活动的完整性，将权力置于阳光下。

2. 就透明性而言，“四个钱包”的透明性主要集中在一级科目（类）和二级科目（款），只有一般公共预算的决算支出的大部分透明到了三级科目（项），至于四级科目（目），则完全不涉及。财政预决算的透明性现状，不仅限制了普遍民众对政府收支活动的了解，即使是财政专家也只能了解政府收支活动的表象，难于深入了解政府收支的来龙去脉。若对政府收支活动没有深入地了解，也就没有办法真正地了解政府究竟做了什么，至于从中发现政府行为中哪些需要鼓励和加强，哪些需要退出和削弱就更不具有可能。建议国家进一步加大财政信息公开的透明性力度，只有这样，普通民众对于政府收支活动才能真正做到“知其然”，只有做到了“知其然”才能为进一步保障民众“知其所以然”创造条件，真正保障民众的知情权。

3. 就确定性分析。我国现行《预算法》（2018 年）第十章 101 条对于我国财政收支预决算的确定性并没有做出明确的规定。相关法律要明确政府财政

---

① 引自：阿克顿著，侯健、范亚峰译：《自由与权力》，商务印书馆 2011 年版。

收支的预决算信息以什么方式，在什么时间公布。目前有关财政信息公布的确定性情况是，当年的财政预算信息不仅不能当年之前公布，也不能在当年公布，而是选择在下一年年中公布财政决算信息时才一同公布，由于财政预决算信息涉及的机构较多，导致财政部门的预决算信息发布难以保证即时、准确、一致。

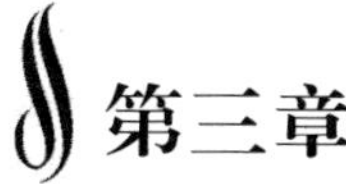

第三章 其他财政收支真的可以忽略吗？

根据第二章的分析，好的财政预决算信息公开应至少满足四个性质，而完整性和透明性是其中最重要的两个性质，仔细观察我国财政的“四本账”可以发现，除社会保险基金预算之外的其他三本账均设置了其他财政收支科目，其他财政收支是不是真的无足轻重，可有可无呢？本章分析发现，其他财政收支科目从绝对额到占上级科目的相应比重均呈现出相当规模，而其他财政收支科目的设置规模会在很大程度上影响财政信息的完整性和透明性水平，从而最终影响财政信息的公开水平。鉴于此，本章分别分析一般公共预算、政府性基金预算和国有资本经营预算中的其他财政收支。

第一节 一般公共预算中的其他收支分析

在我国财政的“四本账”中，一般公共预算是最大的一本账，该账反映的收支在整个财政账本即“四本账”中所占的比重超过60%，其中其他收支科目在类、款、项三级均有设置。

一、有关全国一般公共预算中其他财政收支情况的说明

根据2010—2017年的全国一般公共预算收入决算表①内容可知，全国一般

① 2010—2013年名为全国公共财政收入决算表，2014年后改为现名。

公共预决算收入设置了两个类级科目——税收收入和非税收入，未设置类级其他收入科目。在类级科目税收收入下设置了其他税收收入款级科目，用以反映除增值税、所得税等 20 多个税种以外的其他税收收入，具体包括有关已停征税种的尾欠等①。其他税收收入（款）没有预算数，但有决算数。在类级科目非税收入下设置了其他非税收入款级科目②，用以反映除专项收入、行政事业性收费收入等几项非税收入以外的其他非税收入。其他非税收入（款）同时有预算数和决算数。总结其他收入的公布情况可见，其他收入仅出现在款级，其中其他税收收入（款）没有预算数，有决算数；其他非税收入（款）同时有预算数和决算数。

根据 2010—2017 年的全国一般公共预算支出决算表，全国一般公共预决算支出设置了一般公共服务、外交等 20 多个功能明确的类级科目，同时也设置了其他支出（类），用以反映不能划分到上述 20 多个功能明确的类级科目的其他政府支出。其他支出（类）同时有预算数和决算数。20 多个功能明确的类级科目下又根据功能的细化设置了 100 多个功能明确的款级科目，其中部分类级科目下还会设置其他支出（款），其他支出（款）同时有预算数和决算数。100 多个功能明确的款级科目下，又更加细化地设置了数百个功能更加明确的项级科目，其中部分款级科目下还会设置其他支出（项），其他支出（项）没有预算数数据但有决算数数据。总结其他支出的公布情况可见，其他支出（类）、其他支出（款）和其他支出（项）三级均有出现，且其他支出（类）和其他支出（款）同时有预算数和决算数，其他支出（项）没有预算数，但有决算数。

就其他收入而言，其中的其他税收收入（款）没有预算数，有决算数的原因大致如下：这些税收收入在列预算时并不十分明确其是否会取得，根据会计核算的稳健性原则，并没有列入预算，但在预算期内实际取得了，且由于税收收入（类）下款级收入科目设置得不够详细，导致某些税收收入无法归入既有的任何一个明确的款级科目，因此只能将其计入其他税收收入（款）。其中的其他非税收入（款）有预算数，有决算数的原因大致如下：这些非税收入在列预算时已经十分明确会取得，预算期内也实际取得了，但由于非税收入（类）下款级收入科目设置得不够详细，导致某些非税收入无法归入既有的任

① 本解释来自《2017 年政府收支分类科目》。

② 全国一般公共预算收入决算表将其称为其他收入，实际意思是其他非税收入。

何一个明确的款级科目，因此只能将其计入其他非税收入（款）。

就其他支出而言，其他支出（类）和其他支出（款）既有预算数又有决算数的原因大致如下：第一，这些支出在列预算时已十分明确其支出用途，但由于类级和款级支出科目设置得不够详细，导致某些支出（类或款）无法归入既有的任何一个明确的支出科目。第二，这些支出（类或款）在列预算时并不十分明确，其发生具有较大的偶然性，基于稳健性原则将其列入其他支出并进行了相应的预算。其他支出（项）没有预算数，但有决算数，可能的原因如下：第一，在列项目预算时只在（款）级做出了估算，但没有在（项）级做出细致的估算。第二，在列预算时即使根据稳健性原则，依然没有估计到某些具体的支出可能会发生，而这些支出却实际发生了。

二、其他财政收支关注级别标准的设定

理论上，财政收支科目的划分应具有科学性和公开性，即任何一项收支活动应可以归入某个科目明确的收支科目，而该种归属的划分又有利于保障民众的知情权。但在现实中，由于不确定性因素的存在、可能涉及保密以及政府部门管理收支科目分类能力有限等原因，在政府财政收支中不可避免地会有其他财政收支的存在。

虽然其他财政收支的存在有其客观现实性，但无论是其他收入还是其他支出，其绝对规模和在相应的总收入或总支出中所占比重都应该较小。理由如下：就其他收入而言，如果款级其他税收收入或款级其他非税收入的绝对额或相对比重较高，说明相应的款级收入科目分类设置得不够详细，致使有些收入无法归入目前科目明确的收入科目，从而只能列入其他收入科目。就其他支出而言，如果其他支出的绝对额或相对比重较高，同样说明相应类、款、项级的支出科目分类设置过于笼统，致使有些支出内容无法归入科目明确的支出科目，从而只能归入相应的其他支出（类、款或项）科目。而一个国家或一个地区对财政收支科目的管理应符合科学性和公开性原则，如果其他收入或其他支出的绝对规模较大或绝对规模在相应的总收入或总支出中所占比重较高，则违背了上述原则。因此，无论是其他收入还是其他支出，其绝对规模和在相应的总收入或总支出中所占比重都应该较小就有了合理性。

至于其他财政收支的规模怎样才算较小，我们尚未找到可参考的文献。基于此，本章结合绝对规模和相对比重（某种其他收支占相应的总收支的比重）

对其他收支予以关注的程度进行级别分类如表 3－1 所示。

表 3－1 财政收支关注级别分类情况表

需要关注星级指数	绝对规模及相对比重
★★★★★（重中之重关注）	①绝对额超过 500 亿元或相对比重大于 50% ②绝对额超过 250 亿元且相对比重大于 2% ③绝对额超过 100 亿元且相对比重大于 5% ④绝对额超过 50 亿元且相对比重大于 10%
★★★（重点关注）	绝对额超过 1 亿元且相对比重超过 5%
★★（一般关注）	绝对额超过 1 亿元或相对比重超过 5%
★（可以一定程度地忽略）	绝对额不超过 1 亿元且相对比重不超过 5%

由表 3－1 内容可知，我们以某种其他收支绝对额不超过 1 亿元，并且其相对比重不超过 5% 作为其收支规模较小，作为可以一定程度忽略的判定标准。与此相反，若某种其他收支绝对额超过 1 亿元，并且相对比重超过 5% 则可以认为其规模较大，则表明其达到三星标准，需要予以重点关注。特别地，对于某些其他收支规模达到五星标准的，则需要作为重中之重的对象予以关注。

三、其他财政收支情况的统计描述

基于数据的可得性，以下对我国四本财政收支账本中最大的一本账，即全国一般公共预算收支数据 2010—2017 的其他财政收支情况进行统计分析。

（一）其他财政收入情况的统计描述

有关其他税收收入（款）和其他非税收入（款）的规模和比重情况如图3－1 所示。

就其他税收收入（款）而言，在 2010—2017 年的 8 年间，其他税收收入（款）占税收收入（类）的相对比重最大值为 2016 年的 0.0065%，最小值为 2015 年的 0.0003%，远低于本章设定的 1% 的关注比例。从绝对额来看，2010—2017 年的 8 年间，最大值为 2016 年的 8.41 亿元，最小值为 2015 年的 0.41 亿元，在 2010—2012 年、2016 年、2017 年 5 年绝对额高于 1 亿元，即上述 5 年的其他税收收入（款）需要予以一般关注，其他年份的其他税收收入（款）可以一定程度地忽略。

就其他非税收入（款）而言，其他非税收入（款）的预算数和其他非税收

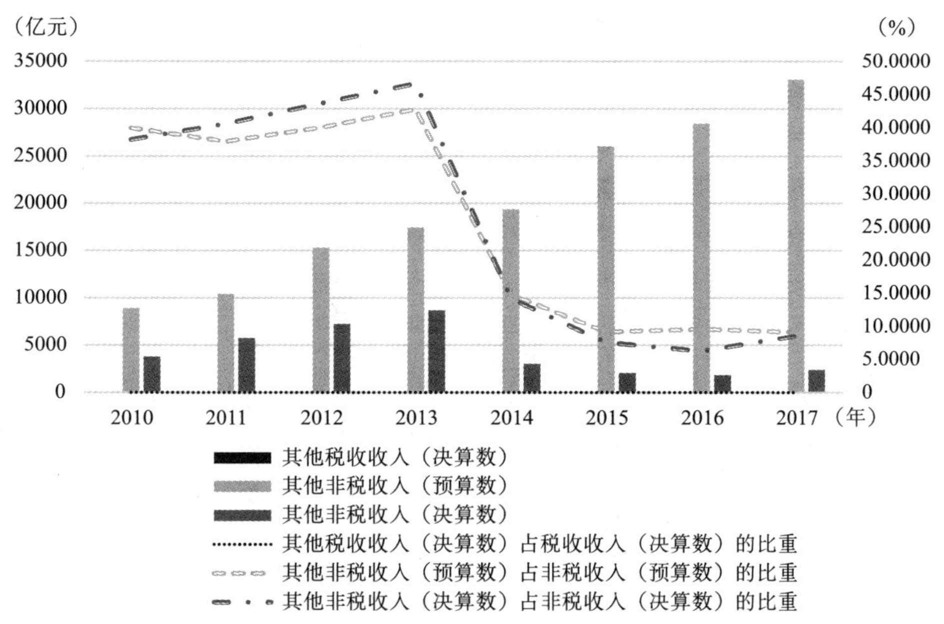

图 3－1　其他税收收入和其他非税收入的规模和比重情况

入（款）的决算数绝对规模在 2010—2017 年都远超 1 亿元，非税收入（款）的预算数从 2010 年的 8927. 66 亿元（最小值）持续上涨到 2017 年的 33095 亿元（最大值），非税收入（款）的决算数从 2010 年的 3778. 95 亿元（最小值）持续上涨到 2013 年的 8715. 73 亿元（最大值），2014 年骤降到 3012. 45 亿元，之后总体趋于下降。其他非税收入（款）的预算数占非税收入（类）预算数的比重最大值为 2013 年的 42. 78%，最小值为 2017 年的 9. 13%。其他非税收入（款）的决算数占非税收入（类）决算数的比重最大值为 2013 年的 46. 66%，最小值为 2016 年的 6. 23%。其他非税收入（预算数）占非税收入（预算数）的比重和其他非税收入（决算数）占非税收入（决算数）的比重变化如下：2010—2013 在 40% 左右变化，2014 年后骤降到 15% 以下，之后总体缓慢下降，2017 年均小于 10%。数据表明，其他非税收入在 2010—2017 年的绝对额均大于 500 亿元，故需重中之重关注。此外，非税收入（预算数）和非税收入（决算数）的绝对规模变化中的一个现象耐人寻味，非税收入（预算数）和非税收入（决算数）之间的差距从 2011 年的 4690. 14 亿元持续扩大到 2017 年的 30685. 98 亿元。

（二）其他财政支出情况的统计描述

其他财政支出在类、款、项三级均有设置，以下分别结合三级设置情况来对其他财政支出进行统计描述。

1. 类级其他财政支出情况的统计描述。2010—2017 年全国一般公共预算支出决算表反映的其他支出（类）情况如图 3－2 所示。

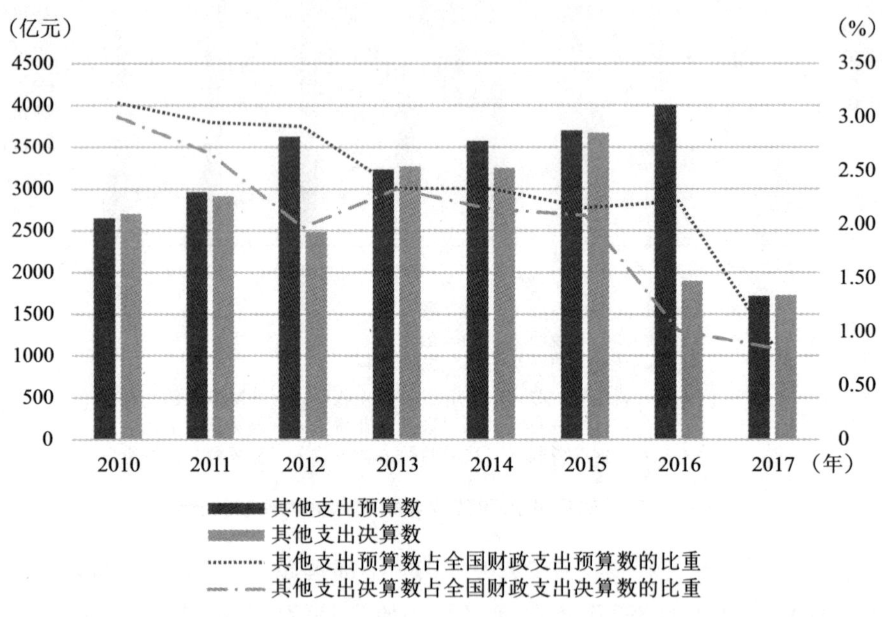

图 3－2　其他支出（类）的规模和比重情况图

在 2010—2017 年的 8 年间，就其他支出（类）的绝对规模而言，其他支出的预算数和决算数的绝对额均突破了 1000 亿元，绝对规模呈现出多次起伏变化，其中其他支出预算数的最大值为 2016 年的 4007.61 亿元，最小值为 2017 年的 1719.24 亿元；其他支出决算数的最大值为 2015 年的 3670.55 亿元，最小值为 2017 年的 1729.31 亿元。就其他支出占全国财政支出的比重而言，其他支出预算数占全国财政支出预算数的比重的最大值为 2010 年的 3.13%，最小值为 2017 年的 0.88%，其他支出决算数占全国财政支出决算数的比重的最大值为 2010 年的 3.00%，最小值为 2017 年的 0.85%。无论是其他支出预算数占全国财政支出预算数的比重，还是其他支出决算数占全国财政支出决算数的比重在 2010—2017 年均小于 5%，且总体处于下降趋势。此外，就绝对规模而言，其他支出决算数总体小于其他支出预算数，就比重而言，其他支出占全国财政支出决算数的比重始终小于其他支出预算数占全国财政支出预算数的比重，即其他支出的实际执行情况（决算）要小于预期发生情况（预算）。由于其他支出（类）的绝对规模超过 500 亿元，从关注情况来看，其他支出

（类）2010—2017 年需要予以重中之重关注。

2. 款级其他财政支出情况的统计描述。2010—2017 年全国一般公共预算支出决算表中类级科目的设置数量为23—24个，其中设置了其他支出（款）的数量为 12—16 个，占类级科目总数的比重都超过了 50%，其中比重最大值为 2013 年的 69.57%，最小值为 2015 年的 50.00%。数据表明，在 2010—2017 年的 8 年里，多数类级科目下都会设置其他支出（款），即其他支出（款）并非可有可无，而是多数类级科目的选择。2010—2017 年全国一般公共预算支出决算表反映的类级科目下设置的其他支出（款）的情况如图 3－3 所示。

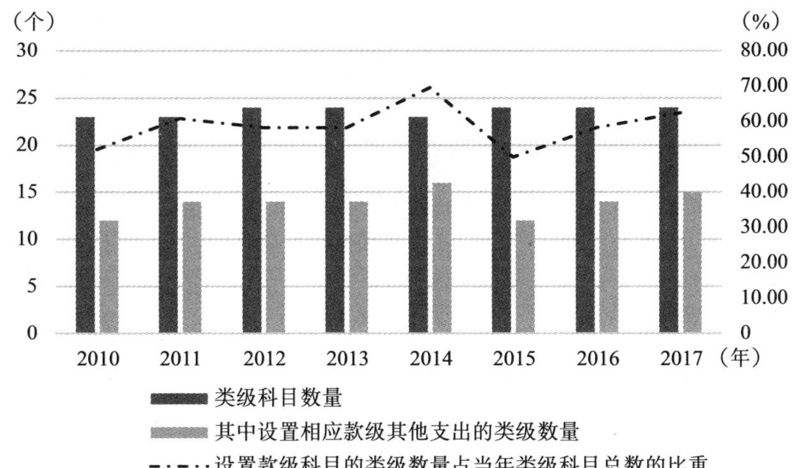

图 3－3 设置款级科目的类级科目数量及其所占比重情况图

10 多个其他支出（款）的具体情况又是怎样呢？以下结合 2010—2017 年相对稳定的 12 个其他支出（款），按照其在全国一般公共预算支出决算表中出现的先后顺序，分别从其绝对数量和占所在类级科目比重两个方面对其进行分析。

（1）其他一般公共服务支出（款）分析。2015 年和 2016 年两年的一般公共服务支出（类）下未公示其他一般公共服务支出（款）数据，但并不意味着当年的其他一般公共服务支出（款）未发生相关支出。以作者（2019）[①] 所做的分析，2015 年和 2016 年一般公共服务（类）下的款级科目合计数（预算数或决算数）只占到当年一般公共服务（类）（预算数或决算数）的 75% 左

① 详细内容参见刘生旺、陈鑫：“财政预决算公开的完整性与透明性分析：2008—2016”，《中央财经大学学报》，2019 年第 5 期。

右，即当年分别有25%左右的一般公共服务支出（预算数或决算数）未指出用途，其绝对规模超过3000亿元。结合2010—2014年和2017年一般公共服务支出（类）下公示的其他一般公共服务支出（款）的规模水平基本可以推断，2015年和2016两年的其他一般公共服务支出（款）的绝对规模应该不会小于1000亿元，两年的其他一般公共服务支出（款）占当年的一般公共服务支出（类）的比重应该不会小于5%。只是相关的数据没有公布而已。2010—2017年的其他一般公共服务支出（款）规模及相应比重如图3－4所示。

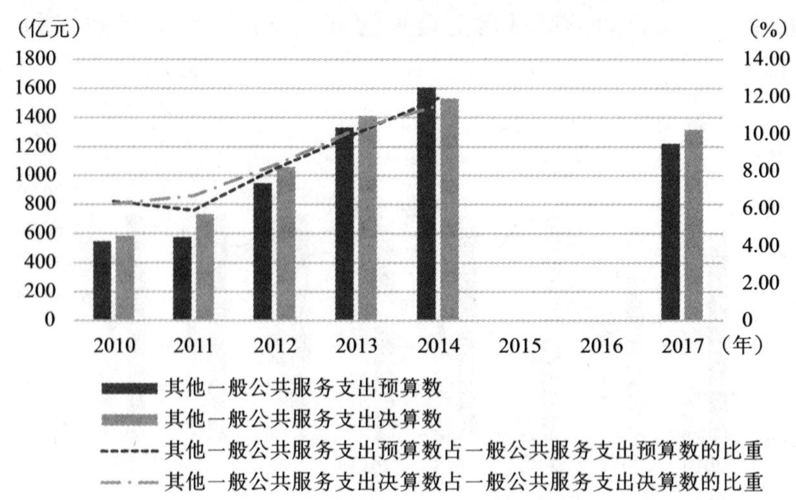

图3－4　2010—2017年的其他一般公共服务支出（款）规模及相应比重图

公布的6年数据表明，从其他一般公共服务支出（款）的绝对规模来看，其他一般公共服务支出（款）（预算数或决算数）的绝对规模均在540亿元以上，其中2010年的预决算数规模均最小，预算数为547.67亿元，决算数为583.42亿元；2014年的预决算数规模最大，预算数为1606.86亿元，决算数为1531.04亿元。从其他一般服务支出（款）占一般公共服务支出（类）的比重来看，其他一般服务支出（款）占一般公共服务支出（类）的比重（预算数或决算数）均超过了5%。其中，当年的其他一般公共服务支出（款预算数）占一般公共服务支出（类预算数）的比重最小值为2011年的5.90%，当年的其他一般公共服务支出（款决算数）占一般公共服务支出（类决算数）的比重最小值为2010年的6.25%，上述比重的最大值均出现在2014年，当年的其他一般公共服务支出（款预算数）占一般公共服务支出（类预算数）的比重为11.92%，当年的其他一般公共服务支出（款决算数）占一般公共服务支出（类决算数）的比重为11.54%。根据推断，2015年和2016年的其他一般公共服务支出（款）也满足需重点关注的要求。由于其他一般公共服务支出（款）的预算和决算规模均超过了500亿元，因此，2010—2017年的其他一般公共服务支出（款）应作为重中之重予以关注[①]。

（2）其他公共安全支出（款）分析。2014—2016年的公共安全支出（类）下未公示其他公共安全支出（款）的数据，但也不意味着当年的其他公共安全支出（款）未发生相关支出。2014—2016年，公共安全支出（类）下的款级科目合计数（预算数或决算数）只占到当年公共安全支出（类）（预算数或决算数）的85%—90%，即当年有10%—15%的公共安全支出（预算数或决算数）未指明用途，其绝对规模超过1000亿元。结合2010—2013年和2017年的其他公共安全支出（款）规模，基本可以推断2014—2016年3年的其他公共安全支出（款）的绝对规模水平应该不会小于150亿元，3年的其他公共安全支出（款）占当年的公共安全支出（类）的比重应该不会小于1%。同样只是相关的数据没有公布而已。2010—2017年的其他公共安全支出（款）规模及相应比重如图3-5所示。

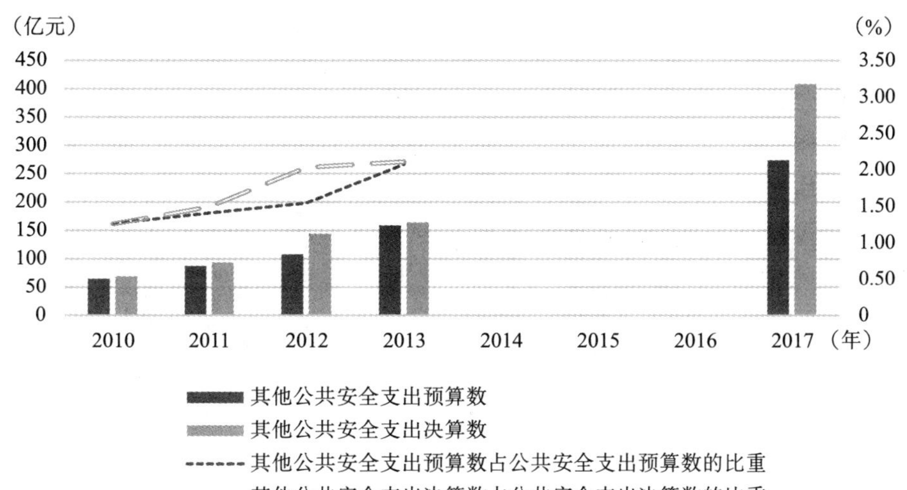

图3-5　2010—2017年的其他公共安全支出（款）规模及相应比重图

由图3-5所示，从其他公共安全支出（款）的绝对规模来看，公布的5年数据中，其他公共安全支出（款）（预算数或决算数）的绝对规模均超过了60亿元，其中2010年的预决算数规模均最小，预算数为64.93亿元，决算数

① 由于某个款级或项级科目是否符合重中之重关注的标准设置有多个，文中对某个款级或项级科目之所以满足重中之重予以关注只列出其一个满足标准，不排除其同时还满足其他标准。

为69.18亿元；2017年的预决算数规模最大，预算数为273.57亿元，决算数为408.70亿元。从其他公共安全支出（款）占公共安全支出（类）的比重来看，其他公共安全支出（款）占公共安全支出（类）的比重（预算数或决算数）均超过了1%，其中2010年的两个比重均最小，当年的其他公共安全支出（款预算数）占公共安全支出（类预算数）的比重为1.26%，当年的其他公共安全支出（款决算数）占公共安全支出（类决算数）的比重为1.25%。2017年的两个比重均最大，当年的其他公共安全支出（款预算数）占公共安全支出（类预算数）的比重为2.42%，当年的其他公共安全支出（款决算数）占公共安全支出（类决算数）的比重为3.28%。且根据推断，2014—2016年的其他公共安全支出（款）也满足需重点关注的要求。由于其他公共安全支出（款）的预算和决算规模均超过1亿元且相对比重超过5%，因此，2010—2017年的其他公共安全支出（款）应该予以重点关注。

（3）其他教育支出（款）分析。2010—2017年的教育支出（类）下公示了当年的其他教育支出（款）数据，其他教育支出（款）的绝对额和相对比重情况如图3-6所示。

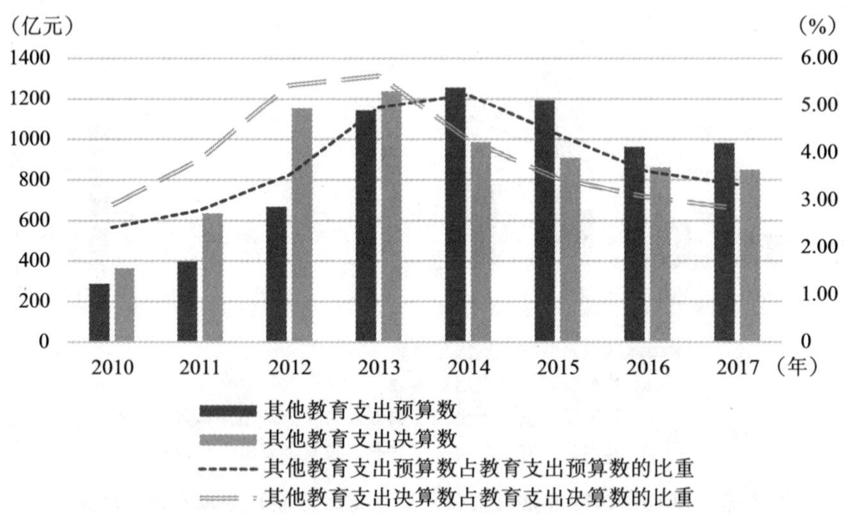

图3-6 2010—2017年的其他教育支出（款）规模及相应比重图

如图3-6所示，从其他教育支出（款）的绝对规模来看，2010—2017年其他教育支出（款）（预算数或决算数）的绝对规模连续8年均超过了280亿元，其中2010年的预决算数规模均最小，预算数为288.08亿元，决算数为363.8亿元；就最大值而言，2014年的预算数规模最大，为1257.1亿元，

2013 年的决算数规模最大，为 1238.64 亿元。从其他教育支出（款）占教育支出（类）的比重来看，其他教育支出（款）占教育支出（类）的比重（预算数或决算数）均超过了 2%，其中其他教育支出（款预算数）占教育支出（类预算数）的比重最小值为 2010 年的 2.43%，其他教育支出（款决算数）占教育支出（类决算数）的比重最小值为 2017 年的 2.82%。就上述比重的最大值而言，其他教育支出（款预算数）占教育支出（类预算数）的比重最大值为 2014 年的 5.23%，其他教育支出（款决算数）占教育支出（类决算数）的比重最大值为 2013 年的 5.63%。由于其他教育支出（款）的预算和决算规模超过了 250 亿元且相对比重大于 2%，因此，2010—2017 年的其他教育支出（款）应作为重中之重予以关注。此外，其他教育支出（款）预决算数规模及其比重之间的变化有如下特点：2010—2013 年其他教育支出的决算数和决算数比重高于预算数和预算数比重，2014—2017 年其他教育支出的决算数和决算数比重小于预算数和预算数比重。

（4）其他文化体育与传媒支出（款）分析。2010—2017 年各年的文化体育与传媒支出（类）下均公示了当年的其他文化体育与传媒支出（款）数据，其他文化体育与传媒支出（款）的绝对额和相对比重情况如图 3－7 所示。

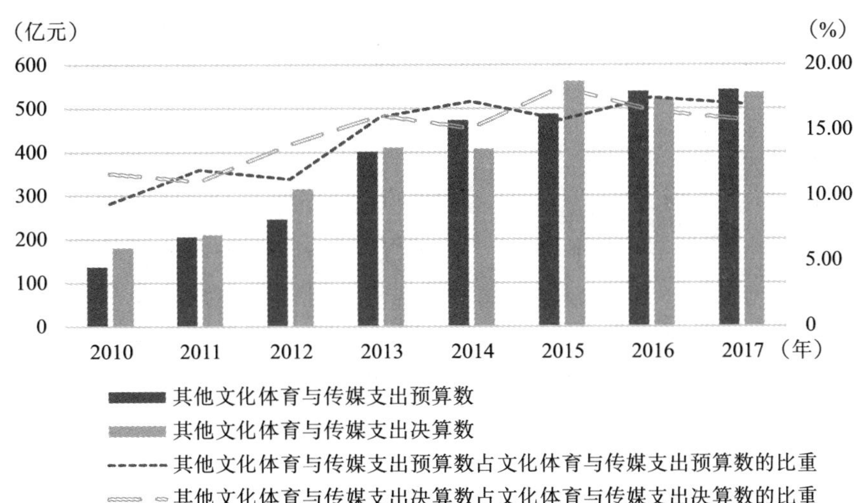

图 3－7　2010—2017 年其他文化体育与传媒支出（款）规模及相应比重图

如图 3－7 所示，从其他文化体育与传媒（款）的绝对规模来看，2010—2017 年其他文化体育与传媒（款）（预算数或决算数）的绝对规模连续 8 年均超过了 130 亿元，其中 2010 年的预决算数规模均最小，预算数为 136.78 亿元，决算数为 180.61 亿元；就规模的最大值而言，2017 年的预算数规模最大，为 542.52 亿元，2015 年的决算数规模最大，为 562.33 亿元。从其他文化体育与传媒（款）占文化体育与传媒（类）的比重来看，其他文化体育与传媒（款）占文化体育与传媒（类）的比重（预算数或决算数）均超过了 9%。其中其他文化体育与传媒（款预算数）占文化体育与传媒（类预算数）的比重最小值为 2010 年的 9.39%，其他文化体育与传媒（款决算数）占文化体育与传媒（类决算数）的比重最小值为 2011 年的 11.10%。就上述比重的最大值而言，2016 年其他文化体育与传媒（款预算数）占文化体育与传媒（类预算数）的比重最大，为 17.47%，2015 年其他文化体育与传媒（款决算数）占文化体育与传媒（类决算数）的比重最大，为 18.28%。由于其他文化体育与传媒（款）的预算和决算规模均超过了 100 亿元且相对比重大于 5%，因此，2010—2017 年的其他文化体育与传媒（款）应该作为重中之重予以关注。此外，其他文化体育与传媒（款）预决算数及其比重之间的变化有如下特点：2010—2013 年其他文化体育与传媒的决算数和决算数比重高于预算数和预算数比重，2014—2018 年其他文化体育与传媒的决算数和决算数比重小于预算数和预算数比重。

（5）其他社会保障与就业支出（款）分析。2010—2017 年各年的社会保障与就业支出（类）下均公示了当年的其他社会保障与就业支出（款）数据，其他社会保障与就业支出（款）的绝对额和相对比重情况如图 3－8 所示。

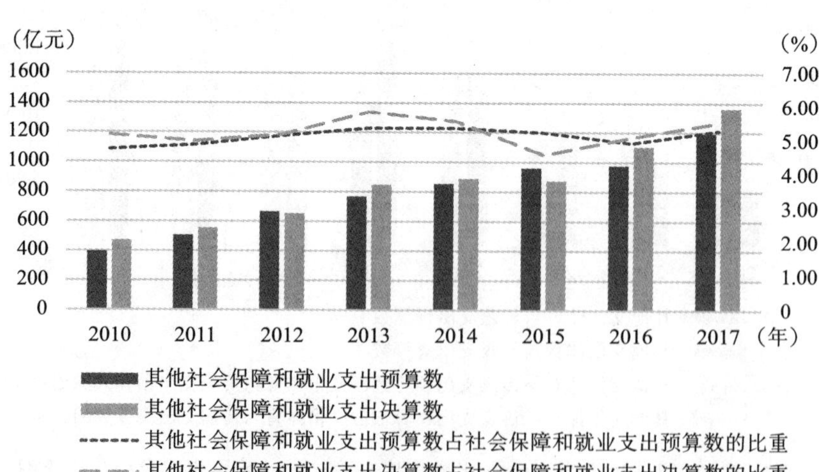

图 3－8　2010—2017 年其他社会保障与就业支出（款）规模及相应比重图

如图 3－8 所示，从其他社会保障与就业（款）的绝对规模来看，2010—2017 年其他社会保障与就业（款）（预算数或决算数）的绝对规模连续 8 年均超过了 390 亿元，其中 2010 年的预决算数规模均最小，预算数为 396.34 亿元，决算数为 472.41 亿元；就规模的最大值而言，2017 年的预算数和决算数规模均为最大，预算数为 1192.92 亿元，决算数为 1362.25 亿元。从其他社会保障与就业（款）占社会保障与就业（类）的比重来看，其他社会保障与就业（款）占社会保障与就业（类）的比重（预算数或决算数）均超过了 4.5%，其中其他社会保障与就业（款预算数）占社会保障与就业（类预算数）的比重最小值为 2010 年的 4.75%，其他社会保障与就业（款决算数）占社会保障与就业（类决算数）的比重最小值为 2015 年的 4.59%。就上述比重的最大值而言，2013 年其他社会保障与就业（款）占社会保障与就业（类）的预算数和决算数比重均最大，其他社会保障与就业（款预算数）占社会保障与就业（类预算数）的比重为 5.37%，其他社会保障与就业（款决算数）占社会保障与就业（类决算数）的比重为 5.85%。由于其他社会保障与就业（款）的预算和决算规模均超过了 250 亿元且相对比重大于 2%，因此，2010—2017 年的其他社会保障与就业（款）应该作为重中之重予以关注。

（6）其他医疗卫生与计划生育支出①（款）分析。2010—2017 年各年的医疗卫生与计划生育支出（类）下均公示了当年的其他医疗卫生与计划生育支出（款）数据，其他医疗卫生与计划生育支出（款）的绝对额和相对比重情况如图 3－9 所示。

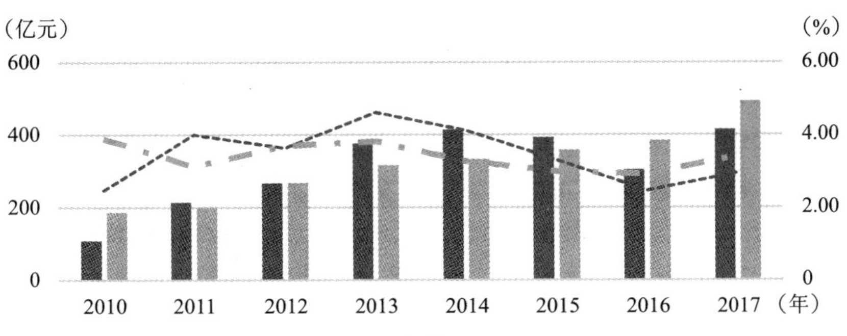

图 3－9　2010—2017 年其他医疗卫生与计划生育支出（款）规模及相应比重图

① 2010—2013 年类级科目名称为医疗卫生支出，款级科目名称为其他医疗卫生支出。2014 年后名称分别改为医疗卫生与计划生育支出和其他医疗卫生与计划生育支出。

如图 3 - 9 所示，从其他医疗卫生与计划生育（款）的绝对规模来看，2010—2017 年其他医疗卫生与计划生育（款）（预算数或决算数）的绝对规模连续 8 年均超过了 100 亿元，其中 2010 年的预决算数规模均最小，预算数为 109. 92 亿元，决算数 187. 1 为亿元；就规模的最大值而言，2017 年的预算数和决算数规模均为最大，预算数为 414. 59 亿元，决算数为 492. 79 亿元。从其他医疗卫生与计划生育（款）占医疗卫生与计划生育（类）的比重来看，其他医疗卫生与计划生育（款）占医疗卫生与计划生育（类）的比重（预算数或决算数）均超过了 2%，其中其他医疗卫生与计划生育（款预算数）占医疗卫生与计划生育（类预算数）的比重最小值为 2016 年的 2. 46%，其他医疗卫生与计划生育（款决算数）占医疗卫生与计划生育（类决算数）的比重最小值同样出现在 2016 年，为 2. 92%。就上述比重的最大值而言，2013 年其他医疗卫生与计划生育（款预算数）占医疗卫生与计划生育（类预算数）的比重最大，为 4. 61%，2010 年其他医疗卫生与计划生育（款决算数）占医疗卫生与计划生育（类决算数）的比重最大，为 3. 89%。由于其他医疗卫生与计划生育（款）的预算和决算规模均超过 1 亿元，但相比比重小于 5%，因此，2010—2017 年的其他医疗卫生与计划生育（款）应该予以一般关注。

（7）其他节能环保支出（款）① 分析。2010—2017 各年的节能环保支出（类）下均公示了当年的其他节能环保支出（款）数据，其他节能环保支出（款）的绝对额和相对比重情况如图 3 - 10 所示。

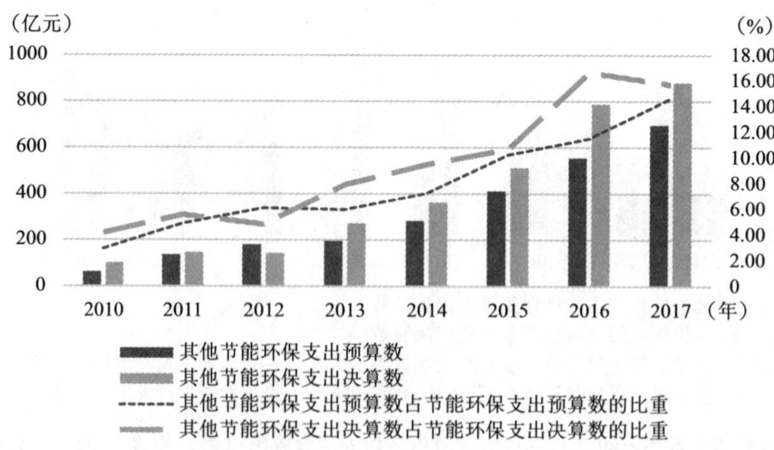

图 3 - 10 2010—2017 年其他节能环保支出（款）规模及相应比重图

① 2010 年类级科目名称为环境保护支出，款级科目名称为其他环境保护支出。2011 年后名称分别改为节能环保支出和其他节能环保支出。

如图3－10所示，从其他节能环保（款）的绝对规模来看，2010—2017年其他节能环保（款）（预算数或决算数）的绝对规模连续8年均超过了60亿元，且8年中有7年保持持续上涨趋势，其中2010年的预决算数规模均最小，预算数为62.77亿元，决算数为101.04亿元；就规模的最大值而言，2017年的预算数和决算数规模均为最大，预算数为697.28亿元，决算数为880.1亿元。从其他节能环保（款）占节能环保（类）的比重来看，其他节能环保（款）占节能环保（类）的比重（预算数或决算数）均超过了2%，其他节能环保（款预算数）占节能环保（类预算数）的比重最小值为2010年的2.90%，其他节能环保（款决算数）占节能环保（类决算数）的比重最小值同样出现在2010年，为4.14%。就上述比重的最大值而言，2017年其他节能环保（款预算数）占节能环保（类预算数）的比重最大，为14.63%，2016年其他节能环保（款决算数）占节能环保（类决算数）的比重最大，为16.63%。此外，其他节能环保（款）预决算数及其比重总体呈现出上涨趋势。年均涨幅近10%。由于其他节能环保（款）的预算和决算规模均超过1亿元，但相比比重小于5%，因此，2010—2017年的其他节能环保（款）应该予以一般关注。

（8）其他城乡社区支出[①]（款）分析。2010—2017各年的城乡社区支出（类）下均公示了当年的其他城乡社区支出（款）数据，其他城乡社区支出（款）的绝对额和相对比重情况如图3－11所示。

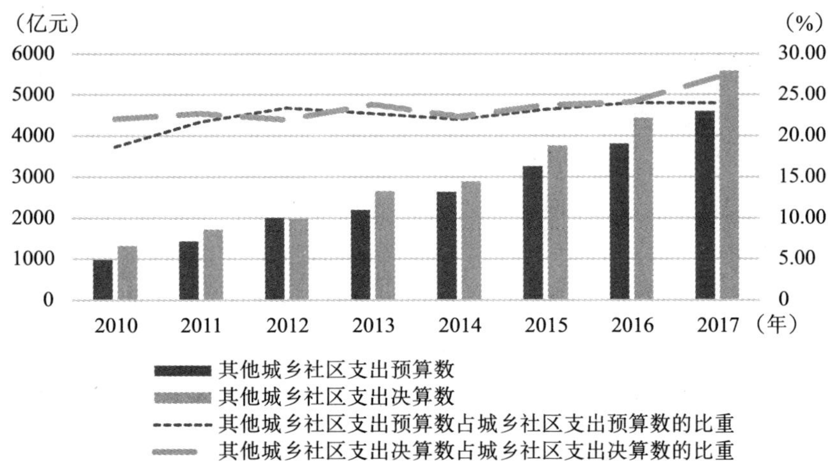

图3－11　2010—2017年其他城乡社区支出（款）规模及相应比重图

① 2010—2013年类级科目名称为城乡社区事务支出，款级科目名称为其他城乡社区事务支出。2014年后名称分别改为城乡社区支出和其他城乡社区支出。

如图 3－11 所示，从其他城乡社区支出（款）的绝对规模来看，2010—2017 年其他城乡社区支出（款）（预算数或决算数）的绝对规模连续 8 年均超过了 980 亿元，且绝对规模保持持续上涨，其中 2010 年的预决算数规模均最小，预算数为 980 亿元，决算数为 1319.5 亿元；就规模的最大值而言，2017 年的预算数和决算数规模均为最大，预算数为 4600.4 亿元，决算数为 5589.06 亿元；从其他城乡社区支出（款）占城乡社区支出（类）的比重来看，其他城乡社区支出（款）占城乡社区支出（类）的比重（预算数或决算数）均超过了 18%，其中其他城乡社区支出（款预算数）占城乡社区支出（类预算数）的比重最小值为 2010 年的 18.66%，其他城乡社区支出（款决算数）占城乡社区支出（类决算数）的比重最小值为 2012 年的 21.94%。就上述比重的最大值而言，2016 年其他城乡社区支出（款预算数）占城乡社区支出（类预算数）的比重最大，为 23.98%，其他城乡社区支出（款决算数）占城乡社区支出（类决算数）的比重最大值同样出现在 2016 年，为 27.15%。因此，2010—2017 年的其他城乡社区支出（款）应该予以重点关注。此外，其他城乡社区支出（款）预决算数始终保持持续上涨，其他城乡社区支出（款）占城乡社区支出（类）的比重小幅上升，平均值略高于 20%。由于其他城乡社区支出（款）的预算和决算规模均超过了 500 亿元，因此，2010—2017 年的其他城乡社区支出（款）应作为重中之重予以关注。

（9）其他农林水支出（款）[①] 分析。2010—2017 各年的农林水支出（类）下均公示了当年的其他农林水支出（款）数据，其他农林水支出支出（款）的绝对额和相对比重情况如图 3－12 所示。

如图 3－12 所示，从其他农林水支出（款）的绝对规模来看，2010—2017 年其他农林水支出（款）（预算数或决算数）的绝对规模连续 8 年均超过 130 亿元，其中 2010 年的预决算数规模均最小，预算数为 139.62 亿元，决算数为 208.77 亿元；就规模的最大值而言，2017 年的预算数规模最大，为 827.38 亿元，2016 年的决算数规模最大，为 748.34 亿元；从其他农林水支出（款）占农林水支出（类）的比重来看，其他农林水支出（款）占农林水支出（类）的比重（预算数或决算数）均超过了 1%。其中，其他农林水支出（款预算数）占农林水支出（类预算数）的比重最小值为 2010 年的 1.86%，其他农林

① 2010—2013 年类级科目名称为农林水事务支出，款级科目名称为其他农林水事务支出。2014 年后名称分别改为农林水支出和其他农林水支出。

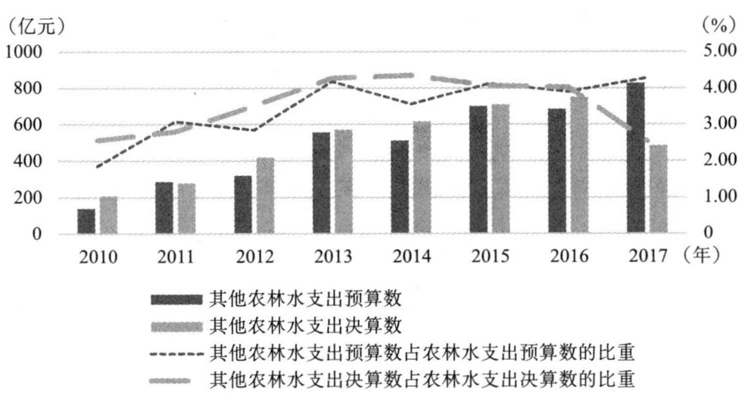

图 3－12　2010—2017 年其他农林水支出支出（款）规模及相应比重图

水支出（款决算数）占农林水支出（类决算数）的比重最小值为 2017 年的 2.54%。就上述比重的最大值而言，2017 年其他农林水支出（款预算数）占农林水支出（类预算数）的比重最大，为 4.28%，2014 年其他农林水支出（款决算数）占农林水支出（类决算数）的比重最大，为 4.35%。由于其他农林水支出（款）的预算和决算规模均超过 1 亿元，但相比比重小于 5%，因此，2010—2017 年的其他农林水支出（款）应该予以一般关注。

（10）其他交通运输支出（款）[①] 分析。2010—2017 各年的交通运输支出（类）下均公示了当年的其他交通运输支出（款）数据，其他交通运输支出（款）的绝对额和相对比重情况如图 3－13 所示。

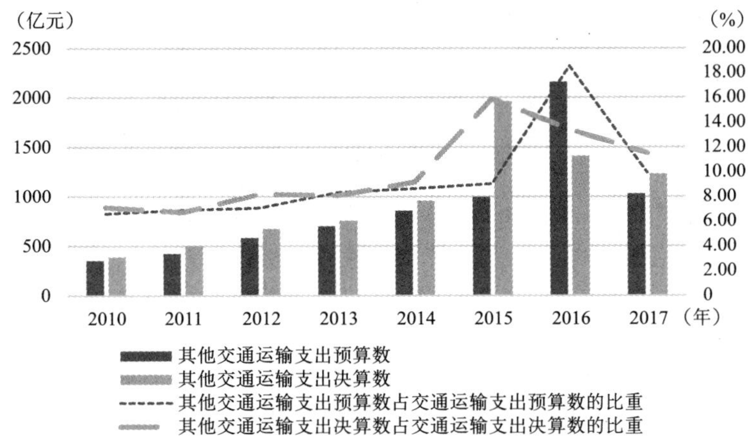

图 3－13　2010—2017 年其他交通运输支出支出（款）规模及相应比重图

① 2010—2013 年类级科目名称为交通运输事务支出，款级科目名称为其他交通运输事务支出。2014 年后名称分别改为交通运输支出和其他交通运输支出。

如图 3－13 所示，从其他交通运输支出（款）的绝对规模来看，2010—2017 年其他交通运输支出（款）（预算数或决算数）的绝对规模连续 8 年超过 350 亿元，其中 2010 年的预决算数规模均最小，预算数为 353.41 亿元，决算数为 390.38 亿元；就规模的最大值而言，2016 年的预算数规模最大，为 2156.6 亿元，2015 年的决算数规模最大，为 1962.39 亿元；从其他交通运输支出（款）占交通运输支出（类）的比重来看，其他交通运输支出（款）占交通运输支出（类）的比重（预算数或决算数）均超过了 6%，其中其他交通运输支出（款预算数）占交通运输支出（类预算数）的比重最小值为 2010 年的 6.60%，其他交通运输支出（款决算数）占交通运输支出（类决算数）的比重最小值为 2011 年的 6.72%。就上述比重的最大值而言，2016 年其他交通运输支出（款预算数）占交通运输支出（类预算数）的比重最大，为 18.54%，2015 年其他交通运输支出（款决算数）占交通运输支出（类决算数）的比重最大，为 15.88%。由于其他交通运输支出（款）的预算和决算规模均超过了 250 亿元且相对比重大于 2%，因此，2010—2017 年的其他交通运输支出（款）应该作为重中之重予以关注。

（11）其他资源勘探信息支出（款）[①] 分析。2010—2017 年各年的资源勘探信息支出（类）下均公示了当年的其他资源勘探信息支出（款）数据，其他资源勘探信息支出（款）的绝对额和相对比重情况如图 3－14 所示。

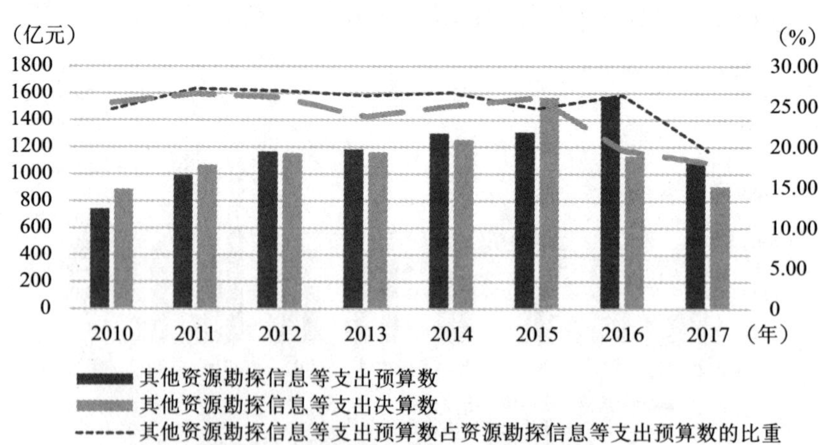

图 3－14 2010—2017 年其他资源勘探信息支出（款）规模及相应比重图

① 2010—2014 年类级科目名称为资源勘探信息事务支出，款级科目名称为其他资源勘探信息事务支出。2015 年后名称分别改为资源勘探信息支出和其他资源勘探信息支出。

如图 3 - 14 所示，从其他资源勘探信息支出（款）的绝对规模来看，2010—2017 年其他资源勘探信息支出（款）（预算数或决算数）的绝对规模连续 8 年均超过 740 亿元，其中 2010 年的预决算数规模均最小，预算数为 741.42 亿元，决算数为 889.26 亿元；就规模的最大值而言，2016 年的预算数规模最大，为 1578.88 亿元，2015 年的决算数规模最大，为 1567.85 亿元；从其他资源勘探信息支出（款）占资源勘探信息支出（类）的比重来看，其他资源勘探信息支出（款）占资源勘探信息支出（类）的比重（预算数或决算数）均超过了 18%，其中其他资源勘探信息支出（款预算数）占资源勘探信息支出（类预算数）的比重最小值为 2017 年的 19.51%，其他资源勘探信息支出（款决算数）占资源勘探信息支出（类决算数）的比重最小值同样出现在 2017 年，为 18.05%。就上述比重的最大值而言，2011 年其他资源勘探信息支出占资源勘探信息支出的预算数比重和决算数比重都为最大，其他资源勘探信息支出（款预算数）占资源勘探信息支出（类预算数）的比重为 27.22%，其他资源勘探信息支出（款决算数）占资源勘探信息支出（类决算数）的比重为 26.60%。由于其他资源勘探信息支出（款）的预算和决算规模均超过了 500 亿元，因此，2010—2017 年的其他资源勘探信息支出（款）应作为重中之重予以关注。

（12）其他商业服务业等支出（款）① 分析。2010—2017 年各年的商业服务业等支出（类）下均公示了当年的其他商业服务业等支出（款）数据，其他商业服务业等支出（款）的绝对额和相对比重情况如图 3 - 15 所示。

如图 3 - 15 所示，从其他商业服务业等支出（款）的绝对规模来看，2010—2017 年其他商业服务业等支出（款）（预算数或决算数）的绝对规模 8 年均超过 120 亿元，其中 2011 年的预决算数规模均最小，预算数为 121.14 亿元，决算数为 215.28 亿元；就规模的最大值而言，2010 年的预算数和决算数规模均为最大，预算数规模为 547.13 亿元，决算数规模为 752.31 亿元；从其他商业服务业等支出（款）占商业服务业等支出（类）的比重来看，其他商业服务业等支出（款）占商业服务业等支出（类）的比重（预算数或决算数）均超过了 8%，其中其他商业服务业等支出（款预算数）占相应的商业服务业等支出（类预算数）的比重最小值为 2011 年的 8.79%，其他商业服务业等支

① 2010 年款级科目名称为其他商业流通事务支出，类级科目名称为商业流通事务支出；2011—2013 年款级科目名称为其他商业服务业等事务支出，类级科目名称为商业服务业等事务支出；2014—2017 年款级科目名称为其他商业服务业等支出，类级科目名称为商业服务业等支出。

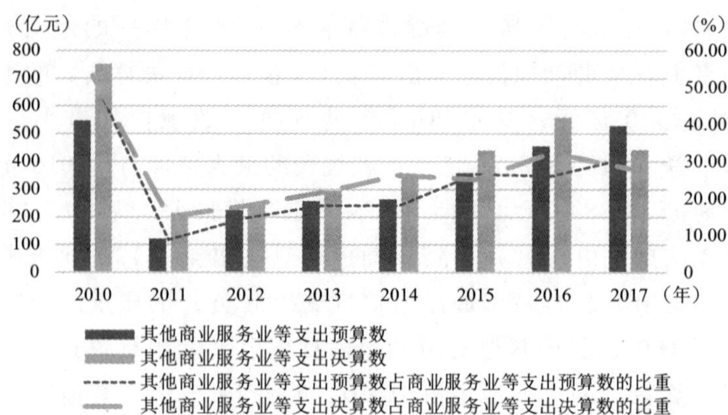

图 3－15 2010—2017 年其他商业服务业等支出（款）规模及相应比重图

出（款决算数）占商业服务业等支出（类决算数）的比重最小值同样出现在 2011 年，为 15.14%。就上述比重的最大值而言，2011 年其他商业服务业等支出（款预算数或决算数）占相应的商业服务业等支出（类预算数或决算数）的比重均最大，其他商业服务业等支出（款预算数）占相应的商业服务业等支出（类预算数）的比重为 53.23%，其他商业服务业等支出（款决算数）占商业服务业等支出（类决算数）的比重为 53.24%。由于其他商业服务业等支出（款）的预算和决算规模均超过了 100 亿元且相对比重大于 5%，因此，2010—2017 年的其他商业服务业等支出（款）应该作为重中之重予以关注。

3. 项级其他财政支出情况的统计描述。2010—2017 年全国一般公共预算支出决算表中公布的款级科目超过 130 个，其中 2010 年数量最少，共 137 个；2014 年数量最多，共 159 个；其中款级科目下设置相应的其他支出（项）的情况如图 3－16 所示。

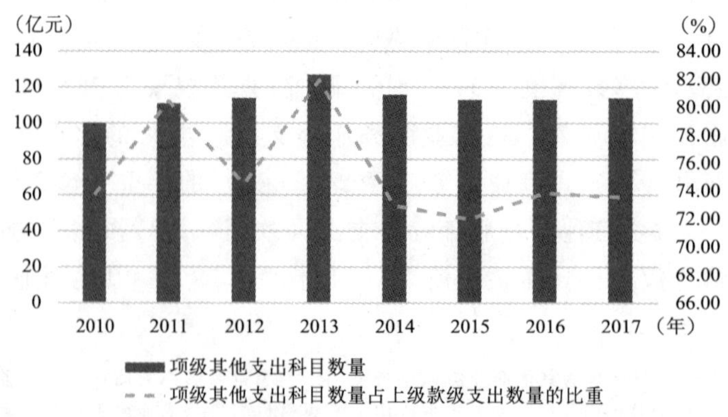

图 3－16 2010—2017 年其他支出（项）情况图

就公布的其他支出科目的数量而言[①]，2010—2017 年 130 多个款级科目中设立的其他支出（项）科目数量均超过了 100 个，其中 2010 年数量最少，共 100 个；2013 年数量最多，共 127 个；就其他支出（项）占上级款级支出数量的比重而言，设置相应的其他支出（项）的款级科目数量在总款级科目中占比均突破了 70%。即 2010—2017 年的 8 年里，多数款级科目下都会设置其他支出（项），即其他支出（项）并非可有可无，而是多数款级科目的选择。对 2010—2017 年的全国一般公共预算支出决算表所公布的 100 多个其他支出（项）进行统计发现，就绝对额而言，只有 2% 左右的其他支出（项）的绝对额小于 1 亿元，即 98% 左右的其他支出（项）的绝对规模都超过了 1 亿元；就相对比重而言，只有 7% 左右的其他支出（项）占上级款级支出的比重小于 7%，即 93% 左右的其他支出（项）占上级款级支出的比重大于 93%。

如果以前文的 1 亿元和 5% 同时满足作为重点关注的标准来对其他支出（项）进行研究，则满足条件的项级其他财政支出科目有 90 个左右，对其进行逐一分析显得既烦琐又不能突出重点。为了能更有效地选取其他支出（项）进行分析，在选择其他支出（项）时，选取其中的重中之重予以关注。

此外，有些项级其他支出科目的科目名称与款级其他支出科目的科目名称完全相同，且款级科目的大部分数值继续反映在项级其他支出中。从科目设置的科学性角度而言，下一个级次科目的设置应是上一个级次科目的进一步细化，即下一级科目本质上是对上一级科目的进一步解释和说明。如果下级其他支出科目与上级其他支出科目的名称相同，且项级支出数额与款级支出数额相差不大，则表明两级科目为读者反映的信息基本相同，如此的科目设置仅仅表现为表面上的级次深入，而没有随着级次的不断深入，使实质信息更加透明。此种其他支出（项）本章从政府收支分类科目改革的角度也予以重点关注。

（1）其他城乡社区公共设施支出（项）分析。2010—2017 年的全国一般公共预算支出决算表城乡社区事务（类）下设置了城乡社区公共设施（款），城乡社区公共设施（款）下设置了其他城乡社区公共设施支出（项）。2010—2017 年其他城乡社区公共设施支出（项）的绝对额和相对比重情况如图 3-17 所示。

---

① 2010—2017 年的全国一般公共预算支出决算表没有公布项级科目的预算数，但公布了项级科目的决算数。文中关于项级科目以及项级科目占上级款级科目比重的分析，都是基于决算数的数据整理、计算得出。

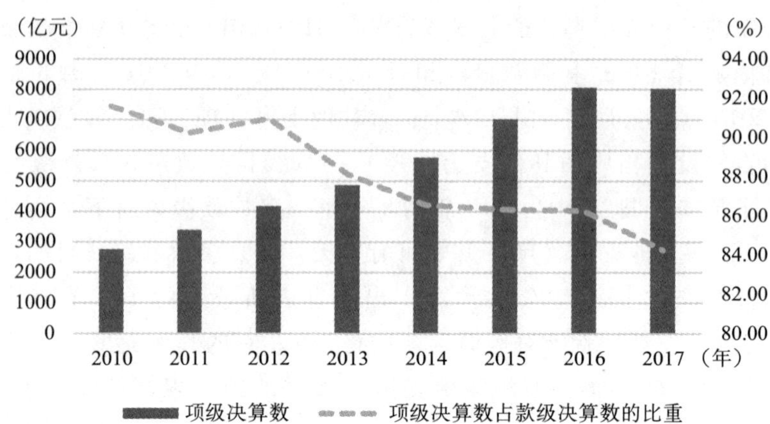

图 3-17 2010—2017 年其他城乡社区公共设施支出(项)规模及相应比重图

如图 3-17 所示,从其他城乡社区公共设施支出(项)的绝对规模来看,2010—2017 年其他城乡社区公共设施支出(项)的绝对规模 8 年均超过 2700 亿元,其中 2010 年规模最小,为 2756.67 亿元;2016 年规模最大,为 8060.54 亿元。从其他城乡社区公共设施支出(项)占上级相应科目城乡社区公共设施支出(款)的比重来看,8 年的比重均超过了 80%。其中 2017 年的比重最小,为 84.25%;2010 年的比重最大,为 91.57%。无论是就绝对规模还是就占上级相应科目的比重,其他城乡社区公共设施支出(项)都是应关注的重中之重。

(2)其他普通教育支出(项)分析。2010—2017 年,教育支出(类)下设置了普通教育(款),普通教育(款)下设置了其他普通教育(项)。2010—2017 年的其他普通教育支出(项)的绝对额和相对比重情况如图 3-18 所示。

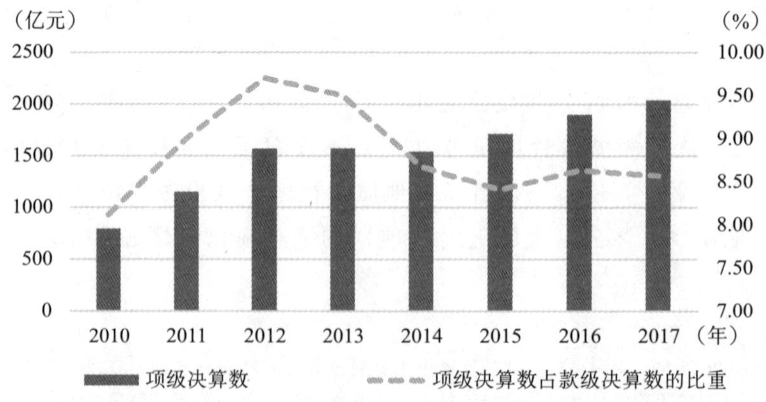

图 3-18 2010—2017 年其他普通教育支出(项)规模及相应比重图

如图 3 - 18 所示，从其他普通教育支出（项）的绝对规模来看，2010—2017 年其他普通教育支出（项）的绝对规模的最小值为 2010 年的 796.09 亿元，最大值为 2017 年的 2039.05 亿元，从其他普通教育支出（项）占上级相应科目普通教育支出（款）的比重来看，8 年的比重最低值为 2010 年的 8.12%，最高值为 2012 年的 9.70%。由于绝对规模超过 500 亿元，因此其他普通教育支出（项）应作为重中之重予以关注。

（3）其他公路水路运输支出（项）分析。2010—2017 年，交通运输支出（类）下设置了公路水路运输（款），公路水路运输（款）下设置了其他公路水路运输（项）。2010—2017 年的全国其他公路水路运输支出（项）的绝对额和相对比重情况如图 3 - 19 所示。

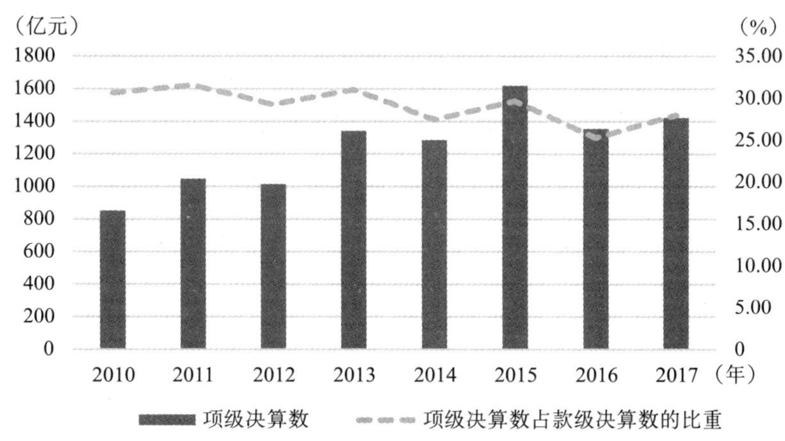

图 3 - 19　2010—2017 年其他公路水路运输支出（项）规模及相应比重图

如图 3 - 19 所示，从其他公路水路运输支出（项）的绝对规模来看，2010—2017 年其他公路水路运输支出（项）的绝对规模的最小值为 2010 年的 852.31 亿元，最大值为 2015 年的 1618.44 亿元，从其他公路水路运输支出（项）占上级相应科目公路水路运输支出（款）的比重来看，8 年的比重最低值为 2016 年的 25.26%，最高值为 2011 年的 31.55%。由于绝对规模超过 500 亿元，因此，其他公路水路运输支出（项）应作为重中之重予以关注。

（4）其他城乡社区管理事务支出（项）分析。2010—2017 年城乡社区事务（类）下设置了城乡社区管理事务支出（款）科目，城乡社区管理事务支出（款）下设置了其他城乡社区管理事务支出（项）科目。2010—2017 年其他城乡社区管理事务支出（项）的绝对额和相对比重情况如图 3 - 20 所示。

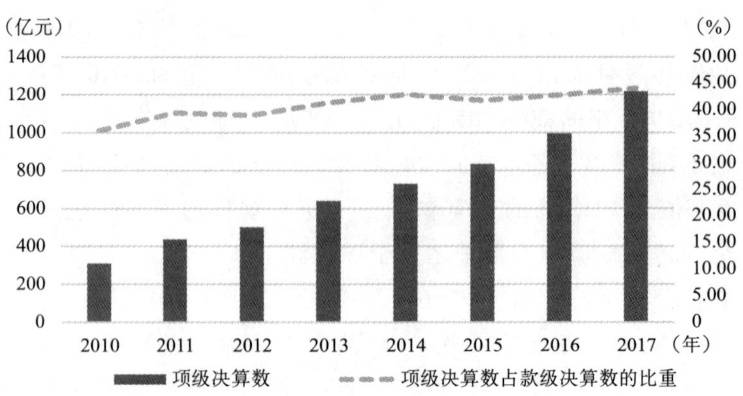

图 3-20 其他城乡社区管理事务支出（项）规模及相应比重图

如图 3-20 所示，从其他城乡社区管理事务支出（项）的绝对规模来看，2010—2017 年其他城乡社区管理事务支出（项）的绝对规模的最小值为 2010 年的 310.2 亿元，最大值为 2017 年的 1216.58 亿元，从其他城乡社区管理事务支出（项）占上级相应科目城乡社区管理事务支出（款）的比重来看，8 年的比重最低值为 2010 年的 36.09%，最高值为 2017 年的 44.03%。由于绝对规模超过 250 亿元且相对比重大于 2%，因此，其他城乡社区管理事务支出（项）应作为重中之重予以关注。

（5）其他支持中小企业发展和管理支出（项）分析。2010—2017 年资源勘探信息等支出（类）下设置了支持中小企业发展和管理支出（款）科目，支持中小企业发展和管理支出（款）下设置了其他支持中小企业发展和管理支出（项）科目。2010—2017 年其他支持中小企业发展和管理支出（项）的绝对额和相对比重情况如图 3-21 所示。

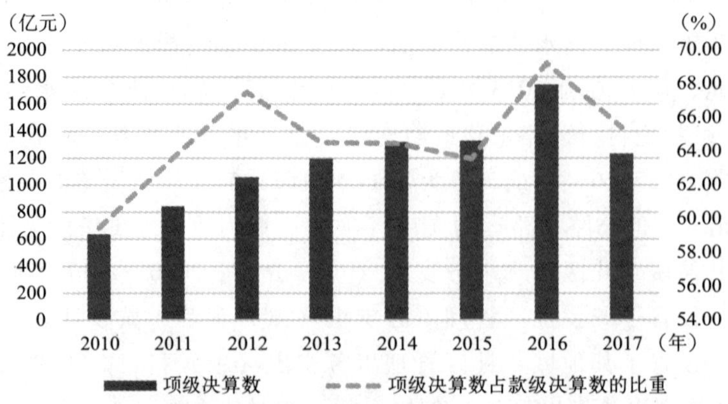

图 3-21 其他支持中小企业发展和管理支出（项）规模及相应比重图

由图3-21所示，从其他支持中小企业发展和管理支出（项）的绝对规模来看，2010—2017年其他支持中小企业发展和管理支出（项）的绝对规模的最小值为2010年的637.12亿元，最大值为2016年的1745.58亿元，从其他支持中小企业发展和管理支出（项）占上级相应科目支持中小企业发展和管理支出（款）的比重来看，8年的比重最低值为2010年的59.46%，最高值为2016年的69.21%。由于绝对规模超过500亿元（或相对比重大于50%），因此，其他支持中小企业发展和管理支出（项）应作为重中之重予以关注。

（6）其他城乡社区住宅支出（项）分析。2010—2017年城乡社区事务（类）下设置了城乡社区住宅支出（款）科目，城乡社区住宅支出（款）下设置了其他城乡社区住宅支出（项）科目。2010—2017年其他城乡社区住宅支出（项）的绝对额和相对比重情况如图3-22所示。

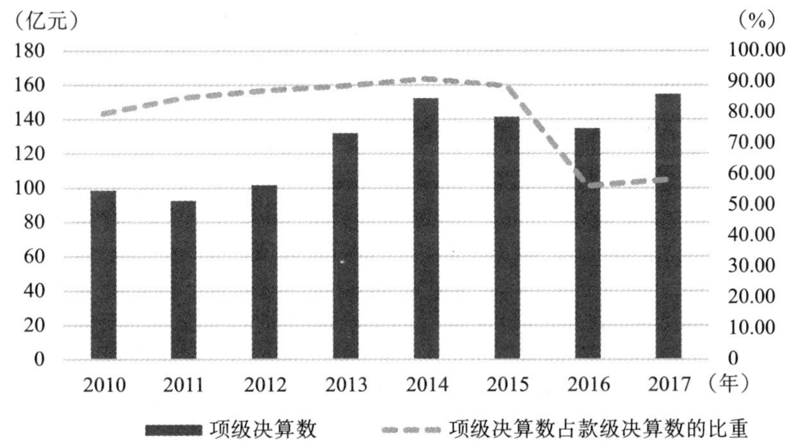

图3-22　其他城乡社区住宅支出（项）规模及相应比重图

如图3-22所示，从其他城乡社区住宅支出（项）的绝对规模来看，2010—2017年其他城乡社区住宅支出（项）的绝对规模的最小值为2011年的92.78亿元，最大值为2017年的154.75亿元，从其他城乡社区住宅支出（项）占上级相应科目城乡社区住宅支出（款）的比重来看，8年的比重最低值为2016年的56.21%，最高值为2014年的90.97%。由于相对比重大于50%，因此，其他城乡社区住宅支出（项）应作为重中之重予以关注。

（7）其他商业流通事务支出（项）分析。2010—2017年商业服务业等支出（类）下设置了商业流通事务支出（款）科目，商业流通事务支出（款）下设置了其他商业流通事务支出（项）科目。其他商业流通事务支出（项）

的绝对额和相对比重情况如图 3－23 所示。

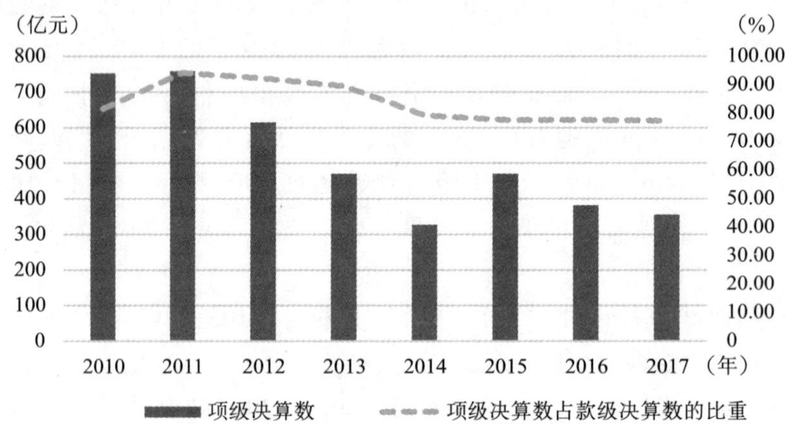

图 3－23 其他商业流通事务支出（项）规模及相应比重图

如图 3－23 所示，从其他商业流通事务支出（项）的绝对规模来看，2010—2017 年其他商业流通事务支出（项）的绝对规模的最小值为 2014 年的 326.59 亿元，最大值为 2011 年的 758.69 亿元，从其他商业流通事务支出（项）占上级相应科目商业流通事务支出（款）的比重来看，8 年的比重最低值为 2017 年的 77.38%，最高值为 2011 年的 94.24%。由于相对比重大于 50%，因此，其他商业流通事务支出（项）应作为重中之重予以关注。

（8）其他教育费附加安排的支出（项）[①] 分析。2010—2017 年教育支出（类）下设置了教育费附加安排的支出（款）科目，教育费附加安排的支出（款）下设置了其他教育费附加安排的支出（项）科目。2010—2017 年其他教育费附加安排的支出（项）的绝对额和相对比重情况如图 3－24 所示。

如图 3－24 所示，从其他教育费附加安排的支出（项）的绝对规模来看，2010—2017 年其他教育费附加安排的支出（项）的绝对规模的最小值为 2010 年的 466.21 亿元，最大值为 2015 年的 1076.75 亿元，从其他教育费附加安排的支出（项）占上级相应科目教育费附加安排的支出（款）的比重来看，8 年的比重最低值为 2010 年的 61.87%，最高值为 2017 年的 71.62%。由于相对比重大于 50%，因此，其他教育费附加安排的支出（项）应作为重中之重予以关注。

① 2010 年项级科目名称为其他教育费附加支出，款级科目名称为教育费附加支出，2011 年后项级科目名称改为其他教育费附加安排的支出，款级科目名称为教育费附加安排的支出。

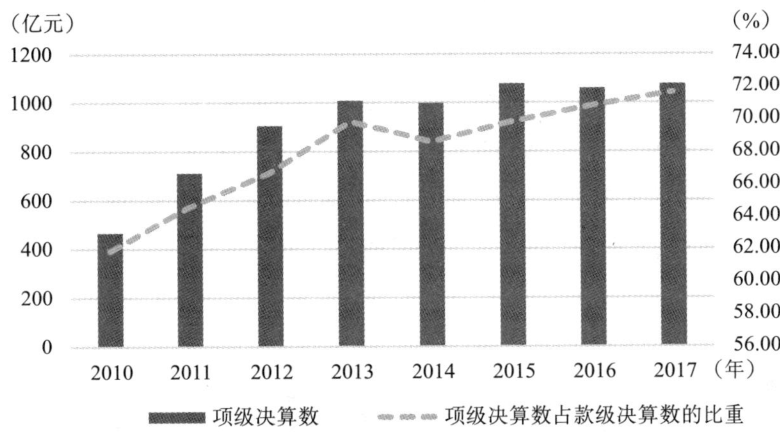

图 3－24　其他教育费附加安排的支出（项）规模及相应比重图

（9）其他农业支出（项）分析。2010—2017 年农林水支出（类）下设置了农业支出（款）科目，农业支出（款）下设置了其他农业支出（项）科目。2010—2017 年其他农业支出（项）的绝对额和相对比重情况如图 3－25 所示。

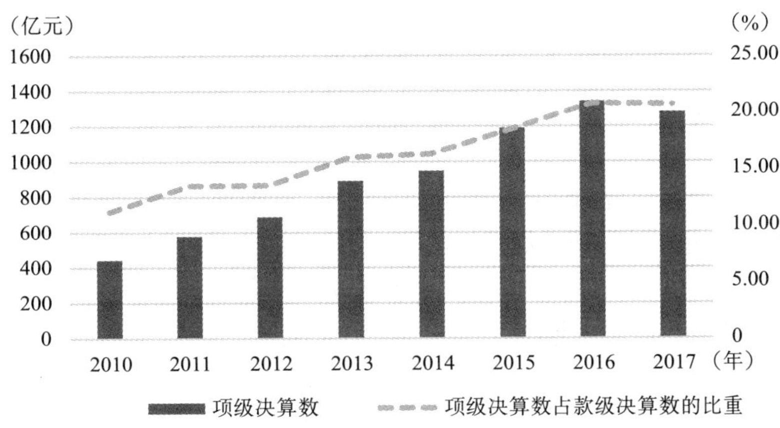

图 3－25　其他农业支出（项）规模及相应比重图

如图 3－25 所示，从其他农业支出（项）的绝对规模来看，2010—2017 年其他农业支出（项）的绝对规模的最小值为 2010 年的 442.45 亿元，最大值为 2016 年的 1340.62 亿元。从其他农业支出（项）占上级相应科目农业支出（款）的比重来看，8 年的比重最低值为 2010 年的 11.20%，最高值为 2016 年的 20.76%。由于绝对规模超过 250 亿元且相对比重大于 2%，因此，其他农业支出（项）应作为重中之重予以关注。

（10）其他政府办公厅（室）及相关机构事务支出（项）分析。2010—2017年一般公共服务支出（类）下设置了政府办公厅（室）及相关机构事务支出（款）科目，政府办公厅（室）及相关机构事务支出（款）下设置了其他政府办公厅（室）及相关机构事务支出（项）科目。2010—2017年其他政府办公厅（室）及相关机构事务支出（项）的绝对额和相对比重情况如图3-26所示。

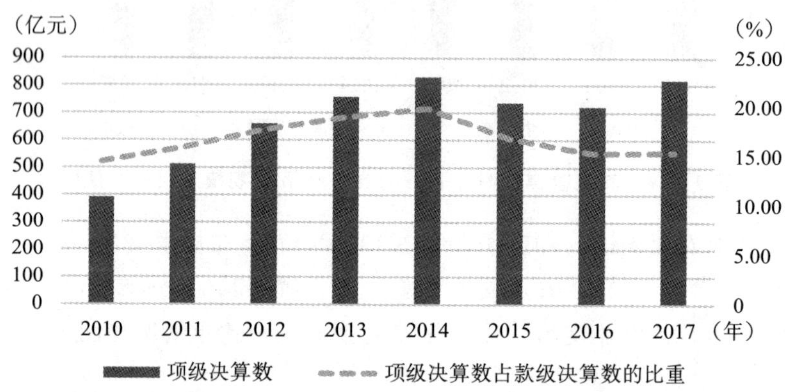

图3-26 其他政府办公厅（室）及相关机构事务支出（项）规模及相应比重图

如图3-26所示，从其他政府办公厅（室）及相关机构事务支出（项）的绝对规模来看，2010—2017年其他政府办公厅（室）及相关机构事务支出（项）的绝对规模的最小值为2010年的391.13亿元，最大值为2014年的829.59亿元。从其他政府办公厅（室）及相关机构事务支出（项）占上级相应科目政府办公厅（室）及相关机构事务支出（款）的比重来看，8年的比重最低值为2010年的14.47%，最高值为2014年的19.85%。由于绝对额超过250亿元且相对比重大于2%，因此，其他政府办公厅（室）及相关机构事务支出（项）应作为重中之重予以关注。

（11）其他水利支出（项）分析。2010—2013年、2015-2017年农林水支出（类）下设置了水利支出（款）科目，水利支出（款）下设置了其他水利支出（项）科目。2014年农林水支出（类）下设置了水利支出（款）科目，水利支出（款）下未设置了其他水利支出（项）科目，图3-27中2014年的数据由水利支出（款）的数值减去水利支出（款）下公布的（项）级数据计算得出。2010—2017年其他水利支出（项）的绝对额和相对比重情况如图3-27所示。

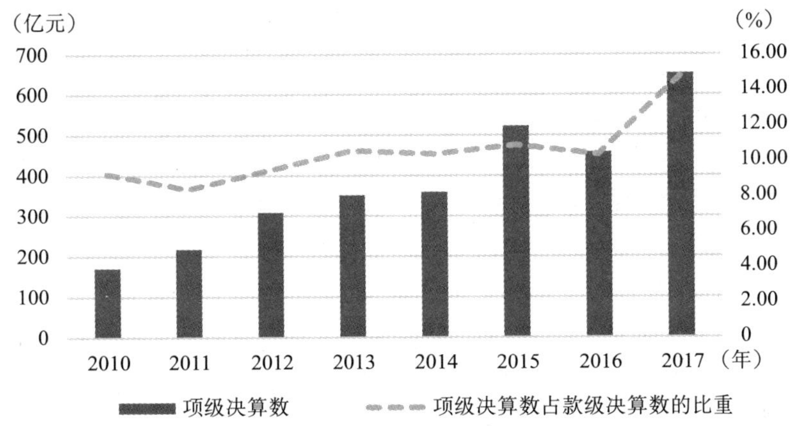

图 3-27　其他水利支出（项）规模及相应比重图

如图 3-27 所示，从其他水利支出（项）的绝对规模来看，2010—2017 年其他水利支出（项）的绝对规模的最小值为 2010 年的 171.47 亿元，最大值为 2017 年的 653.28 亿元。从其他水利支出（项）占上级相应科目水利支出（款）的比重来看，8 年的比重最低值为 2011 年的 8.39%，最高值为 2017 年的 14.76%。由于绝对额超过 100 亿且相对比重大于 5%，因此，其他政府办公厅（室）及相关机构事务支出（项）应作为重中之重予以关注。

（12）其他扶贫支出（项）分析。2010—2017 年农林水支出（类）下设置了扶贫支出（款）科目，扶贫支出（款）下设置了其他扶贫支出（项）科目。2010—2017 年其他扶贫支出（项）的绝对额和相对比重情况如图 3-28 所示。

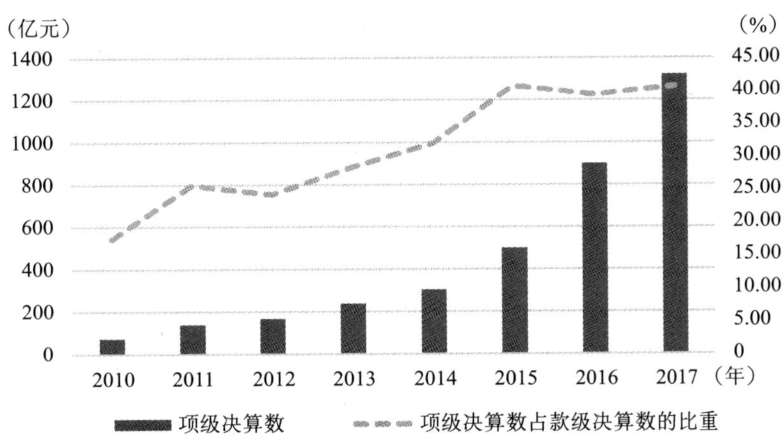

图 3-28　其他扶贫支出（项）规模及相应比重图

如图 3 - 28 所示，从其他扶贫支出（项）的绝对规模来看，2010—2017 年其他扶贫支出（项）的绝对规模的最小值为 2010 年的 73.85 亿元，最大值为 2017 年的 1320.74 亿元。从其他扶贫支出（项）占上级相应科目扶贫支出（款）的比重来看，8 年的比重最低值为 2010 年的 17.44%，最高值为 2017 年的 40.64%。由于绝对额超过 50 亿元且相对比重大于 10%，因此，其他扶贫支出（项）应作为重中之重予以关注。

（13）其他医疗保障支出（项）分析。2010—2013 年的全国公共财政支出决算表，医疗卫生（类）下设置了医疗保障（款）科目，医疗保障（款）下设置了其他医疗保障支出（项）；2014—2016 年的全国一般公共预算支出决算表，医疗卫生（类）下同样设置了医疗保障（款）科目，但医疗保障（款）下未公布其他医疗保障支出（项）数据，但根据其他公布的项级数据，已公布的项级数据之和并不等于款级数据，本章将两者的差推断为其他医疗保障支出（项）；2017 年的全国一般公共预算支出决算表，医疗卫生（类）下未设置医疗保障（款）科目。2010—2016 年的其他医疗保障支出（项）的绝对额和相对比重情况如图 3 - 29 所示。

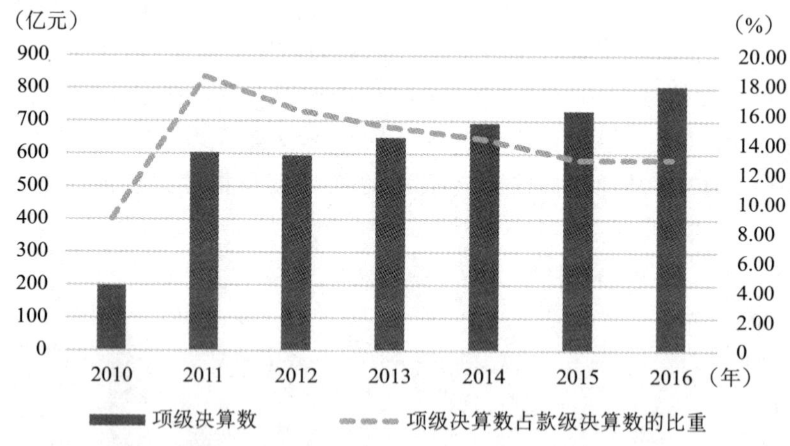

图 3 - 29 其他医疗保障支出（项）规模及相应比重图

如图 3 - 29 所示，从其他医疗保障支出（项）的绝对规模来看，2010—2016 年其他医疗保障支出（项）的绝对规模的最小值为 2010 年的 198.79 亿元，最大值为 2016 年的 806.53 亿元。从其他医疗保障支出（项）占上级相应科目医疗保障支出（款）的比重来看，8 年的比重最低值为 2010 年的 8.92%，最高值为 2011 年的 18.57%。由于绝对额超过 100 亿元且相对比重大于 5%，因此，其他医疗保障支出（项）应作为重中之重予以关注。

（14）其他保障性安居工程支出（项）分析。2010—2017 年住房保障支出（类）下设置了保障性安居工程支出[①]（款）科目，保障性安居工程支出（款）下设置了其他保障性安居工程支出（项）科目。2010—2017 年其他保障性安居工程支出（项）的绝对额和相对比重情况如图 3－30 所示。

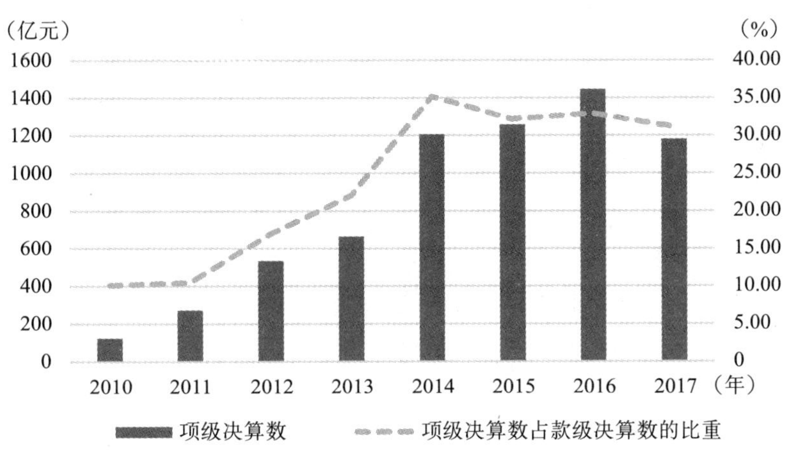

图 3－30　其他保障性安居工程支出（项）规模及相应比重图

如图 3－30 所示，从其他保障性安居工程支出（项）的绝对规模来看，2010—2017 年其他保障性安居工程支出（项）的绝对规模的最小值为 2010 年的 124.38 亿元，最大值为 2016 年的 1446 亿元，从其他保障性安居工程支出（项）占上级相应科目保障性安居工程支出（款）的比重来看，8 年的比重最低值为 2010 年的 10.12%，最高值为 2014 年的 35.19%。由于绝对额超过 100 亿元且相对比重大于 5%，因此，其他保障性安居工程支出（项）应作为重中之重予以关注。

（15）其他铁路运输支出（项）分析。2010—2017 年交通运输（类）下设置了铁路运输支出（款）科目，铁路运输支出（款）下设置了其他铁路运输支出（项）科目。2010—2017 年其他铁路运输支出（项）的绝对额和相对比重情况如图 3－31 所示。

---

① 2010 年款级名称为保障性住房支出，项级名称为其他保障性住房支出，2011 年后分别改为现名。

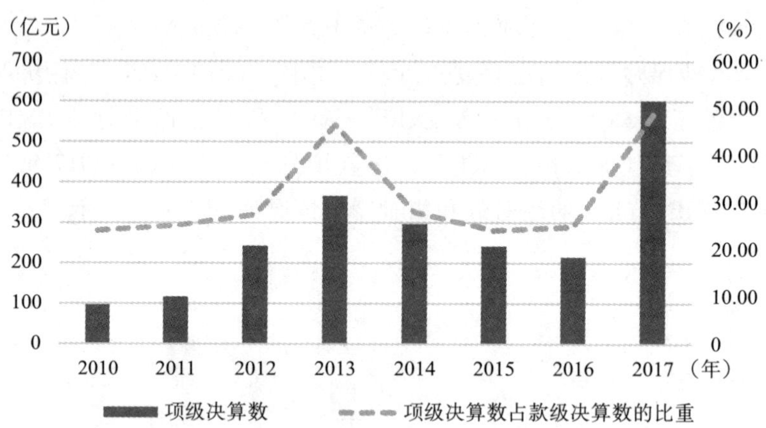

图 3－31　其他铁路运输支出（项）规模及相应比重图

如图 3－31 所示，从其他铁路运输支出（项）的绝对规模来看，2010—2017 年其他铁路运输支出（项）的绝对规模的最小值为 2010 年的 96.9 亿元，最大值为 2017 年的 601.85 亿元。从其他铁路运输支出（项）占上级相应科目铁路运输支出（款）的比重来看，8 年的比重最低值为 2010 年的 23.99%，最高值为 2017 年的 48.62%。由于绝对额超过 50 亿元且相对比重大于 10%，因此，其他铁路运输支出（项）应作为重中之重予以关注。

（16）其他技术研究与开发支出（项）分析。2010 年和 2011 两年的全国公共财政支出决算表，科学技术（类）下没有公布技术研究与开发（款）；2012—2017 年，科学技术（类）下公布了 技术研究与开发（款）科目，技术研究与开发（款）下公布了其他技术研究与开发支出（项）。2012—2017 年的其他技术研究与开发支出（项）的绝对额和相对比重情况如图 3－32 所示。

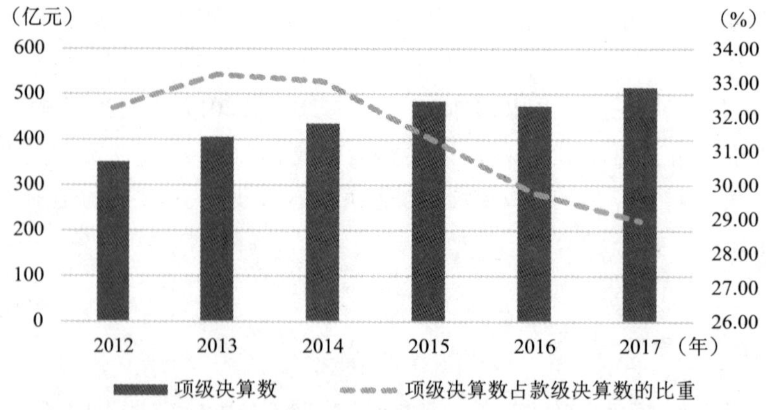

图 3－32　其他技术研究与开发支出（项）规模及相应比重图

如图 3－32 所示，从其他技术研究与开发支出（项）的绝对规模来看，2012—2017 年其他技术研究与开发支出（项）的绝对规模的最小值为 2012 年的 351.39 亿元，最大值为 2017 年的 515.08 亿元。从其他技术研究与开发支出（项）占上级相应科目技术研究与开发（款）的比重来看，6 年的比重最低值为 2017 年的 28.94%，最高值为 2013 年的 33.23%。由于绝对额超过 250 亿元且相对比重大于 2%，因此，其他技术研究与开发支出（项）应作为重中之重予以关注。

（17）其他国有资产监管支出（项）分析。2010—2017 年资源勘探电力信息等事务支出（类）下设置了国有资产监管支出（款）科目，国有资产监管支出（款）下设置了其他国有资产监管支出（项）科目。2010—2017 年其他国有资产监管支出（项）的绝对额和相对比重情况如图 3－33 所示。

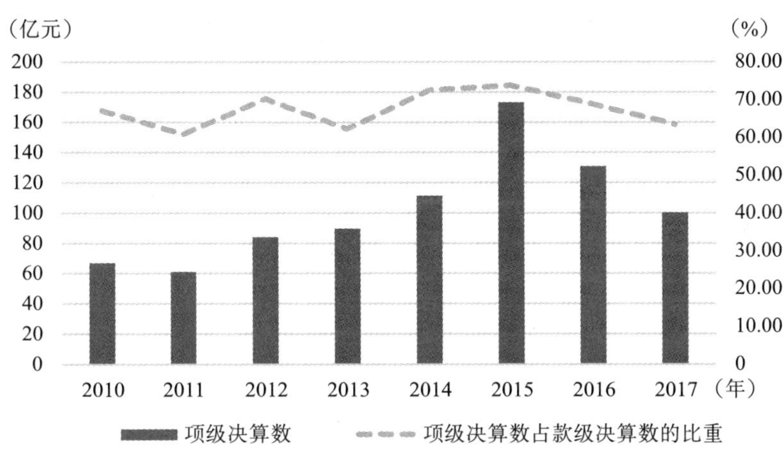

图 3－33　其他国有资产监管支出（项）规模及相应比重图

如图 3－33 所示，从其他国有资产监管支出（项）的绝对规模来看，2010—2017 年其他国有资产监管支出（项）的绝对规模的最小值为 2011 年的 60.99 亿元，最大值为 2015 年的 173.32 亿元。从其他国有资产监管支出（项）占上级相应科目国有资产监管支出（款）的比重来看，8 年的比重最低值为 2011 年的 60.80%，最高值为 2015 年的 73.73%。由于相对比重大于 50%，因此，其他国有资产监管支出（项）应作为重中之重予以关注。

（18）其他涉外发展服务支出（项）分析。2010—2017 年商业服务业等支出（类）下设置了涉外发展服务支出（款）科目，涉外发展服务支出（款）下设置了其他涉外发展服务支出（项）科目。2010—2017 年其他涉外发展服务支出（项）的绝对额和相对比重情况如图 3－34 所示。

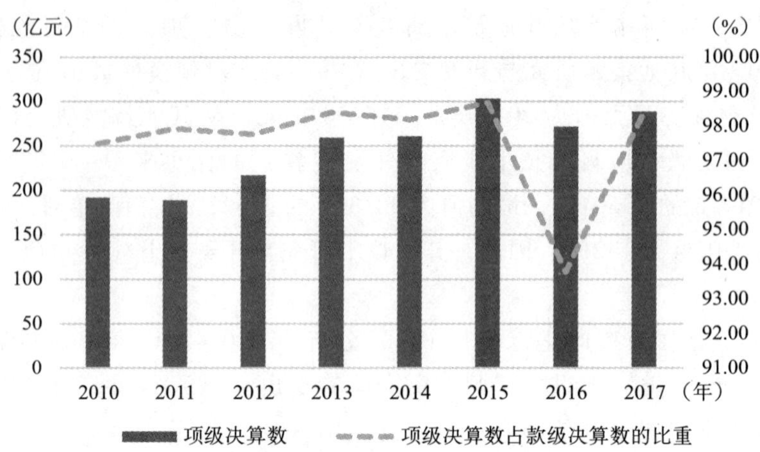

图 3－34 其他涉外发展服务支出（项）规模及相应比重图

如图 3－34 所示，从其他涉外发展服务支出（项）的绝对规模来看，2010—2017 年其他涉外发展服务支出（项）的绝对规模的最小值为 2011 年的 189.16 亿元，最大值为 2015 年的 303.19 亿元，从其他涉外发展服务支出（项）占上级相应科目涉外发展服务支出（款）的比重来看，8 年的比重最低值为 2016 年的 93.78%，最高值为 2015 年的 98.68%。由于绝对额超过 100 亿元且相对比重大于 5%，因此，其他涉外发展服务支出（项）应作为重中之重予以关注。

（19）其他建筑业支出（项）分析。2010—2017 年资源勘探信息等支出（类）下设置了建筑业支出（款）科目，建筑业支出（款）下设置了其他建筑业支出（项）科目。2010—2017 年其他建筑业支出（项）的绝对额和相对比重情况如图 3－35 所示。

图 3－35 其他建筑业支出（项）规模及相应比重图

如图 3 - 35 所示，从其他建筑业支出（项）的绝对规模来看，2010—2017 年其他建筑业支出（项）的绝对规模的最小值为 2017 年的 17.04 亿元，最大值为 2016 年的 33.99 亿元，从其他建筑业支出（项）占上级相应科目建筑业支出（款）的比重来看，8 年的比重最低值为 2017 年的 76.83%，最高值为 2010 年的 91.65%。由于相对比重超过 50%，因此，其他建筑业支出（项）应作为重中之重予以关注。

（20）其他环境监测与监察支出（项）分析。2010—2017 年节能环保支出[①]（类）下设置了环境监测与监察支出（款）科目，环境监测与监察支出（款）下设置了其他环境监测与监察支出（项）科目。2010—2017 年其他环境监测与监察支出（项）的绝对额和相对比重情况如图 3 - 36 所示。

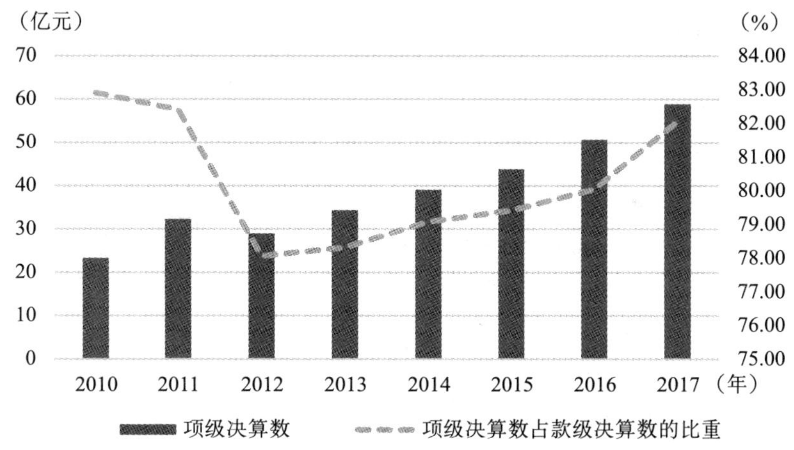

图 3 - 36　其他环境监测与监察支出（项）规模及相应比重图

如图 3 - 36 所示，从其他环境监测与监察支出（项）的绝对规模来看，2010—2017 年其他环境监测与监察支出（项）的绝对规模的最小值为 2010 年的 23.37 亿元，最大值为 2017 年的 58.91 亿元，从其他环境监测与监察支出（项）占上级相应科目环境监测与监察支出（款）的比重来看，8 年的比重最低值为 2012 年的 78.06%，最高值为 2010 年的 82.90%。由于相对比重超过 50%，因此，其他环境监测与监察支出（项）应作为重中之重予以关注。

（21）其他旅游业管理与服务支出（项）分析。2010—2017 年商业服务业等事务（类）下设置了旅游业管理与服务支出（款）科目，旅游业管理与服

① 2010 年类级科目为环境保护支出，2011 年后改为节能环保支出。

务支出（款）下设置了其他旅游业管理与服务支出（项）科目。2010—2017年其他旅游业管理与服务支出（项）的绝对额和相对比重情况如图3－37所示。

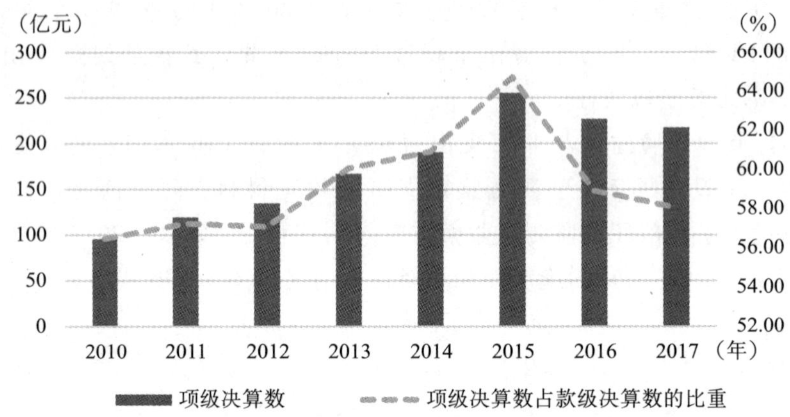

图3－37　其他旅游业管理与服务支出（项）规模及相应比重图

由图3－37所示，从其他旅游业管理与服务支出（项）的绝对规模来看，2010—2017年其他旅游业管理与服务支出（项）的绝对规模的最小值为2010年的95.44亿元，最大值为2015年的255.48亿元，从其他旅游业管理与服务支出（项）占上级相应科目旅游业管理与服务支出（款）的比重来看，8年的比重最低值为2010年的56.47%，最高值为2015年的64.71%。由于绝对额超过50亿元且相对比重大于10%，因此，其他旅游业管理与服务支出（项）应作为重中之重予以关注。

（22）其他科技交流与合作支出（项）分析。2010—2017年科学技术（类）下设置了科技交流与合作支出（款）科目，科技交流与合作支出（款）下设置了其他科技交流与合作支出（项）科目。2010—2017年其他科技交流与合作支出（项）的绝对额和相对比重情况如图3－38所示。

如图3－38所示，从其他科技交流与合作支出（项）的绝对规模来看，2010—2017年其他科技交流与合作支出（项）的绝对规模的最小值为2010年的4.03亿元，最大值为2017年的28.06亿元，从其他科技交流与合作支出（项）占上级相应科目科技交流与合作支出（款）的比重来看，8年的比重最低值为2010年的13.87%，最高值为2017年的62.89%。无论是绝对规模还是相对比重，其他科技交流与合作支出（项）都呈现出持续上升的趋势，由于2017年的相对比重突破了50%，其他科技交流与合作支出（项）也值得作

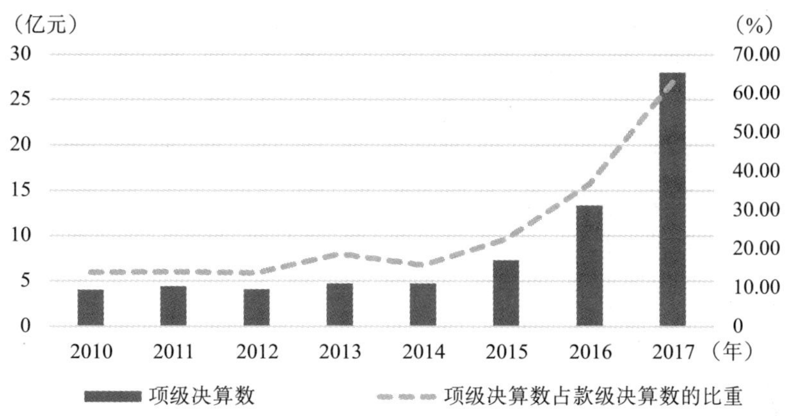

图 3－38 其他科技交流与合作支出（项）规模及相应比重图

为重中之重关注的对象之一。

（23）其他风沙荒漠治理支出（项）分析。2010—2017 年节能环保[①]（类）下设置了风沙荒漠治理支出（款）科目，风沙荒漠治理支出（款）下设置了其他风沙荒漠治理支出（项）科目。2010—2017 年其他风沙荒漠治理支出（项）的绝对额和相对比重情况如图 3－39 所示。

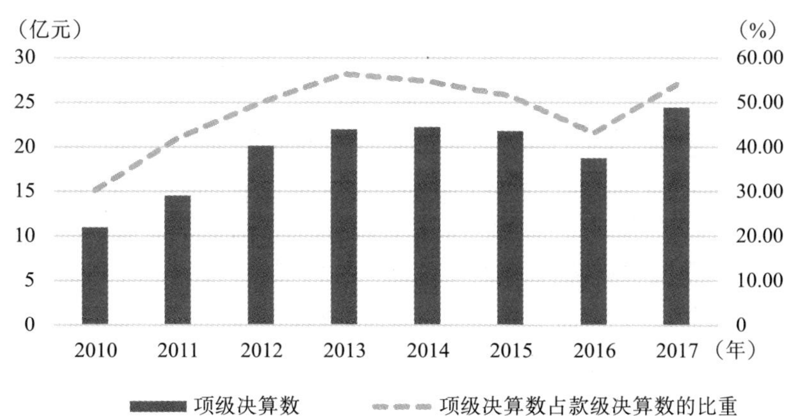

图 3－39 其他风沙荒漠治理支出（项）规模及相应比重图

如图 3－39 所示，从其他风沙荒漠治理支出（项）的绝对规模来看，2010—2017 年其他风沙荒漠治理支出（项）的绝对规模的最小值为 2010 年的 10.98 亿元，最大值为 2017 年的 24.44 亿元，从其他风沙荒漠治理支出（项）

① 2010 年类级科目名称为环境保护，2011 年后改为节能环保。

占上级相应科目风沙荒漠治理支出（款）的比重来看，8 年的比重最低值为 2010 年的 30. 28%，最高值为 2013 年的 57. 37%。由于 8 年中有 5 年的相对比重突破了 50%，其他风沙荒漠治理支出（项）也值得作为重中之重关注的对象之一。

（24）其他资源勘探业支出（项）分析。2010—2017 年资源勘探信息等支出[①]（类）下设置了资源勘探开发（款）科目，资源勘探开发（款）下设置了其他资源勘探业支出（项）科目。2010—2017 年其他资源勘探业支出（项）的绝对额和相对比重情况如图 3 – 40 所示。

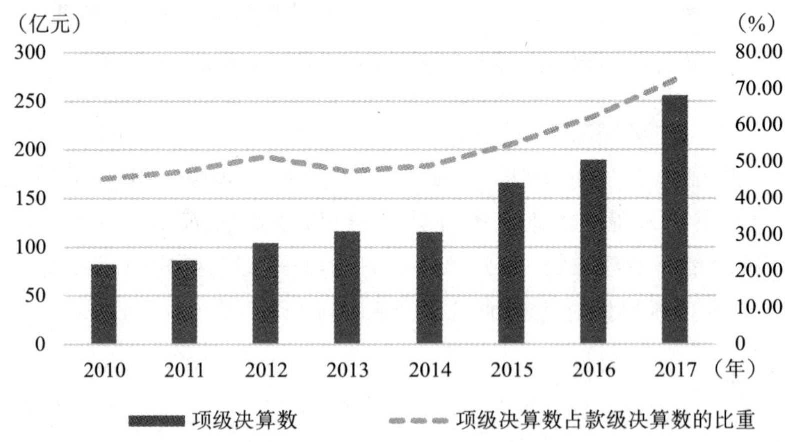

图 3 – 40 其他资源勘探业支出（项）规模及相应比重图

如图 3 – 40 所示，从其他资源勘探业支出（项）的绝对规模来看，2010—2017 年其他资源勘探业支出（项）的绝对规模的最小值为 2010 年的 81. 99 亿元，最大值为 2017 年的 256. 12 亿元，从其他资源勘探业支出（项）占上级相应科目资源勘探开发（款）的比重来看，8 年的比重最低值为 2010 年的 45. 44%，最高值为 2017 年的 72. 49%。就相对比重而言，其他资源勘探业支出（项）占上级相应科目资源勘探开发（款）的比重呈现出持续上升的趋势。由于绝对额超过 50 亿元且相对比重大于 10%，因此，其他资源勘探业支出（项）应作为重中之重予以关注。

---

① 2010 年类级科目名称为资源勘探电力信息等事务，款级科目名称为资源勘探开发和服务支出，2014 年后类级科目和款级科目分别改为资源勘探信息等支出和资源勘探开发，项级科目名称均为其他资源勘探业支出。

（25）其他企业改革发展补助（项）分析。2010—2017 年 就业补助支出（类）下设置了企业改革补助（款）科目，企业改革补助（款）下设置了其他企业改革发展补助（项）科目。2010—2017 年其他企业改革发展补助（项）的绝对额和相对比重情况如图 3－41 所示。

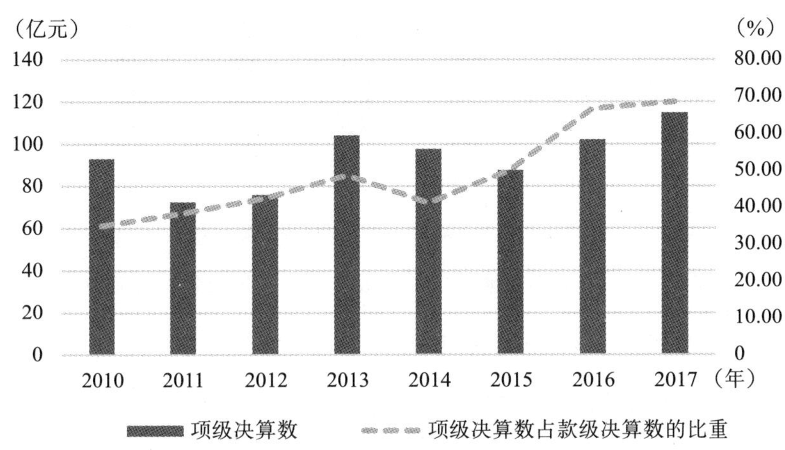

图 3－41　其他企业改革发展补助（项）规模及相应比重图

如图 3－41 所示，从其他企业改革发展补助（项）的绝对规模来看，2010—2017 年其他企业改革发展补助（项）的绝对规模的最小值为 2011 年的 72.42 亿元，最大值为 2017 年的 114.81 亿元，从其他企业改革发展补助（项）占上级相应科目企业改革补助（款）的比重来看，8 年的比重最低值为 2010 年的 34.98%，最高值为 2017 年的 68.58%。就相对比重而言，其他企业改革发展补助（项）占上级相应科目企业改革补助（款）的比重 2014 年后呈现出持续上升的趋势，2015 年比重突破了 50%。由于绝对额超过 50 亿元且相对比重大于 10%，因此，其他企业改革发展补助（项）应作为重中之重予以关注。

（26）其他民用航空运输支出（项）分析。2010 年和 2011 两年的全国公共财政支出决算表公示了交通运输（类），但交通运输（类）下未公示民航航空运输（款）；2012—2017 年的交通运输（类）下设置了民用航空运输（款）科目，民用航空运输（款）下设置了其他民用航空运输支出（项）科目。2012—2017 年其他民用航空运输支出（项）的绝对额和相对比重情况如图 3－42 所示。

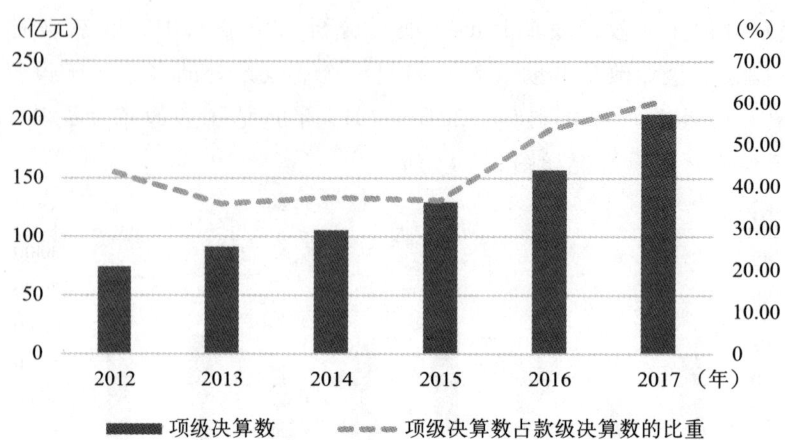

图3－42　其他民用航空运输支出（项）规模及相应比重图

如图3－42所示，从其他民用航空运输支出（项）的绝对规模来看，2012—2017年其他民用航空运输支出（项）的绝对规模的最小值为2012年的74.37亿元，最大值为2017年的204.69亿元，从其他民用航空运输支出（项）占上级相应科目民用航空运输（款）的比重来看，6年的比重最低值为2013年的35.88%，最高值为2017年的60.26%。就相对比重而言，其他民用航空运输支出（项）占上级相应科目民用航空运输（款）的比重2015年后呈现出持续上升的趋势，2016年起比重突破了50%。由于绝对额超过50亿元且相对比重大于10%，因此，其他民用航空运输支出（项）应作为重中之重予以关注。

（27）其他就业补助支出（项）分析。2010—2017年的社会保障和就业支出（类）下设置了就业补助（款）科目，就业补助（款）下设置了其他就业补助支出（项）科目。2010—2017年其他就业补助支出（项）的绝对额和相对比重情况如图3－43所示。

如图3－43所示，从其他就业补助支出（项）的绝对规模来看，2010—2017年其他就业补助支出（项）的绝对规模的最小值为2010年的289.45亿元，最大值为2017年的440.8亿元，从其他就业补助支出（项）占上级相应科目就业补助（款）的比重来看，8年的比重最低值为2014年的44.41%，最高值为2016年的55.38%。就相对比重而言，其他就业补助支出（项）占上级相应科目就业补助（款）的比重2016年后突破了50%。由于绝对额超过250亿元且相对比重大于2%，因此，其他就业补助支出（项）应作为重中之重予以关注。

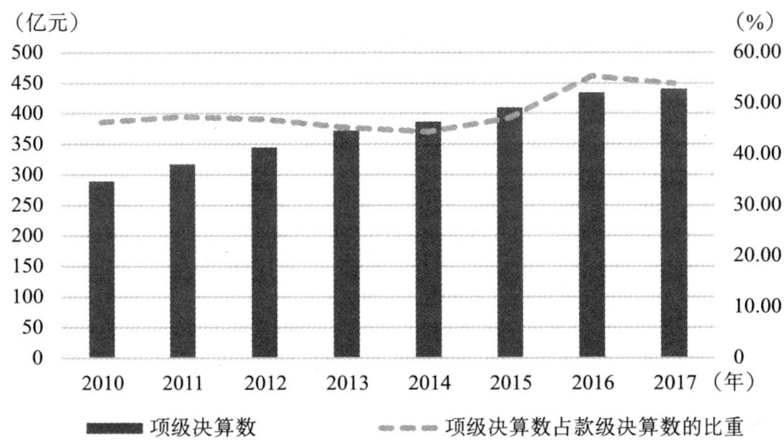

图 3－43　其他就业补助支出（项）规模及相应比重图

（28）其他制造业支出（项）分析。2010 年和 2011 两年的全国公共财政支出决算表公示了资源勘探电力信息等事务（类）科目，但资源勘探电力信息等事务（类）下未公示制造业（款）科目；2012—2017 年的资源勘探电力信息等事务（类）下公示了制造业（款）科目，制造业（款）下公示了其他制造业支出（项）科目。2012—2017 年其他制造业支出（项）的绝对额和相对比重情况如图 3－44 所示。

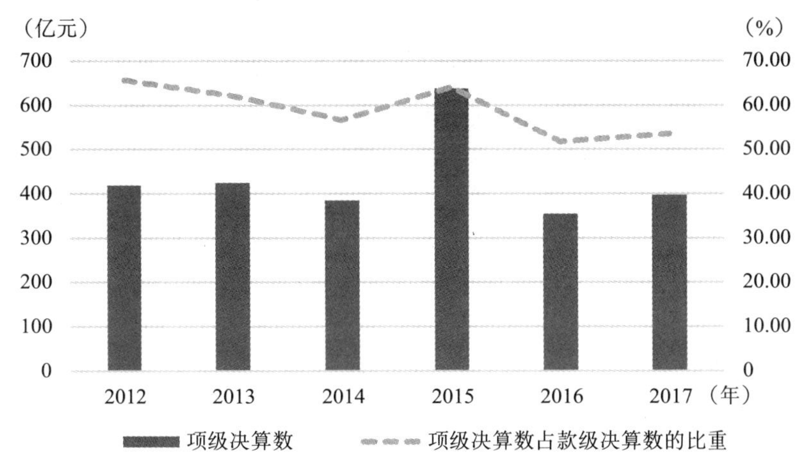

图 3－44　其他制造业支出（项）规模及相应比重图

如图 3－44 所示，从其他制造业支出（项）的绝对规模来看，2012—2017 年其他制造业支出（项）的绝对规模的最小值为 2016 年的 354.93 亿元，最大值为 2015 年的 638.17 亿元，从其他制造业支出（项）占上级相应科目制造业

（款）的比重来看，6 年的比重最低值为 2016 年的 51.74%，最高值为 2012 年的 65.65%。就相对比重而言，其他制造业支出（项）占上级相应科目制造业（款）的比重 6 年均突破了 50%。由于绝对额超过 250 亿元且相对比重大于 2%，因此，其他制造业支出（项）应作为重中之重予以关注。

除以上 28 个符合会计科目级次设置原则且需要作为重中之重予以关注的项级支出科目外，还有 11 个项级支出科目存在科目名称与款级支出科目名称完全相同的情况，这 11 个项级支出科目不仅违背了会计科目级次设置的原则且同时也需要作为重中之重予以关注。由于标题级次的限制，以下接着前文的项级科目继续对这 11 个项级支出科目予以分析。

（29）其他城乡社区支出（项）分析。2010 年城乡社区事务（类）下设置了其他城乡社区事务支出（款）科目，但款级科目下未设置项级科目。2011—2017 年城乡社区事务（类）下设置了其他城乡社区支出（款），其他城乡社区支出（款）下设置了其他城乡社区支出（项）[①]。2011—2017 年其他城乡社区支出（项）的绝对额和相对比重情况如图 3－45 所示。

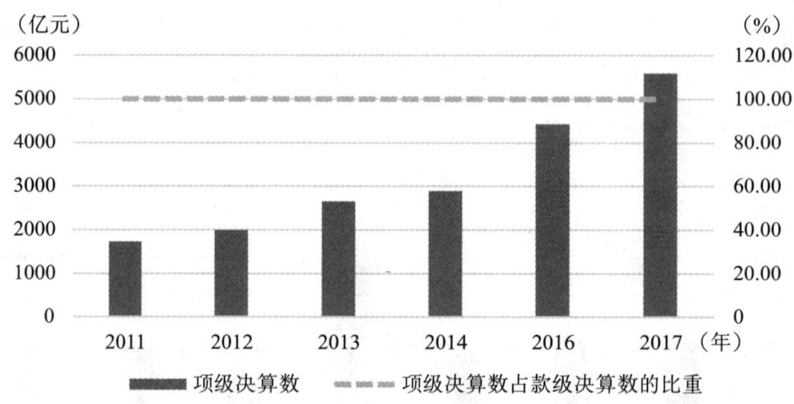

图 3－45　2011—2017 年其他城乡社区支出（项）规模及相应比重图

如图 3－45 所示，从其他城乡社区支出（项）的绝对规模来看，2011—2017 年其他城乡社区支出（项）的绝对规模的最小值为 2011 年的 1728.34 亿元，最大值为 2017 年的 5589.06 亿元，从其他城乡社区支出（项）占上级相应科目其他城乡社区支出（款）的比重来看，7 年的比重均为 100%，即从 2011—2017 年的数据公布情况来看，城乡社区支出（款）下只设置了一个项

① 2011—2013 年款级科目和项级科目名称同为其他城乡社区事务支出，2014 年后改为城乡社区支出。

级科目，即其他城乡社区支出（项）。从科目设置的角度而言，其他城乡社区支出（项）没有公布比城乡社区支出（款）更加深入的信息，该级科目设置没有实质性的意义。从关注级别分类来看，无论是就绝对规模（超过500亿元）还是相对比重（超过50%），其他城乡社区支出（项）应作为重中之重予以关注。

（30）其他教育支出（项）分析。2010年教育事务（类）下设置了其他教育事务支出（款）科目，但款级科目下未设置项级科目。2011—2017年教育事务（类）下设置了其他教育支出（款），其他教育支出（款）下设置了其他教育支出（项）。2011—2017年其他教育支出（项）的绝对额和相对比重情况如图3-46所示。

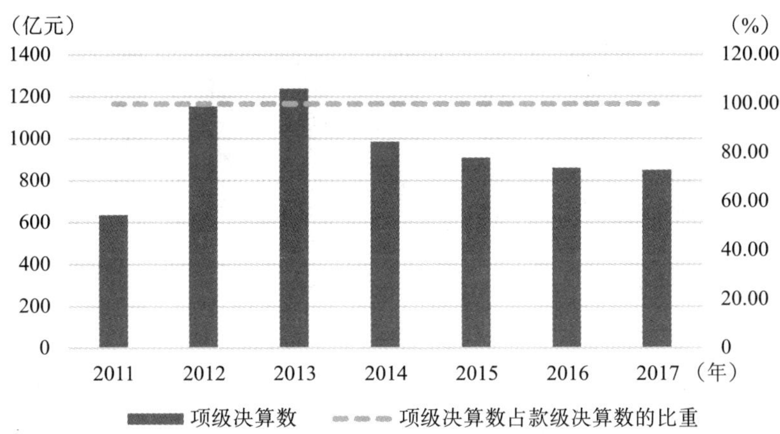

图3-46 2011—2017年其他教育支出（项）规模及相应比重图

如图3-46所示，从其他教育支出（项）的绝对规模来看，2011—2017年其他教育支出（项）的绝对规模的最小值为2011年的635.9亿元，最大值为2013年的1238.64亿元，从其他教育支出（项）占上级相应科目其他教育支出（款）的比重来看，7年的比重均为100%，即从2011—2017年的数据公布情况来看，教育支出（款）下只设置了一个项级科目，即其他教育支出（项）。从科目设置的角度而言，其他教育支出（项）没有公布比教育支出（款）更加深入的信息，该级科目设置没有实质性的意义。就此而言，2011—2017年的其他教育支出公布情况，虽然表面看来比2010年公布的情况要深入，前者公布到了项，后者公布到了款，但由于前者项与款的名称相同，数额相同，两者公布的实质相同。从关注级别分类来看，无论是就绝对规模（超过500亿元）还是相对比重（超过50%），其他教育支出（项）应作为重中之重予以关注。

（31）其他社会保障和就业支出（项）分析。2010 年社会保障和就业支出（类）下设置了其他社会保障和就业支出（款）科目，但款级科目下未设置项级科目。2011—2017 年社会保障和就业支出（类）下设置了其他社会保障和就业支出（款），其他社会保障和就业支出（款）下设置了其他社会保障和就业支出（项）。2011—2017 年其他社会保障和就业支出（项）的绝对额和相对比重情况如图 3－47 所示。

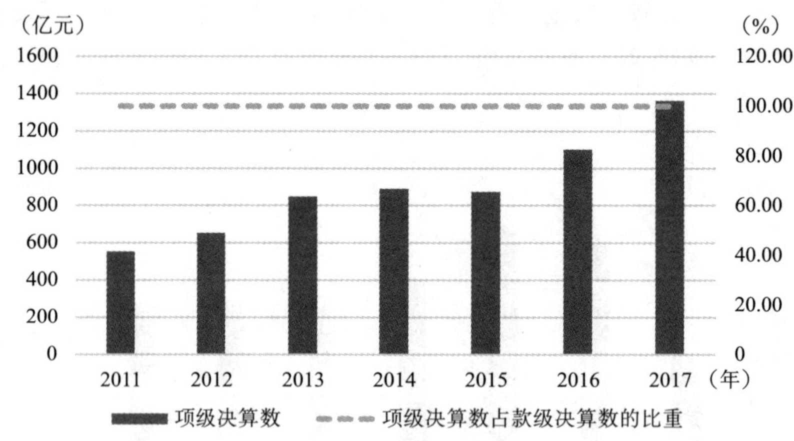

图 3－47　2011—2017 年其他社会保障和就业支出（项）规模及相应比重图

如图 3－47 所示，从其他社会保障和就业支出（项）的绝对规模来看，2011—2017 年其他社会保障和就业支出（项）的绝对规模的最小值为 2011 年的 553.95 亿元，最大值为 2017 年的 1362.25 亿元，从其他社会保障和就业支出（项）占上级相应科目其他社会保障和就业支出（款）的比重来看，7 年的比重均为 100%，即从 2011—2017 年的数据公布情况来看，社会保障和就业支出（款）下只设置了一个项级科目：其他社会保障和就业支出（项）。从科目设置的角度而言，其他社会保障和就业支出（项）没有公布比社会保障和就业支出（款）更加深入的信息，该级科目设置没有实质性的意义。从此角度而言，2011—2017 年的其他社会保障和就业支出的公布情况，虽然表面看来比 2010 年公布的情况要深入，即 2010 年公布到了款，2011—2017 年公布到了项，但由于公布的项与款的名称相同，数额相同，两者公布的实质相同。从关注级别分类来看，无论是就绝对规模还是相对比重，其他社会保障和就业支出（项）应作为重中之重予以关注。

（32）其他节能环保支出（项）分析。2010 年环境保护支出（类）下设置了其他环境保护支出（款）科目，但款级科目下未设置项级科目。2011—2017年类级科目名称调整为节能环保支出，节能环保支出（类）下设置了其他节能环保支出（款），其他节能环保支出（款）下设置了其他节能环保支出（项）。2011—2017年其他节能环保支出（项）的绝对额和相对比重情况如图3-48所示。

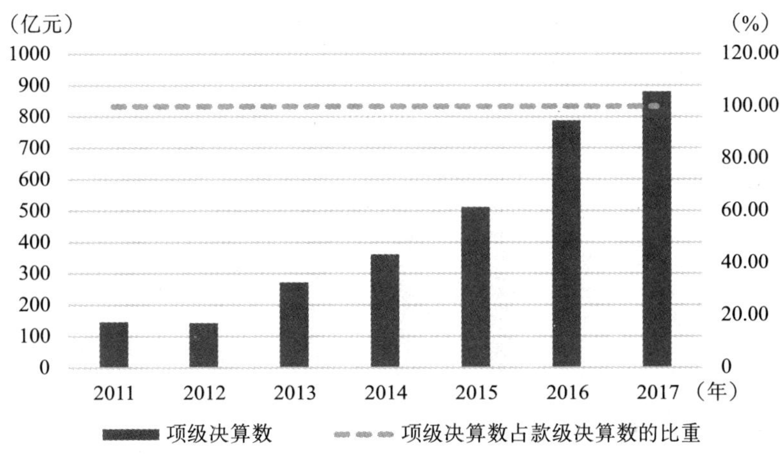

图3-48 2011—2017年其他节能环保支出（项）规模及相应比重图

如图3-48所示，从其他节能环保支出（项）的绝对规模来看，2011—2017年其他节能环保支出（项）的绝对规模的最小值为2012年的142.53亿元，最大值为2017年的880.1亿元，从其他节能环保支出（项）占上级相应科目其他节能环保支出（款）的比重来看，7年的比重均为100%，即从2011—2017年的数据公布情况来看，其他节能环保支出（款）下只设置了一个项级科目：其他节能环保支出（项）。从科目设置的角度而言，其他节能环保支出（项）没有公布比节能环保支出（款）更加深入的信息，该级科目设置没有实质性的意义。从此角度而言，2011—2017年的其他节能环保支出的公布情况，虽然表面看来比2010年公布的情况要深入，即2010年公布到了款，2011—2017年公布到了项，但由于公布的项与款的名称相同，数额相同，两者公布的实质相同。从关注级别分类来看，由于相对比重超过50%，其他社会保障和就业支出（项）应作为重中之重予以关注。

（33）其他医疗卫生与计划生育支出（项）分析。2010年医疗卫生（类）下设置了其他医疗卫生支出（款）科目，但款级科目下未设置项级科目。2011—2013年医疗卫生（类）下设置了其他医疗卫生支出（款）科目，其他医疗卫生支出（款）下设置了其他医疗卫生支出（项）。2014—2017 年类级科目名称调整为医疗卫生与计划生育支出，医疗卫生与计划生育支出（类）下设置了其他医疗卫生与计划生育支出（款），其他医疗卫生与计划生育支出（款）下设置了其他医疗卫生与计划生育支出（项）。2011—2017 年其他医疗卫生与计划生育支出①（项）的绝对额和相对比重情况如图 3 - 49 所示。

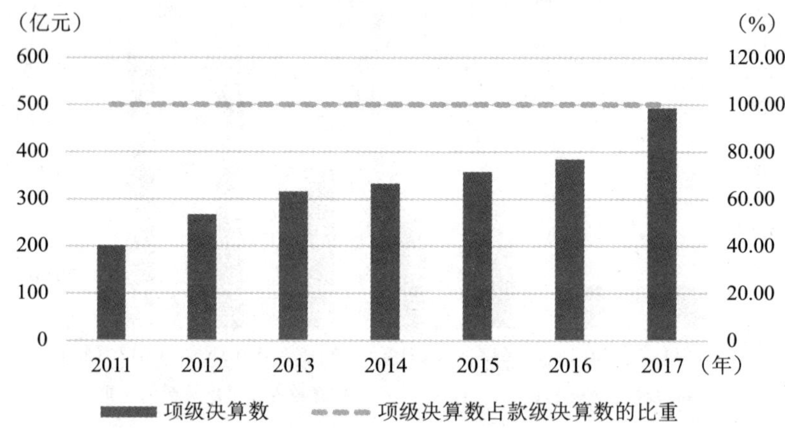

图 3 - 49　2011—2017 年其他医疗卫生与计划生育支出（项）规模及相应比重图

如图 3 - 49 所示，从其他医疗卫生与计划生育支出（项）的绝对规模来看，2011—2017 年其他医疗卫生与计划生育支出（项）的绝对规模的最小值为 2011 年的 201. 4 亿元，最大值为 2017 年的 492. 79 亿元，从其他医疗卫生与计划生育支出（项）占上级相应科目其他医疗卫生与计划生育支出（款）的比重来看，7 年的比重均为 100%，即从 2011—2017 年的数据公布情况来看，其他医疗卫生与计划生育支出（款）下只设置了一个项级科目：其他医疗卫生与计划生育支出（项）。从科目设置的角度而言，其他医疗卫生与计划生育支出（项）没有公布比医疗卫生与计划生育支出（款）更加深入的信息，该级科目设置没有实质性的意义。从此角度而言，2011—2017 年的其他医疗卫生与计划生育支出的公布情况，虽然表面看来比 2010 年公布的情况要深入，即 2010 年公布到了款，2011—2017 年公布到了项，但由于公布的项与款的名称相同，数额相同，两者公布的实质相同。此外，从关注级别分类来看，由于

① 2011—2013 年项级科目名称为其他医疗卫生支出，2014 后年项级科目名称改为其他医疗卫生与计划生育支出。

相对比重超过 50%，其他医疗卫生与计划生育支出（项）应作为重中之重予以关注。

（34）其他农林水支出（项）分析。2010 年农林水事务（类）下设置了其他农林水事务支出（款）科目，但款级科目下未设置项级科目。2011—2013 年农林水事务（类）下设置了其他农林水事务支出（款）科目，其他农林水事务支出（款）下设置了其他农林水事务支出（项）。2014—2017 年类级科目名称调整为农林水支出，农林水支出（类）下设置了其他农林水支出（款），其他农林水支出（款）下设置了其他农林水支出（项）。2011—2017 年其他农林水支出[①]（项）的绝对额和相对比重情况如图 3 - 50 所示。

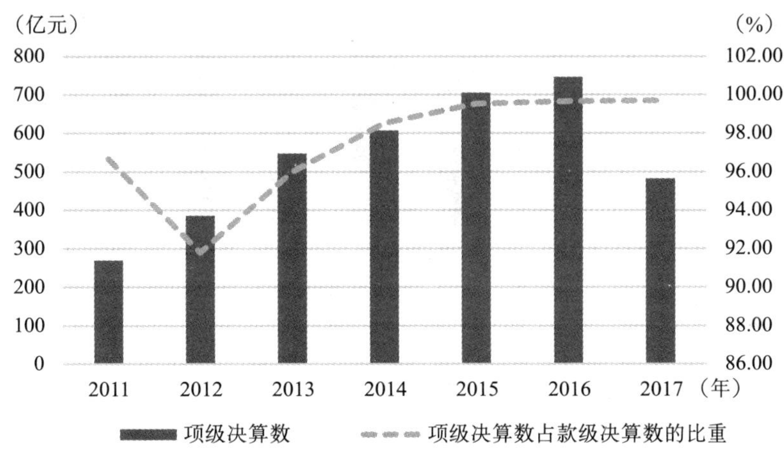

图 3 - 50　2011—2017 年其他农林水支出（项）规模及相应比重图

如图 3 - 50 所示，从其他农林水支出（项）的绝对规模来看，2011—2017 年其他农林水支出（项）的绝对规模的最小值为 2011 年的 269. 52 亿元，最大值为 2016 年的 745. 71 亿元，从其他农林水支出（项）占上级相应科目其他农林水支出（款）的比重来看，7 年的比重最低值为 2012 年 91. 80%，最高值为 2017 年的 99. 70%。即有超过 90% 乃至接近 100% 的其他农林水支出（款）与其他农林水支出（项）重合，即超过 90% 的其他农林水支出（项）并没有实质性的深入。此外，从关注级别分类来看，由于相对比重超过 50%，其他农林水支出（项）应作为重中之重予以关注。

① 2011—2013 年款级科目和项级科目名称为其他农林水事务支出，2014 年后款级和项级科目名称改为其他农林水支出。

（35）其他商业服务业等事务支出（项）分析。2010—2017年商业服务业等事务（类）下设置了其他商业服务业等事务支出（款）科目，其他商业服务业等事务支出（款）下设置了其他商业服务业等事务支出（项）。2010—2017年其他商业服务业等事务支出（项）的绝对额和相对比重情况如图3－51所示。

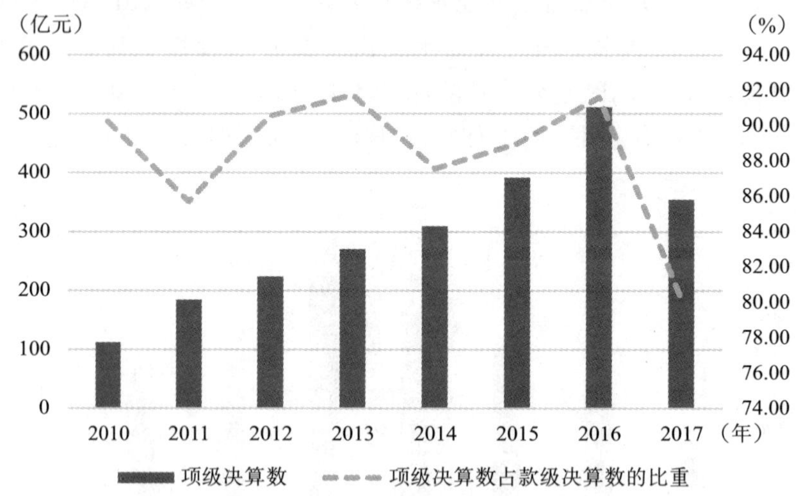

图3－51　2010—2017年其他商业服务业等事务支出（项）规模及相应比重图

如图3－51所示，从其他商业服务业等事务支出（项）的绝对规模来看，2010—2017年其他商业服务业等事务支出（项）的绝对规模的最小值为2011年的112.29亿元，最大值为2016年的511.96亿元，从其他商业服务业等事务支出（项）占上级相应科目其他商业服务业等事务支出（款）的比重业看，8年的比重最低值为2017年80.20%，最高值为2013年的91.75%。即有80.20%—91.75%的其他商业服务业等事务支出（款）与其他商业服务业等事务支出（项）重合，超过80%的其他商业服务业等事务支出（项）并没有实质性的深入。此外，从关注级别分类来看，由于相对比重超过50%，其他商业服务业等事务支出（项）应作为重中之重予以关注。

（36）其他文化体育与传媒支出（项）分析。2010—2017年文化体育与传媒（类）下设置了其他文化体育与传媒支出（款）科目，其他文化体育与传媒支出（款）下设置了其他文化体育与传媒支出（项）。2010—2017年其他文化体育与传媒支出（项）的绝对额和相对比重情况如图3－52所示。

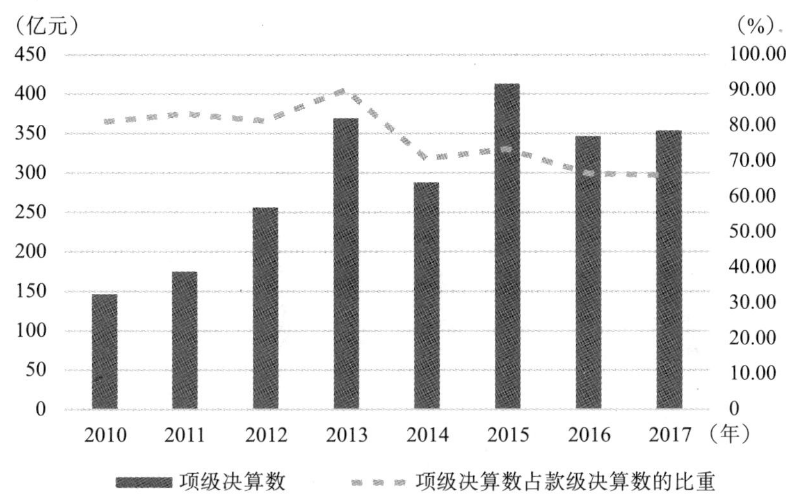

图 3－52　2010—2017 年其他文化体育与传媒支出（项）规模及相应比重图

如图 3－52 所示，从其他文化体育与传媒支出（项）的绝对规模来看，2010—2017 年其他文化体育与传媒支出（项）的绝对规模的最小值为 2010 年的 146.41 亿元，最大值为 2015 年的 412.87 亿元，从其他文化体育与传媒支出（项）占上级相应科目其他文化体育与传媒支出（款）的比重来看，8 年的比重最低值为 2016 年 66.54%，最高值为 2013 年的 90.01%。即 2010—2017 的 8 年里，有 66.54%—90.01% 的其他文化体育与传媒支出（款）与其他文化体育与传媒支出（项）重合，即超过 66% 的其他文化体育与传媒支出（项）并没有实质性的深入。此外，从关注级别分类来看，由于相对比重超过 50%，其他文化体育与传媒支出（项）应作为重中之重予以关注。

（37）其他交通运输支出（项）分析。2010—2017 年交通运输支出（类）下设置了其他交通运输支出（款）科目，其他交通运输支出（款）下设置了其他交通运输支出（项）。2010—2017 年其他交通运输支出（项）的绝对额和相对比重情况如图 3－53 所示。

如图 3－53 所示，从其他交通运输支出（项）的绝对规模来看，2010—2017 年其他交通运输支出（项）的绝对规模的最小值为 2010 年的 237.13 亿元，最大值为 2015 年的 1379.98 亿元，从其他交通运输支出（项）占上级相应科目其他交通运输支出（款）的比重来看，8 年的比重最低值为 2017 年 47.18%，最高值为 2015 年的 70.32%。8 年里除 2017 年外的其余 7 年的比重均超过 50%，有 7 年超过 50% 的其他交通运输支出（款）与其他交通运输支

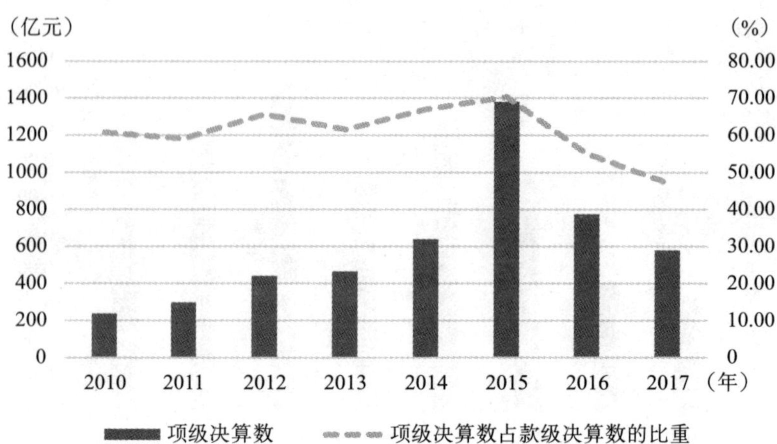

图 3－53　2010—2017 年其他交通运输支出（项）规模及相应比重图

出（项）重合，即超过 50% 的其他交通运输支出（项）并没有实质性的深入。此外，从关注级别分类来看，由于绝对规模超过 250 亿元且相对比重大于 2%，因此，其他交通运输支出（项）应作为重中之重予以关注。

（38）其他城乡社区支出（项）分析①。2010 年城乡社区事务（类）下设置了其他城乡社区事务支出（款）科目，但款级科目下未设置项级科目。2011—2017 年城乡社区事务（类）下设置了其他城乡社区支出（款）科目，其他城乡社区支出（款）下设置了其他城乡社区支出（项），其他城乡社区支出（项）的绝对额和相对比重情况如图 3－54 所示。

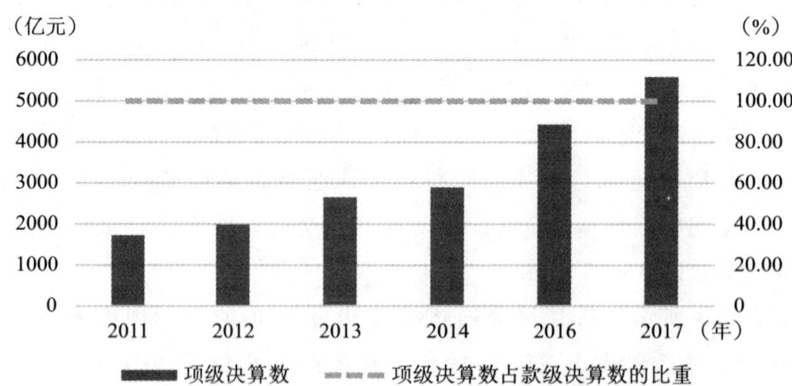

图 3－54　2011—2017 年其他城乡社区支出（项）规模及相应比重图

① 2011—2013 年款级和项级支出科目同为其他城乡社区事务支出，2014 年后科目名称同时改为其他城乡社区支出。

如图 3－54 所示，从其他城乡社区支出（项）的绝对规模来看，2011—2017 年其他城乡社区支出（项）的绝对规模 7 年均超过 1700 亿元，其中 2011 年规模最小，为 1728. 34 亿元；2017 年规模最大，为 5589. 06 亿元。从其他城乡社区支出（项）占上级相应科目城乡社区支出（款）的比重来看，7 年的比重均为 100%，从 2011—2017 年的数据公布情况来看，城乡社区支出（款）下只设置了一个项级科目，即其他城乡社区支出（项）。从科目设置的角度而言，其他城乡社区支出（项）没有公布比其他城乡社区支出（款）更加深入的信息，该级科目设置没有实质性的意义。从此角度而言，2011—2017 年的其他城乡社区支出的公布情况，虽然表面看来比 2010 年公布的情况要深入，即 2010 年公布到了款，2011—2017 年公布到了项，但由于公布的项与款的名称相同，数额相同，两者公布的实质相同。此外，从关注级别分类来看，由于相对比重超过 50%，其他城乡社区支出（项）应作为重中之重予以关注。

（39）其他一般公共服务支出（项）分析。2010—2014 年，一般公共服务（类）下设置了其他一般公共服务（款），其他一般公共服务（款）下设置了其他一般公共服务（项）。2015 年和 2016 年一般公共服务支出（类）下未设置其他一般公共服务支出（款），2017 年一般公共服务支出（类）下设置了其他一般公共服务支出（款），但款下未设置任何项级科目。2010—2014 年的全国一般公共预算支出（项）的绝对额和相对比重情况如图 3－55 所示。

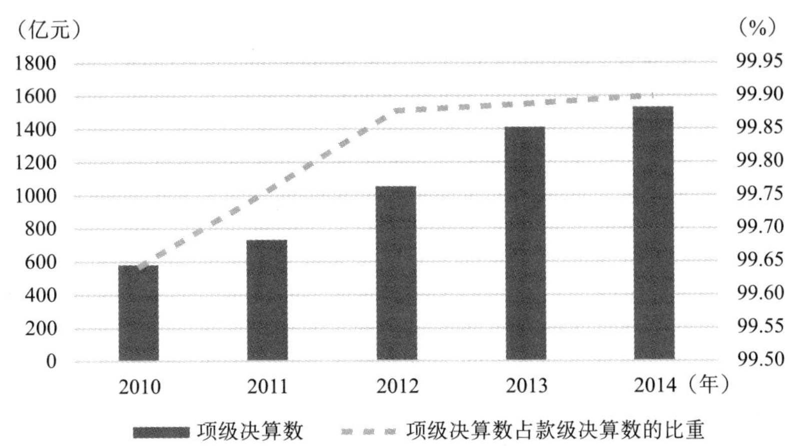

图 3－55　2010—2014 年其他一般公共服务支出（项）规模及相应比重图

如图 3－55 所示，从其他一般公共服务支出（项）的绝对规模来看，2010—2014 年其他一般公共服务支出（项）的绝对规模的最小值为 2010 年的

581.33亿元，最大值为2014年的1529.50亿元，从其他一般公共服务支出（项）占上级相应科目其他一般公共服务支出（款）的比重来看，5年的比重最低值为2010年的99.64%，最高值为2014年的99.90%。此外，从计算结果看，其他一般公共服务支出（项）与其他一般公共服务支出（款）的差异很少，就绝对规模而言，两者有1.54亿—2.09亿元的差距，就相对比重而言，其他一般公共服务支出（款）下只有0.10%—0.36%支出不属于其他一般公共服务支出（项）。且不属于其他一般公共服务支出（项）的其他项级支出，决算表中既没有公示数据，也没有做任何的情况说明。此外，从关注级别分类来看，由于相对比重超过50%，其他一般公共服务支出（项）应作为重中之重予以关注。

四、结论和政策启示

（一）其他收支项目不能轻易忽略

根据本章设定的其他财政收支关注级别分类情况表对各级其他财政收支需关注的情况所做的分析，结果表明，需关注、重点关注和重中之重关注的各级各类其他财政收支的具体结果如表3-2所示。

表3-2　类、款、项级其他收支关注级别表

关注级别	类级其他收支	款级其他收支	项级其他收支
★★★★★（重中之重关注）		1. 其他一般公共服务支出（款） 2. 其他教育支出（款） 3. 其他文化体育与传媒（款） 4. 其他社会保障与就业（款） 5. 其他城乡社区支出（款） 6. 其他交通运输支出（款） 7. 其他资源勘探信息支出（款） 8. 其他商业服务业等支出（款）	其他城乡社区公共设施支出（项）等39个项级支出科目（其中其他城乡社区支出（项）等11个项级支出，项级科目与款级科目名称相同）
★★★（重点关注）		1. 其他非税收入（款） 2. 其他公共安全支出（款）	
★★（一般关注）	其他支出（类）	1. 其他税收收入（款） 2. 其他医疗卫生与计划生育（款） 3. 其他节能环保（款） 4. 其他农林水支出（款）	

类级其他收支中，收入部分未列其他收入（类），支出部分列示了其他支出（类），且需要予以一般关注。款级其他收支中，收入部分两个类级科目下均设置了其他收入，分别是其他税收收入（款）和其他非税收入（款），其中其他非税收入（款）需要予以重点关注，其他税收收入（款）需要予以一般关注。支出部分23—24个类级科目下，有12个类级科目在考察年度稳定地设置了款级其他支出科目，占比超过50%。这12个科目中有8个需要作为重中之重予以关注，1个需要作为重点予以关注，3个需要一般关注。项级其他收支中，其他收入部分未列示到（项）级，130多个款级支出科目中设立的其他支出（项）科目数量均超过了100个，其中需要作为重中之重予以关注的对象有39个，占比近40%，各种层次需要关注的对象比重超过95%，即只有不足5%的项级其他支出可以一定程度地忽略。由此看来，其他收支项目不仅出现在类、款、项各级，且只要出现，通常都需要关注，甚至有较高比例需要予以作为重中之重予以关注。

（二）需进一步规范财政收支科目设置

根据前文分析，不管其他财政收支的产生原因如何，其绝对规模和在相应的总收入或总支出中所占比重都应该较小。而根据本章分析，一般公共预算收入决算表和一般公共预算支出决算表所公布的其他财政收支无论是绝对规模还是相对比重总体较高，而较高的原因，除了某些财政收支的发生确有不可预见性外，与以下两个财政支出科目设置的原因更加密切：一是财政收支的科目划分过于笼统。由于财政收支的科目划分过于笼统，在既有的财政收支科目下，某些财政收支不能归入既有的科目，于是当某些财政收支发生而又没有能对应的科目时，只好将其计入其他收支科目。为此建议在今后应细化财政收支科目，当某项收支活动发生后，要尽可能地将其归入具体的明细科目。为能更好地配合财政收支科目设置，需明确规定各级财政收支的绝对规模上限和在相应的总收入或总支出中所占比重的上限，以此来倒逼财政收支科目设置的改革。二是财政收支科目反映的内容没有随着级次的深入而深入。该问题集中反映在其他城乡社区支出（项）等11个项级财政支出科目中，这11个项级其他财政支出科目的科目名称与上一级款级其他支出科目的科目名称完全相同，差别仅在于一个级别是款，一个级别是项，且款级其他收支的绝大部分又反映在了项级其他收支中。此种现象的存在表明这些其他收支科目，科目设置没有随着级次的深入而深入，其他财政收支没有随着级次的深入而给公众提供更具体的信息，此种情况的存在会在一定程度上加大该级其他财政收支的绝对额和占相应的上级收支的比重。建议未来的其他财政收支科目改革，应明确下级科目要在多大程度上对上级科目进行深入，制定最低下限要求。

第二节 政府性基金预算中的其他收支分析

政府性基金预算也设置了其他财政收支科目，且财政收支从绝对额到占上级科目的相应比重均呈现出相当规模，由于政府性基金预算中的其他财政收支科目的设置规模会在很大程度上影响到政府性基金预决算信息完整性和透明性水平，从而最终影响政府性基金预算的财政信息公开水平。本章第二节介绍政府性基金预决算中的其他财政收支。

一、有关全国政府性基金收支决算表中其他财政收支情况的说明

根据2010—2017年的全国政府性基金收入决算表，全国政府性基金预决算收入设置的类级科目最少为2017年的26个，最多为2013年和2014年的45个，科目中均包括其他政府性基金收入（类）。类级收入科目下未设置款级收入科目。由于政府性基金的专款专用性质，2010—2017年的全国政府性基金支出决算表，与当年的收入表相对应设置了同样数目的类级科目，其中包括其他政府性基金支出（类）。类级支出科目下未设置款级支出科目。

二、全国政府性基金收入中的其他财政收入情况的统计描述

2010—2017年的8年间，其他政府性基金收入（类）的规模和比重情况如图3－56所示。

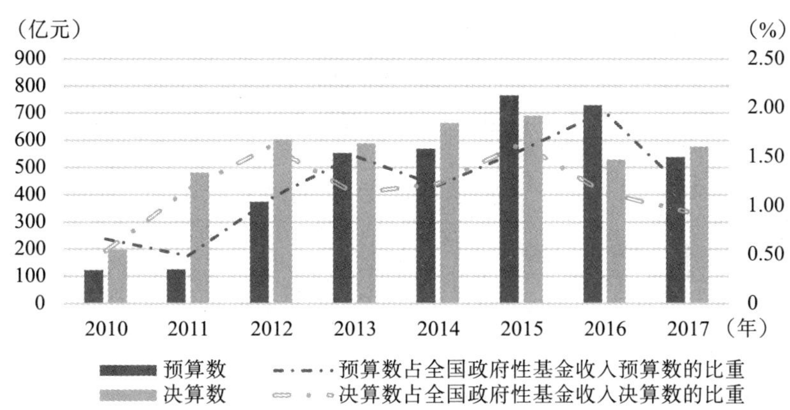

图 3-56 其他政府性基金收入（类）的规模和比重情况图

如图 3-56 所示，2010—2017 年的 8 年间，其他政府性基金收入预算数占全国政府性基金收入预算数的相对比重最大值为 2016 年的 1.96%，最小值为 2011 年的 0.49%；其他政府性基金收入（类）决算数占全国政府性基金收入决算数的相对比重最大值为 2015 年的 1.63%，最小值为 2010 年的 0.54%。从绝对额来看，2010—2017 年的 8 年间，其他政府性基金收入（类）预算数的最大值为 2015 年的 764.44 亿元，最小值为 2010 年的 123.03 亿元，其他政府性基金收入（类）决算数的最大值为 2015 年的 689.82 亿元，最小值为 2010 年的 197.07 亿元。从关注情况来看，其他政府性基金收入（类）2010—2017 年需要予以一般关注。

2010—2017 年的 8 年间，其他政府性基金支出（类）的规模和比重情况如图 3-57 所示。

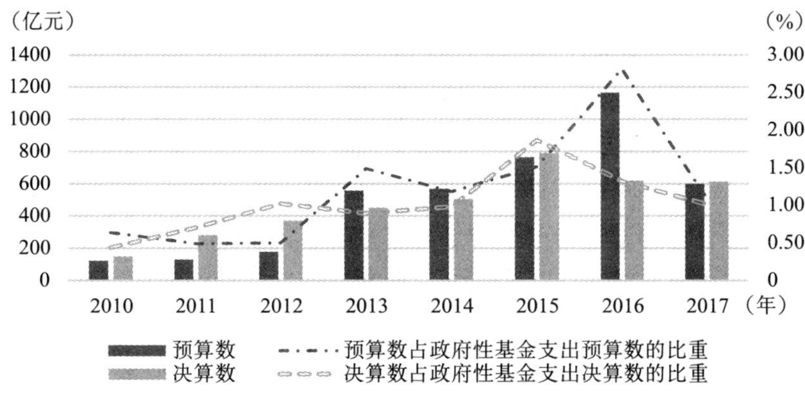

图 3-57 其他政府性基金支出（类）的规模和比重情况图

如图 3－57 所示，2010—2017 年的 8 年间，其他政府性基金支出预算数占全国政府性基金支出预算数的相对比重最大值为 2016 年的 2.81%，最小值为 2011 年的 0.49%；其他政府性基金支出（类）决算数占全国政府性基金支出决算数的相对比重最大值为 2015 年的 1.87%，最小值为 2010 年的 0.44%。从绝对额来看，2010—2017 年的 8 年间，其他政府性基金支出（类）预算数的最大值为 2016 年的 1164.97 亿元，最小值为 2010 年的 123.03 亿元，其他政府性基金支出（类）决算数的最大值为 2015 年的 789.86 亿元，最小值为 2010 年的 148.11 亿元。从关注情况来看，其他政府性基金支出（类）2010—2017 年需要予以一般关注。

三、结论

由于政府性基金收支预决算只公示到了一级（类），因此对其他政府性基金收支的分析相对简单，分析结果表明，无论是就收入还是支出而言，其他政府性基金收支（类）预算数或决算数占全国政府性基金收支预算数或决算数的比重都较小，不超过 2%，但就绝对额而言，其他政府性基金收支（类）的绝对额都超过了 100 亿元，在对重中之重项目和重点项目关注之余，对其他政府性基金收支（类）也要予以关注。

第三节
国有资本经营预算中的其他收支分析

与一般公共预算和政府性基金预算相同，国有资本经营预算也设置了其他财政收支科目，且财政收支从绝对额到占相应上级科目的相应比重均呈现出相当规模，由于国有资本经营预算中的其他财政收支科目的设置规模会在很大程度上影响到国有资本经营预决算信息的完整性和透明性水平，从而最终影响国有资本经营预算的财政信息公开水平。本章第三节介绍国有资本经营预决算中的其他财政收支。

一、有关全国国有资本经营收支决算表中其他财政收支情况的说明

全国国有资本经营收支决算表的公布始于2012年，根据2012—2017年的全国国有资本经营收入决算表，全国国有资本经营预决算收入设置了利润收入（类）、股利股息收入（类）、产权转让收入（类）、清算收入（类）和其他国有资本经营收入（类）等五个类级科目，其中利润收入（类）、股利股息收入（类）、产权转让收入（类）和清算收入（类）等四个类级科目下分别设置了其他国有资本经营预算企业利润收入（款）、其他国有资本经营预算企业股利股息收入（款）、其他国有资本经营预算企业产权转让收入（款）和其他国有资本经营预算企业清算收入（款）等四个款级其他收入科目。款级科目下未设置项级收入科目。

根据2012—2017年的全国国有资本经营支出决算表，全国国有资本经营预决算支出设置的类级科目最少为2016年和2017年的5个，最多为2012年的13个。类级科目中均包括其他支出（类），由于2016年后经营支出列示做出了较大调整，从之前的按支出的具体领域列示调整为按大的支出方向予以列示，2012—2015年的科目设置与2016年和2017年的科目设置差异显著。2012—2015年在10多个类级科目下稳定地设置了其他教育支出（款）、其他科学技术支出（款）、其他城乡社区支出（款）、其他交通运输支出（款）、其他资源勘探电力信息等事务支出（款）和其他商业服务业等事务支出（款）等6个款级其他支出项目。2016年和2017年2年在解决历史遗留问题及改革成本支出（类）下设置了其他解决历史遗留问题及改革成本支出（款）科目，在国有企业资本金注入（类）下设置了其他国有企业资本金注入（款）科目。

二、全国国有资本经营收入中的其他财政收入情况的统计描述

以下分别对其他国有资本经营收入（类）等1个类级其他收入科目和其他国有资本经营预算企业利润收入（款）、其他国有资本经营预算企业股利股息收入（款）、其他国有资本经营预算企业产权转让收入（款）和其他国有资本经营预算企业清算收入（款）等4个款级其他收入科目来对全国国有资本经营收入中的其他财政收入情况进行分析。

（一）全国国有资本经营收入中的类级其他收入分析

2012—2017 年的 6 年间，唯一的类级其他收入科目：其他国有资本经营收入（类）的规模和比重情况如图 3－58 所示。

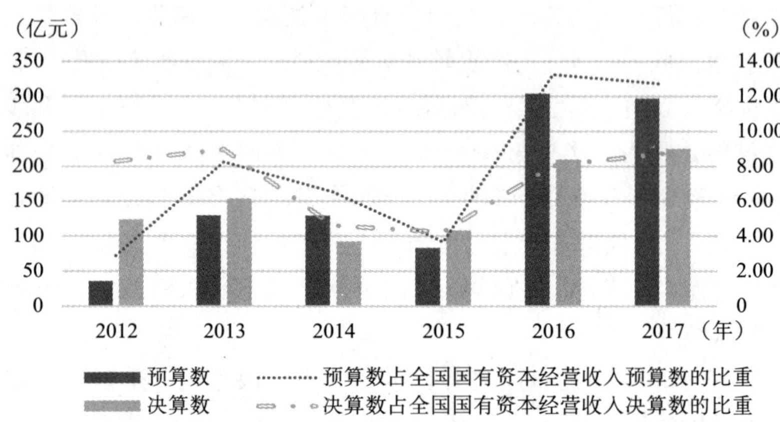

图 3－58 其他国有资本经营收入（类）的规模和比重情况图

2010—2017 年的 6 年间，其他国有资本经营收入预算数占全国国有资本经营收入预算数的相对比重最大值为 2016 年的 13.25%，最小值为 2012 年的 2.89%；其他国有资本经营收入（类）决算数占全国国有资本经营收入决算数的相对比重最大值为 2013 年的 8.97%，最小值为 2015 年的 4.23%。从绝对额来看，2012—2017 年的 8 年间，其他国有资本经营收入（类）预算数的最大值为 2016 年的 304.08 亿元，最小值为 2012 年的 36.02 亿元，其他国有资本经营收入（类）决算数的最大值为 2017 年的 225.33 亿元，最小值为 2014 年的 92.33 亿元。从关注情况来看，其他国有资本经营收入（类）预算数 6 年中，2012 年和 2014—2017 年 5 年需要予以重中之重关注，其余 1 年需要重点关注，其他国有资本经营收入（类）决算数 6 年中，2014—2017 年 4 年需要予以重中之重关注，其余 2 年需要重点关注。

（二）全国国有资本经营收入中的款级其他收入分析

以下分别对 2012—2017 年的 4 个款级其他收入科目予以分析。

1. 其他国有资本经营预算企业利润收入（款）分析。2012—2017 年的利润收入(类)下均公示了当年的其他国有资本经营预算企业利润收入(款)数据，其他国有资本经营预算企业利润收入(款)的绝对额和相对比重情况如图 3－59 所示。

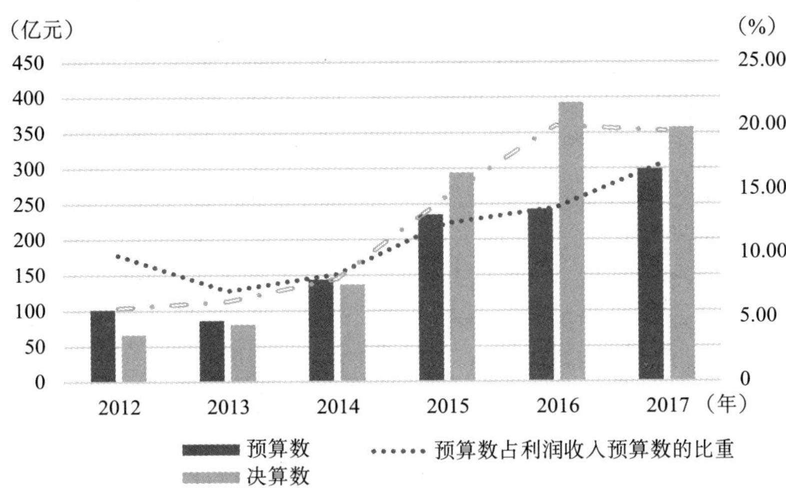

图 3－59　2012—2017 年的其他国有资本经营预算企业利润收入（款）规模及相应比重图

如图 3－59 所示，从其他国有资本经营预算企业利润收入（款）的绝对规模来看，2012—2017 年其他国有资本经营预算企业利润收入（款）（预算数或决算数）的绝对规模连续 6 年均超过了 65 亿元，其中 2013 年的预算数规模最小，为 86.39 亿元；2012 年的决算数规模最小，为 66.43 亿元。就最大值而言，2017 年的预算数规模最大，为 299.04 亿元，2016 年的决算数规模最大，为 392.39 亿元。从其他国有资本经营预算企业利润收入（款）占利润收入（类）的比重来看，其他国有资本经营预算企业利润收入（款）占利润收入（类）的比重（预算数或决算数）均超过了 5%，其中其他国有资本经营预算企业利润收入（款预算数）占利润收入（类预算数）的比重最小值为 2013 年的 7.11%，其他国有资本经营预算企业利润收入（款决算数）占利润收入（类决算数）的比重最小值为 2012 年的 5.76%。就上述比重的最大值而言，其他国有资本经营预算企业利润收入（款预算数）占利润收入（类预算数）的比重最大值为 2017 年的 17.16%，其他国有资本经营预算企业利润收入（款决算数）占利润收入（类决算数）的比重最大值为 2016 年的 20.00%。从关注情况来看，其他国有资本经营预算企业利润收入（款）预算数 6 年中，2013 年、2014 年、2016 年和 2017 年 4 年需要重点关注，其余 2 年需要一般关注，其他国有资本经营收入（类）决算数 6 年中，2012 年、2013 年、2016 年和 2017 年 4 年需要重点关注，其余 2 年需要一般关注。

2. 其他国有资本经营预算企业股利、股息收入（款）分析。2012—2017

年的股利、股息收入（类）下均公示了当年的其他国有资本经营预算企业股利、股息收入（款）数据，其他国有资本经营预算企业股利、股息收入（款）的绝对额和相对比重情况如图 3－60 所示。

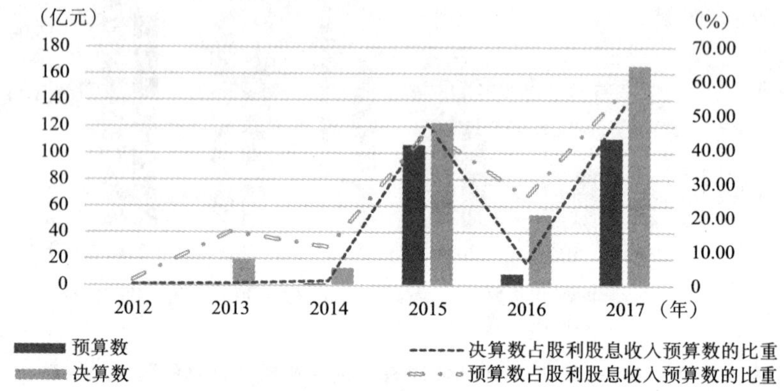

图 3－60　2012—2017 年其他国有资本经营预算企业股利、股息收入（款）规模及相应比重图

如图 3－60 所示，从其他国有资本经营预算企业股利、股息收入（款）的绝对规模来看，2012—2017 年其他国有资本经营预算企业股利、股息收入（款）（预算数或决算数）的绝对规模 6 年间的差异显著，其中 2012 年的预决算数规模均最小，预算数为 0.3 亿元，决算数为 1.68 亿元。就最大值而言，2017 年的预决算数规模均最大，预算数为 110.98 亿元，决算数为 166.1 亿元。从其他国有资本经营预算企业股利、股息收入（款）占股利、股息收入（类）的比重来看，其他国有资本经营预算企业股利、股息收入（款）占股利、股息（类）的比重（预算数或决算数）的差异显著。其中其他国有资本经营预算企业股利、股息收入（款预算数）占股利、股息收入（类预算数）的比重最小值为 2012 年的 0.39%，其他国有资本经营预算企业股利、股息收入（款决算数）占股利、股息收入（类决算数）的比重最小值同样出现在 2012 年，为 1.65%。就上述比重的最大值而言，其他国有资本经营预算企业股利、股息收入（款预算数）占股利、股息收入（类预算数）的比重最大值为 2017 年的 53.25%，其他国有资本经营预算企业股利、股息收入（款决算数）占股利、股息收入（类决算数）的比重最大值同样出现在 2017 年，为 57.94%。从关注情况来看，其他国有资本经营预算企业股利、股息收入（款）预算数 6 年中，2012 年和 2013 年 2 年可以一种程度地忽略，2014 年需要一般关注，2016 年需要重点关注，2014 年和 2017 年 2 年需要重中之重关注。其他国有资本经营收入（类）决算数6年中，2012年需要一般关注，2013年和2014年2年需要重点关注，2015—2017年3年需要重中之重关注。

3. 其他国有资本经营预算企业产权转让收入（款）分析。2012—2017年的产权转让收入（类）下均公示了当年的其他国有资本经营预算企业产权转让收入（款）数据，其他国有资本经营预算企业产权转让收入（款）的绝对额和相对比重情况如图3-61所示。

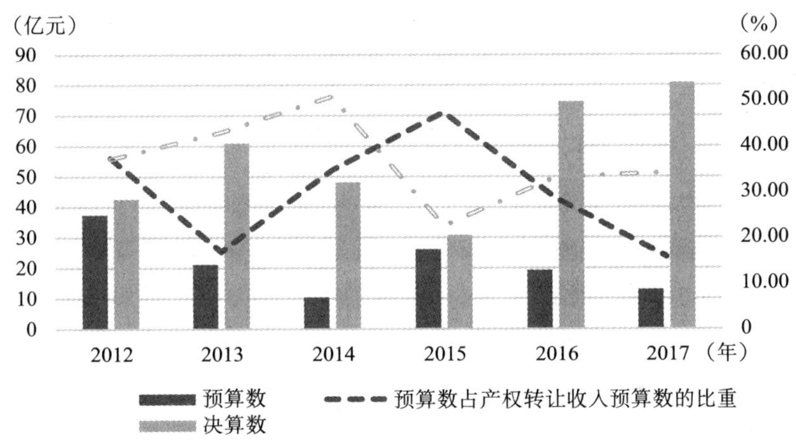

图3-61　2012—2017年的其他国有资本经营预算企业产权转让收入（款）规模及相应比重图

如图3-61所示，从其他国有资本经营预算企业产权转让收入（款）的绝对规模来看，2012—2017年其他国有资本经营预算企业产权转让收入（款）（预算数或决算数）的绝对规模6年间均小于3亿元，其中2017年的预算数规模最小，为0.12亿元，2015年的决算数规模最小，为30.79亿元。就最大值而言，2012年预算数规模最大，为37.39亿元，2017年的决算数规模最大，为80亿元。从其他国有资本经营预算企业产权转让收入（款）占产权转让收入（类）的比重来看，其他国有资本经营预算企业产权转让收入（款）占产权转让收入（类）的比重（预算数或决算数）的差异显著。其中其他国有资本经营预算企业产权转让收入（款预算数）占产权转让收入（类预算数）的比重最小值为2017年的15.77%，其他国有资本经营预算企业产权转让收入（款决算数）占产权转让收入（类决算数）的比重最小值为2015年的22.49%。就上述比重的最大值而言，其他国有资本经营预算企业产权转让收入（款预算数）占产权转让收入（类预算数）的比重最大值为2015年的47.38%，其他国有资本经营预算企业产权转让收入（款决算数）占产权转让收入（（类决算数）的比重最大值为2014年的50.82%。从关注情况来看，其他国有资本经营预算企业产权转让收入（款）预算数6年全部需要重点关注。其他国有资本经营预算企业产权转让收入（款）决算数6年中，2012年、2014年和2015年3年需要重点关注，2013年、2016年和2017年3年需要重中之重关注。

4. 其他国有资本预算企业清算收入（款）分析。2012—2017年的清算收入（类）下均公示了当年的其他国有资本预算企业清算收入（款）数据，其他国有资本预算企业清算收入（款）的绝对额和相对比重情况如图3-62所示。

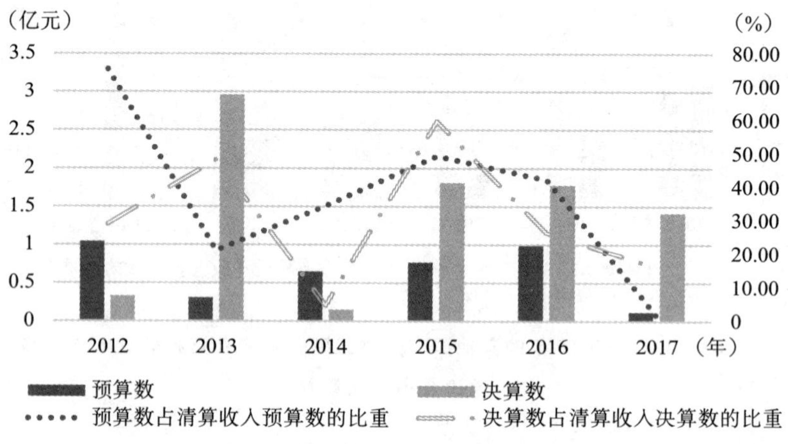

图3-62 2012—2017年的其他国有资本预算企业清算收入（款）规模及相应比重图

如图3-62所示，从其他国有资本预算企业清算收入（款）的绝对规模来看，2012—2017年其他国有资本预算企业清算收入（款）（预算数或决算数）的绝对规模6年间的差异较大，其中2017年的预算数规模最小，为0.12亿元，2014年的决算数规模最小，为0.15亿元。就最大值而言，2012年的预算数规模最大，为1.04亿元，2013年的决算数规模最大，为2.96亿元。从其他国有资本预算企业清算收入（款）占清算收入（类）的比重来看，其他国有资本预算企业清算收入（款）占清算收入（类）的比重（预算数或决算数）的差异较大。其中其他国有资本预算企业清算收入（款预算数）占清算收入（类预算数）的比重最小值为2017年的1.66%，其他国有资本预算企业清算收入（款决算数）占清算收入（类决算数）的比重最小值为2014年的4.64%。就上述比重的最大值而言，其他国有资本预算企业清算收入（款预算数）占清算收入（类预算数）的比重最大值为 2012 年的 75.36%，其他国有资本预算企业清算收入（款决算数）占清算收入（类决算数）的比重最大值为 2015 年的 59.74%。从关注情况来看，其他国有资本预算企业清算收入（款）预算数 6 年中，2012 年需重中之重关注，2013—2016 年需一般关注，2017 年可一定程度地忽略。其他国有资本预算企业清算收入（款）决算数 6 年中，2012 年、2013 年、2016 年和 2017 年 4 年需要一般关注，2014 年可一定程度地忽略，2015 年需要重中之重关注。

三、全国国有资本经营支出中的其他财政支出情况的统计描述

以下分别对 2012—2017 年的其他支出（类）等 1 个类级其他财政支出科目、2012—2015 年的其他教育支出（款）、其他科学技术支出（款）、其他城乡社区支出（款）、其他交通运输支出（款）、其他资源勘探电力信息等事务支出（款）和其他商业服务业等事务支出（款）等 6 个设置稳定的款级其他支出项目和 2016 年和 2017 年 2 年的其他解决历史遗留问题及改革成本支出（款）和其他国有企业资本金注入（款）等 2 个科目进行分析。

（一）全国国有资本经营支出中的类级其他收入分析

2012—2017 年的全国国有资本经营支出下均公示了唯一的类级其他支出科目：其他支出①（类），其他支出（类）的绝对额和相对比重情况如图 3－63 所示。

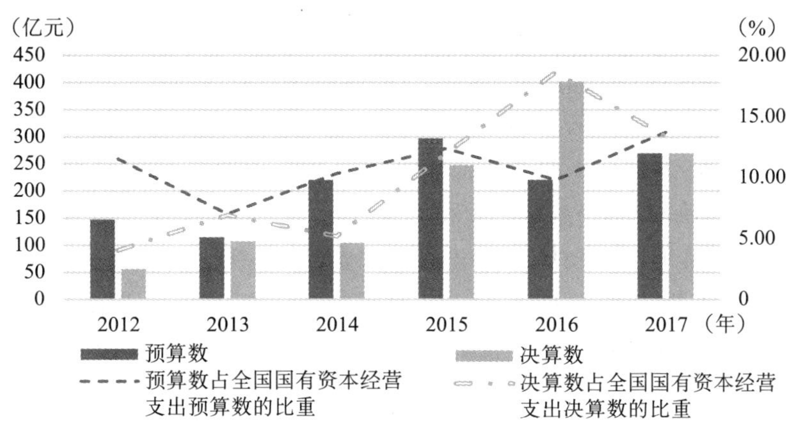

图 3－63　2012—2017 年的其他支出（类）规模及相应比重图

① 2016 年和 2017 年该科目名称改为其他国有资本经营预算支出（类）。

如图 3-63 所示，从其他支出（类）的绝对规模来看，2012—2017 年其他支出（类）（预算数或决算数）的绝对规模均小于 10 亿元，其中 2013 年的预算数规模最小，为 115.08 亿元，2012 年的决算数规模最小，为 56.57 亿元。就最大值而言，2015 年的预算数规模最大，为 297.4 亿元，2016 年的决算数规模最大，为 401.95 亿元。从其他支出（类）占全国国有资本经营支出的比重来看，其他支出（类）决算数占全国国有资本经营支出决算数差异大于其他支出（类）预算数占全国国有资本经营支出预算数差异。其中其他支出（类预算数）占全国国有资本经营支出预算数的比重最小值为 2013 年的 7.01%，其他支出（类决算数）占全国国有资本经营支出决算数的比重最小值为 2012 年的 4.03%。就上述比重的最大值而言，其他支出（类预算数）占全国国有资本经营支出预算数的比重最大值为 2017 年的 13.72%，其他支出（类决算数）占全国国有资本经营支出决算数的比重最大值为 2016 年的 18.65%。从关注情况来看，其他支出（类）预算数 6 年均需重中之重关注。其他支出（类）决算数 6 年中，2012 年需要一般关注，2013—2017 年 5 年需要重中之重关注。

（二）全国国有资本经营支出中的款级其他收入分析

以下分别对 2012—2015 年的 6 个款级其他支出科目和 2016 年和 2017 年的 2 个款级其他支出科目进行分析。

1. 其他教育支出（款）分析。2012—2015 年的教育支出（类）下均公示了当年的其他教育支出（款）[①] 数据，其他教育支出（款）的绝对额和相对比重情况如图 3-64 所示。

如图 3-64 所示，从其他教育支出（款）的绝对规模来看，2012—2015 年其他教育支出（款）（预算数或决算数）的绝对规模 6 年均小于 15 亿元，其中 2015 年的预算数规模最小，为 0.25 亿元，2014 年的决算数规模最小，为 0.92 亿元。就最大值而言，2014 年的预算数规模最大，为 2.68 亿元，2013 年的决算数规模最大，为 6.31 亿元。从其他教育支出（款）占教育支出（类）的比重来看，其他支出（类预算数）占教育支出（类）预算数的比重最小值为 2013 年的 20.95%，其他支出（类决算数）占教育支出（类）决算数的比

① 2013—2015 年教育支出（类）下设置了其他国有资本经营预算支出（款），其实质是其他教育支出（款）。

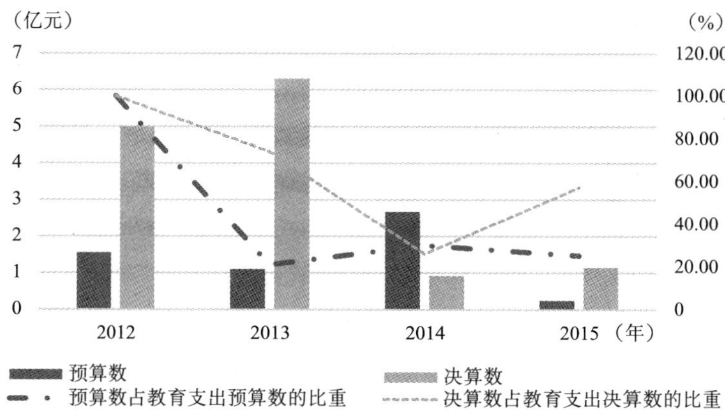

图 3－64　2012—2015 年的其他教育支出（款）规模及相应比重图

重最小值为 2014 年的 25.99%。就上述比重的最大值而言，其他支出（类预算数）占教育支出（类）预算数的比重最大值和其他支出（类决算数）占教育支出（类）决算数的比重最大值均出现在 2012 年，为 100%。即当年的教育支出（类）下只有一个款级科目其他教育支出（款）。该款级科目没有为民众提供更加深入的信息。从关注情况来看，其他教育支出（款）预算数 4 年中 2012 年需重中之重关注，2013 年和 2014 年 2 年需重点关注，2015 年需一般关注。其他教育支出（款）决算数 4 年中，2012 年和 2013 年 2 年需要重中之重关注，2014 年需要一般关注，2015 年需要重点关注。

2. 其他科技支出（款）分析。2012—2015 年的科技支出（类）下均公示了当年的其他科技支出（款）[①] 数据，其他科技支出（款）的绝对额和相对比重情况如图 3－65 所示。

如图 3－65 所示，从其他科技支出（款）的绝对规模来看，2012—2015 年其他科技支出（款）（预算数或决算数）的绝对规模 6 年均小于 15 亿元，其中 2015 年的预决算数规模均最小，预算数为 3.1 亿元，决算数为 1.22 亿元。就最大值而言，2013 年的预决算数规模均最大，预算数为 12.38 亿元，决算数为 13.56 亿元。从其他科技支出（款）占科技支出（类）的比重来看，无论是预算数比重还是决算数比重均呈现出下降趋势。其他科技支出（款预算数）占科技支出（类）预算数的比重最小值为 2015 年的 11.04%，其他支出（类决算数）占科技支出（类）决算数的比重最小值同样出现在 2015 年，

① 2013—2015 年科技支出（类）下设置了其他国有资本经营预算支出（款），其实质是其他科技支出（款）。

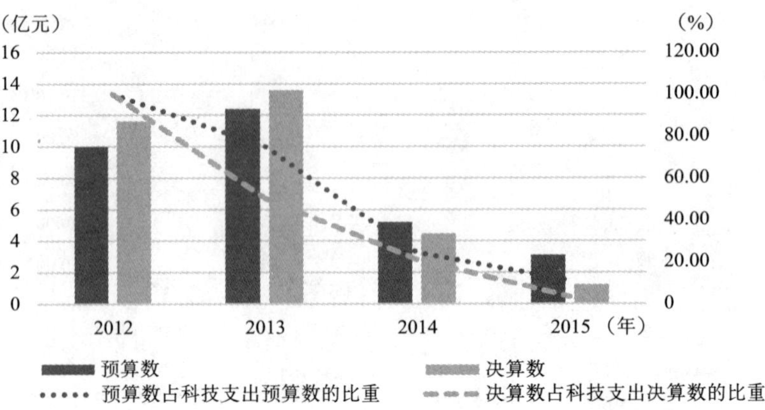

图 3－65　2012—2015 年的其他科技支出（款）规模及相应比重图

为 3.41%。就上述比重的最大值而言，其他科技支出（款预算数）占科技支出（类）预算数的比重最大值和其他科技支出（款决算数）占科技支出（类）决算数的比重最大值均出现在 2012 年，为 100%。即当年的科技支出（类）下只有一个款级科目其他科技支出（款）。该款级科目没有为民众提供更加深入的信息。从关注情况来看，其他科技支出（款）预算数和决算数 4 年中，2012 年和 2013 年 2 年需要重中之重关注，2014 年和 2015 年 2 年需要重点关注。

3. 其他城乡社区事务支出（款）分析。2012—2015 年的城乡社区事务支出（类）下均公示了当年的其他城乡社区事务支出（款）[①] 数据，其他城乡社区事务支出（款）的绝对额和相对比重情况如图 3－66 所示。

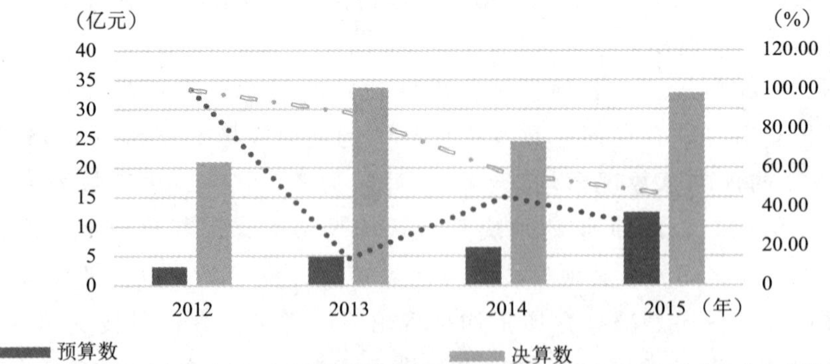

图 3－66　2012—2015 年的其他城乡社区事务支出（款）规模及相应比重图

① 2013—2015 年城乡社区事务支出（类）下设置了其他国有资本经营预算支出（款），其实质是其他城乡社区事务支出（款）。

如图 3 - 66 所示，从其他城乡社区事务支出（款）的绝对规模来看，2012—2015 年其他城乡社区事务支出（款）的决算数规模都显著地大于预算数规模。其中 2012 年的预决算数规模均最小，预算数为 3. 19 亿元，决算数为 20. 99 亿元。就最大值而言，2015 年的预算数规模最大，为 12. 4 亿元，2013 年的决算数规模最大，为 33. 7 亿元。从其他城乡社区事务支出（款）占城乡社区事务支出（类）的比重来看，其他城乡社区事务支出（款预算数）占城乡社区事务支出（类）预算数的比重最小值为 2013 年的 13. 54%，其他支出（类决算数）占城乡社区事务支出（类）决算数的比重最小值为 2015 年 46. 59%。就上述比重的最大值而言，其他城乡社区事务支出（款预算数）占城乡社区事务支出（类）预算数的比重最大值和其他城乡社区事务支出（款决算数）占城乡社区事务支出（类）决算数的比重最大值均出现在 2012 年，为 100%。即当年的城乡社区事务支出（类）下只有一个款级科目其他城乡社区事务支出（款）。该款级科目没有为民众提供更加深入的信息。从关注情况来看，其他城乡社区事务支出（款）预算数 4 年中，2012 年需要重中之重关注，2013—2015 年 3 年需要重点关注，其他城乡社区事务支出（款）决算数 4 年中，2012—2014 年 3 年需要重中之重关注，2015 年需要重点关注。

4. 其他交通运输支出（款）分析。2012—2015 年的交通运输支出（类）下均公示了当年的其他交通运输支出（款）① 数据，其他交通运输支出（款）的绝对额和相对比重情况如图 3 - 67 所示。

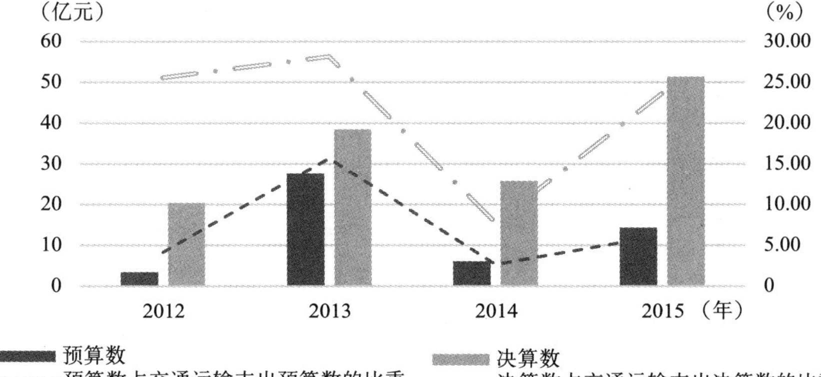

图 3 - 67　2012—2015 年的其他交通运输支出（款）规模及相应比重图

① 2013—2015 年交通运输支出（类）下设置了其他国有资本经营预算支出（款），其实质是其他交通运输支出（款）。

如图 3－67 所示，从其他交通运输支出（款）的绝对规模来看，2012—2015 年其他交通运输支出（款）的决算数规模都大于预算数规模。其中 2012 年的预决算数规模均最小，预算数为 3.45 亿元，决算数为 20.36 亿元。就最大值而言，2013 年的预算数规模最大，为 27.61 亿元，2015 年的决算数规模最大，为 51.41 亿元。从其他交通运输支出（款）占交通运输支出（类）的比重来看，其他交通运输支出（款预算数）占交通运输支出（类）预算数的比重最小值为 2012 年的 4.17%，其他支出（类决算数）占交通运输支出（类）决算数的比重最小值为 2014 年 7.77%。就上述比重的最大值而言，其他交通运输支出（款预算数）占交通运输支出（类）预算数的比重最大值和其他交通运输支出（款决算数）占交通运输支出（类）决算数的比重最大值都出现在 2013 年，其中预算数比重为 15.67%，决算数比重为 28.15%。从关注情况来看，其他交通运输支出（款）预算数 4 年中，2012 年和 2014 年 2 年需要一般关注，2013 年和 2015 年 2 年需要重点关注，其他交通运输支出（款）决算数 4 年均需要重点关注。

5. 其他资源勘探电力信息等事务支出（款）分析。2012—2015 年的资源勘探电力信息等事务支出（类）下均公示了当年的其他资源勘探电力信息等事务支出（款）[①] 数据，其他资源勘探电力信息等事务支出（款）的绝对额和相对比重情况如图 3－68 所示。

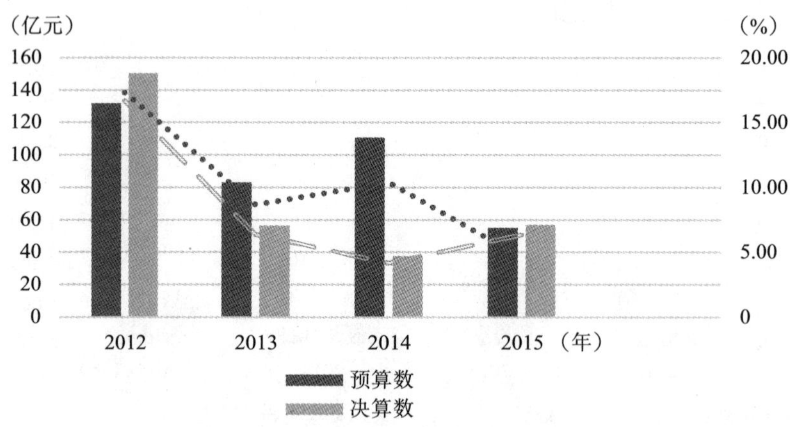

图 3－68 2012—2015 年的其他资源勘探电力信息等事务支出（款）规模及相应比重图

① 2013—2015 年资源勘探电力信息等事务支出（类）下设置了其他国有资本经营预算支出（款），其实质是其他资源勘探电力信息等事务支出（款）。

如图 3-68 所示，从其他资源勘探电力信息等事务支出（款）的绝对规模来看，2012—2015 年其他资源勘探电力信息等事务支出（款）的预算数和决算数规模均超过了 35 亿元。其中 2015 年的预算数规模最小，为 55.23 亿元，2014 年的决算数规模最小，为 37.61 亿元。就最大值而言，2012 年的预算数规模最大，为 131.83 亿元，2012 年的决算数规模也最大，为 150.45 亿元。从其他资源勘探电力信息等事务支出（款）占资源勘探电力信息等事务支出（类）的比重来看，其他资源勘探电力信息等事务支出（款预算数）占资源勘探电力信息等事务支出（类）预算数的比重最小值为 2015 年的 4.61%，其他支出（类决算数）占资源勘探电力信息等事务支出（类）决算数的比重最小值为 2014 年 4.17%。就上述比重的最大值而言，其他资源勘探电力信息等事务支出（款预算数）占资源勘探电力信息等事务支出（类）预算数的比重最大值和其他资源勘探电力信息等事务支出（款决算数）占资源勘探电力信息等事务支出（类）决算数的比重最大值都出现在 2012 年，其中预算数比重为 16.66%，决算数比重为 15.67%。从关注情况来看，其他资源勘探电力信息等事务支出（款）预算数 4 年中，2012 年和 2014 年 2 年需要重中之重关注，2013 年需要重点关注，2015 年需要一般关注。其他资源勘探电力信息等事务支出（款）决算数 4 年中，2012 年需要重中之重关注，2013 年和 2015 年 2 年需要重点关注，2014 年需要一般关注。

6. 其他商业服务业等支出（款）分析。2012—2015 年的商业服务业等支出（类）下均公示了当年的其他商业服务业等支出（款）[①] 数据，其他商业服务业等支出（款）的绝对额和相对比重情况如图 3-69 所示。

如图 3-69 所示，从其他商业服务业等支出（款）的绝对规模来看，2012—2015 年其他商业服务业等支出（款）的预算数规模持续下降，决算数规模 2013 年较 2012 年大幅下降后，2014 年和 2015 年小幅上升。其中 2015 年的预算数规模最小，为 6.39 亿元，2013 年的决算数规模最小，为 26.31 亿元。就最大值而言，2012 年的预算数规模最大，为 59.76 亿元，2012 年的决算数规模也最大，为 64.16 亿元。从其他商业服务业等支出（款）占商业服务业等支出（类）的比重来看，其他商业服务业等支出（款预算数）占商业服务业等支出（类）预算数的比重最小值为 2015 年的 2.32%，其他支出（类决算

① 2013—2015 年商业服务业等支出（类）下设置了其他国有资本经营预算支出（款），其实质是其他商业服务业等支出（款）。

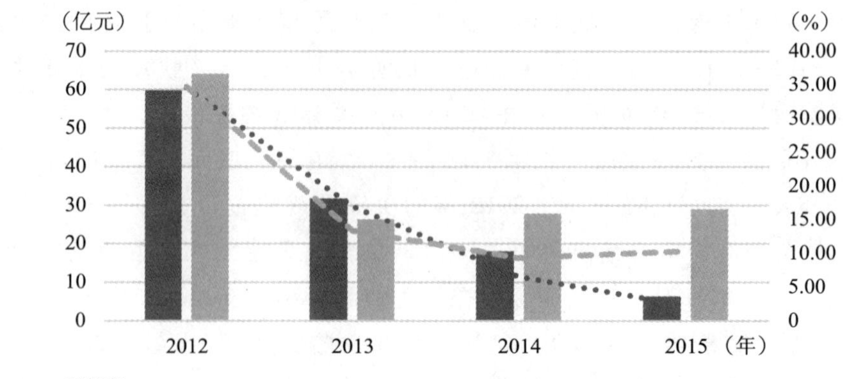

图 3-69 2012—2015 年的其他商业服务业等支出（款）规模及相应比重图

数）占商业服务业等支出（类）决算数的比重最小值为 2014 年 9.32%。就上述比重的最大值而言，其他商业服务业等支出（款预算数）占商业服务业等支出（类）预算数的比重最大值和其他商业服务业等支出（款决算数）占商业服务业等支出（类）决算数的比重最大值都出现在 2012 年，其中预算数比重为 34.56%，决算数比重为 34.68%。从关注情况来看，其他商业服务业等支出（款）预算数 4 年中，2012 年需要重中之重关注，2013 年和 2014 年 2 年需要重点关注，2015 年需要一般关注。其他商业服务业等支出（款）决算数 4 年中，2012 年需要重中之重关注，2013—2015 年 3 年需要重点关注。

7. 其他解决历史遗留问题及改革成本支出（款）分析。2016 年和 2017 年的解决历史遗留问题及改革成本支出（类）下均公示了当年的其他解决历史遗留问题及改革成本支出（款）数据，其他解决历史遗留问题及改革成本支出（款）的绝对额和相对比重情况如表 3-3 所示。

表 3-3 2016 年和 2017 年的其他解决历史遗留问题及改革成本支出（款）规模相应比重表

年份	预算数（亿元）	决算数（亿元）	预算数占解决历史遗留问题及改革成本支出预算数的比重（%）	决算数占解决历史遗留问题及改革成本支出决算数的比重（%）
2016	30.23	48.11	2.84	7.02
2017	57.3	103.48	6.96	12.93

表 3-3 显示，从其他解决历史遗留问题及改革成本支出（款）的绝对规模来看，2016 年和 2017 年 2 年的其他解决历史遗留问题及改革成本支出

（款）的预算数和决算数规模都在 30 亿元以上，其中 2016 年的预算数规模最小，为 30. 23 亿元；2017 年的决算数规模最大，为 103. 48 亿元。从其他解决历史遗留问题及改革成本支出（款）占解决历史遗留问题及改革成本支出（类）的比重来看，2016 年的预算数占解决历史遗留问题及改革成本支出预算数的比重最小，为 2. 84%；2017 年的决算数占解决历史遗留问题及改革成本支出决算数的比重最大，为 12. 93%。从关注情况来看，其他解决历史遗留问题及改革成本支出（款）预算数 2 年中，2016 年需要一般关注，2017 年需要重中之重关注。其他解决历史遗留问题及改革成本支出（款）决算数 2 年中，2016 年需要重点关注，2017 年需要重中之重关注。

8. 其他国有企业资本金注入（款）分析。2016 年和 2017 年的国有企业资本金注入（类）下均公示了当年的其他国有企业资本金注入（款）数据，其他国有企业资本金注入（款）的绝对额和相对比重情况如表 3 -4 所示。

表 3 -4　2016 年和 2017 年的其他国有企业资本金注入（款）规模及相应比重表

年份	预算数（亿元）	决算数（亿元）	预算数占国有企业资本金注入预算数的比重（%）	决算数占国有企业资本金注入决算数的比重（%）
2016	84. 26	132. 32	9. 74	14. 92
2017	102. 45	195. 67	13. 91	24. 52

表 3 -4 显示，从其他国有企业资本金注入（款）的绝对规模来看，2016 年和 2017 年 2 年的其他国有企业资本金注入（款）的预算数和决算数规模都在 80 亿元以上，其中 2016 年的预算数规模最小，为 84. 26 亿元；2017 年的决算数规模最大，为 195. 67 亿元。从其他国有企业资本金注入（款）占国有企业资本金注入（类）的比重来看，2016 年的预算数占国有企业资本金注入预算数的比重最小，为 9. 74%；2017 年的决算数占国有企业资本金注入决算数的比重最大，为 24. 52%。从关注情况来看，其他国有企业资本金注入（款）预算数 2 年中，2016 年需要重点关注，2017 年需要重中之重关注。其他国有企业资本金注入支出（款）决算数 2 年，均需要重中之重关注。

四、结论与启示

（一）国有资本经营预算中的其他收支不能轻易忽略

经对 1 个类级其他收入科目、4 个款级其他收入科目、1 个类级其他支出科目和 8 个款级其他支出科目所做的分析，国有资本经营预算收支所涉及的其他收支科目中，需要关注的科目超过 90%，其中需要重中之重和重点关注的科目超过 50%，即其他国有资本经营预决算所涉及的其他收支绝大部分都不能轻易忽略。国有资本经营预算收支在整个财政收支中所占比重很少，近年来始终不足 1%。但这不是国有资本经营预算或是其中的其他财政收支可以被忽视的理由。事实上国有资本预算收支之所以规模小，并不是由于我国国有资本规模小造成的，而是由于国有企业每单位资产的盈利能力相对较低和国家要求国有企业上缴的利润规模较少造成的。今后我们不是要忽略国有资本经营预算中的其他收支乃至忽略国有资本经营预算，而是要加强对国有资本经营预算和其中的其他财政收支的重视，以充分发挥国有经济在整个国民经济中应起的作用。

（二）其他收支事关国有资产管理体制改革方向和民众的福祉

国有资本经营预算从收入层面涉及 利润收入、股利股息收入、产权转让收入、清算收入等方面，但无论哪一方面都是政府凭借经营性国有资产取得收入的有效手段，对各级其他收入的有效管理关系到我国国有资产经营、国有资产管理和国有资产流失、国有资产监督等各种问题，而上述问题事关我国未来的国有资产管理体制改革方向和我国的经济改革方向。国有资本经营预算从支出层面，涉及教育、科学技术、文化体育与传媒、社会保障和就业、节能环保、城乡社区事务、农林水事务、交通运输、资源勘探电力信息等诸多产品和服务，而上述产品和服务或者具有公共产品和准公用产品的性质，或者具有一定的正外部性。对其他支出的有效管理事关政府为民众提供的上述产品的数量和质量，事关民众的福祉。

第四章 需重点关注的财政信息公开项目

2019 年国务院修订后的《中华人民共和国政府信息公开条例》（以下简称《条例》）正式发布，《条例》总则第一章第一条开宗明义地阐明，制订政府信息公开条例的最终目的在于提高政府信息发布的公开水平，用法治约束政府，促进经济增长并最终提高人民福祉。由此不难看出，财政信息公开项目中，那些与政府行为、经济增长和人民福祉密切相关的项目需要我们重点关注。《条例》第三章明确规定财政预算、决算信息是政府需要主动公开的内容之一，但条例并没有明确规定财政预算、决算信息要在什么时间、以什么样的方式公开、具体要公开到什么程度，而这些问题即使是 2018 年修订的《预算法》也同样没有明确。由此可见，财政预决算信息中涉及政府行为、经济增长和民生支出的项目需要重点关注，但由于《条例》和《预算法》规定的比较笼统，需要深入剖析。以下分别结合一般公共预算、政府性基金预算和国有资本经营预算来对上述问题进行分析。

第一节 一般公共预算中的民生支出分析

一般公共预算作为国家四个账本中最大的一个账本，之所以被称为公共预算，是因为其取得的收入主要依赖于从民众取得的税收收入，而其支出主要用于为民众提供公共产品和服务。由此可见，该账本与民生问题的关系十分密切。就国家层面而言，从 2007 年党的十七大报告到 2012 年的十八大报告，再到 2017 年的党的十九大报告，民生问题始终是党和国家高度重视的问题。其中，党的十七大报告指出，社会建设与人民幸福安康息息相关。要着力保障和改善民生，扩大公共服务，努力使全体人民学有所教、劳有所得、病有所医、老有所养、住有所居，推动建设和谐社会。2012 年党的十八大报告进一步指出，加强社会建设，必须以保障和改善民生为重点。2017 年党的十九大报告，更是多次提到民生问题。报告指出增进民生福祉是发展的根本目的，但民生领域还有不少短板，今后保障和改善民生要抓住人民最关心最直接最现实的利益问题，要坚持在发展中保障和改善民生。必须多谋民生之利、多解民生之忧，在发展中补齐民生短板。三次报告表明十多年来党对民生问题的深切关注和解决的重大决心。但不可回避，民生问题的解决在关注和决心背后，需要有巨大的财力支持。任何一国的财力都是有限的，对于中国这样一个发展中大国更是如此。如何在有限的财力范围内，最大限度地解决好民生这一根本问题既需要决心，更需要智慧和勇气。本节首先是有关民生财政支出的文献综述；其次是对民生财政支出的外延界定；再次以我国财政部公布的 2008—2017 年的一般公共预算支出决算数据为依据，分析过去 10 年我国民生财政支出情况；最后为未来的民生财政改革提供一些启示和建议。

一、有关民生财政支出的文献综述

根据学者对民生财政支出问题研究的关注点的不同。

（一）研究根据对民生支出外延界定认识的不同

1. 根据需求层次论提出国内民生财政支出应分五个层次（邓子基等，2008；张馨，2009；马海涛等，2010）。
2. 提出国内民生财政支出应分三个层次（陈少英，2011）。
3. 主张分宽窄口径（贾康等，2011）。

（二）对民生支出研究视角的不同

1. 民生财政支出与经济增长的关系。刘欢（2018）基于 2007—2014 年的中国省级面板数据，研究发现，民生财政支出与经济增长间存在显著的非线性关系，随着民生财政支出水平的提高，其对经济增长的作用呈现先上升后下降的趋势。

2. 民生财政支出与中国城乡收入差距。陈工等（2016）利用中国 27 个

2007—2012 年省级面板数据构建动态面板模型，估计民生财政支出及其内部各支出事项的分权对城乡收入差距的影响。结果表明：民生财政支出的分权会缩小城乡收入差距，而民生财政内各支出事项的分权对城乡收入差距的影响并不一致：医疗卫生、社会保障的分权可以缩小城乡收入差距，教育的分权反而会扩大城乡收入差距。

3. 民生财政支出与中国居民消费。景辛辛等（2018）利用中国 2000—2015 年间的 31 个省市区面板数据，采用对数平均迪氏指数分解模型（LMDI）用于地方政府民生性财政支出对中国居民消费的动态驱动关系的研究，构建居民消费变动的总量分解模型，并将其产生的总效应进一步分解为活动效应、结构效应和效率效应三部分，进而作相应的比较分析。实证检验结果表明，民生性财政支出驱动居民消费变动的总效应分解结果表现出了不同驱动因素呈明显异质性特征，其中活动效应对总效应的贡献率最大且对居民消费变动持续保持正向的促进作用；结构效应呈明显的“正—负”动态交错变化特征，与居民消费变动整体表现为偏弱的负相关关系；而效率效应对居民消费变动的总效应贡献最小，与居民消费变动呈显著的负相关关系。据此，本节给出了持续加强民生领域的公共财政投入，优化和适时调整地区的资金配置结构，切实提升民生性财政资金的利用效率等政策启示。

4. 民生财政支出的规模和结构分析。孙春雷（2015）对民生财政支出的规模、结构及运行进行了研究。不足在于只选取了教育、医疗、卫生、社保、住房、就业、环保等民生支出，且只对上述支出的总体情况，未对每种支出内部具体情况进行分析。

通过学者的研究可知，学术界的研究主要集中在对民生问题的外延界定和民生财政支出对经济增长、收入差异和居民消费的影响等方面。而财政支出结构无疑会影响上述问题的分析。有关财政支出结构问题的研究现状是：若以财政预算级次进行考量，目前的研究只关注到财政支出的一级科目（类），而事实是如果未对类下科目（款）进行深入分析，则无法真正地深入发现问题，由此得出的结论也会显得过于宽泛且缺乏针对性。本章试图从一般公共预算公开的信息为数据来对民生支出予以分析。

二、民生支出的外延界定

民生，顾名思义就是人民的生活，对民生问题内涵的认识在学术界并无争议。延伸开来，民生财政支出就是财政花在人民生活上的支出。但目前，正如对文献部分的总结，由于对财政民生支出外延认识的差异，各级政府依据自己的偏好来选择自己的民生财政支出口径，导致公布的结果完全不具有可比性，民众无法真正地对结果进行评价，也就无法推动财政支出真正向民生支出倾斜。基于以上事实，如何从见仁见智的众多口径中确定既符合民生支出内涵又被广泛认可的民生支出外延就显得格外重要。其实早在 2011 年 9 月 30 日，一篇署名为《财政部介绍财政支出情况——公共财政支出 2/3 用于民生》的文章在《人民日报》发表，该文章是《人民日报》记者根据对财政部负责人的采访整理而成。其中，关于民生支出口径的划分代表了财政部的官方立场。文章将教育、医疗卫生、社会保障和就业、保障性住房、文化体育、农林水、环境保护、交通运输、城乡社区事务、粮油物资储备、地震灾后恢复重建等 11 项支出称为用于保障和改善民生方面的支出；将教育、医疗卫生、社会保障和就业、保障性住房、文化体育等 5 项支出称为与人民群众生产生活直接相关的民生支出。将财政部的官方口径与学者有关民生财政支出的外延进行对比发现，对与人民群众生产生活直接相关的民生支出的认识，学术界内部以及学术界与官方的认识差异不大，但有关用于保障和改善民生方面的支出认识，各界的认识差异明显。基于此，本节选取教育、医疗卫生、社会保障和就业、保障性住房、文化体育等 5 项与人民群众生产生活直接相关的民生支出进行分析。

三、民生支出的财政统计分析

2007 年我国财政收支分类改革正式实施。2008 年财政部官方网站开始公布全国一般公共预算收支预决算数据，其中一般公共预算支出按照功能划分为类、款、项三级科目，按照类级科目设置，代码 205、207、208、210、221 分别代表教育支出、文化体育与传媒支出、社会保障和就业支出、医疗卫生与计划生育支出、住房保障支出。以下分别对上述 5 项与人民群众生产生活直接相关的民生支出进行总体和个体分析。

（一）民生支出的总体分析

由于 2008 年和 2009 年的全国财政收支情况决算表未公示当年的医疗卫生与计划生育支出决算数，基于数据的可得性，本节分析 2010—2017 年五项民生支出的总体情况。2010—2017 年，我国五项与人民群众生产生活直接相关的民生支出从3.04万亿元增加到了7.92万亿元。五项财政支出总量的增加既有经济增长推动的原因，又有价格上涨的原因，还可能有财政向民生支出倾斜的原因。本节只考察财政对民生支出的倾斜情况，即剔除经济增长和价格上涨对民生支出的影响。为了剔除经济增长和价格上涨的因素，只分析财政对民生支出的倾斜情况，本节以民生总支出和各类民生支出在公共财政总支出①中所占的比重这一相对指标为分析对象，从而将财政对民生支出的倾斜情况从民生支出的众多影响因素中予以分离。图4-1是2010—2017年我国五项民生财政支出及其在总支出中所占比重的情况。

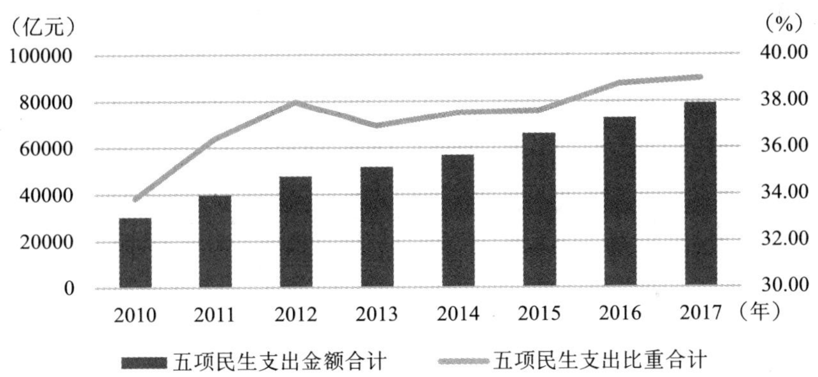

图4-1 2010—2017年我国民生财政支出在总支出中所占比重情况图

如图4-1所示，我国民生五项财政支出金额呈现持续上升趋势，五项财政民生支出在总支出所占比重，呈现先上升后下降再上升的变化过程，从2010年的33.83%连续上升到2012年的37.97%，后下降到2013年的36.94%，之后连续上升至2017年的38.98%，该比重是8年来的最高比重。民生五项财政支出在总支出中所占比重经过了一次起伏，最终2017年比2010年增加了5.15%。表明8年来我国财政支出总体呈现向五项民生支出倾斜的态势。在财政支出向五项民生支出倾斜的背景下，究竟是五项支出内部的所有支出都得到了倾斜从而推高了最终结果，还是部分支出得到了倾斜从而推高了最高结果呢？以下通过分别对五项民生支出进行深入分析来找出答案。

（二）五项民生支出的个体分析

以下结合各年度一般公共预算支出决算表，将一级科目教育支出、文化体

① 本章所指的总支出如不特别强调，均指公共财政总支出，即一般公共预算财政决算总支出。

育与传媒支出、社会保障和就业支出、医疗卫生与计划生育支出、住房保障支出分别分解到相应的款级科目进行分析。

1. 教育支出的个体分析。由《2017 年政府收支分类科目》可知，教育支出类级科目可细化为教育管理事务、普通教育、职业教育、成人教育、广播电视教育、留学教育、特殊教育、进修及培训、教育费附加安排的支出、其他教育支出 10 个款级科目。经对 2008—2017 年的一般公共预算支出决算数据进行观察发现，款级科目其他教育支出并未公布具体内容，2008 年、2009 年的教育支出类级科目下的款级科目只公布了普通教育和职业教育两个科目。基于数据的可得性，本节对 2010—2017 年教育支出追踪到款级科目进行深入分析。2010—2017 年教育支出类级科目及类下 9 个款级科目占总支出的比重及变化趋势如图 4－2 所示。

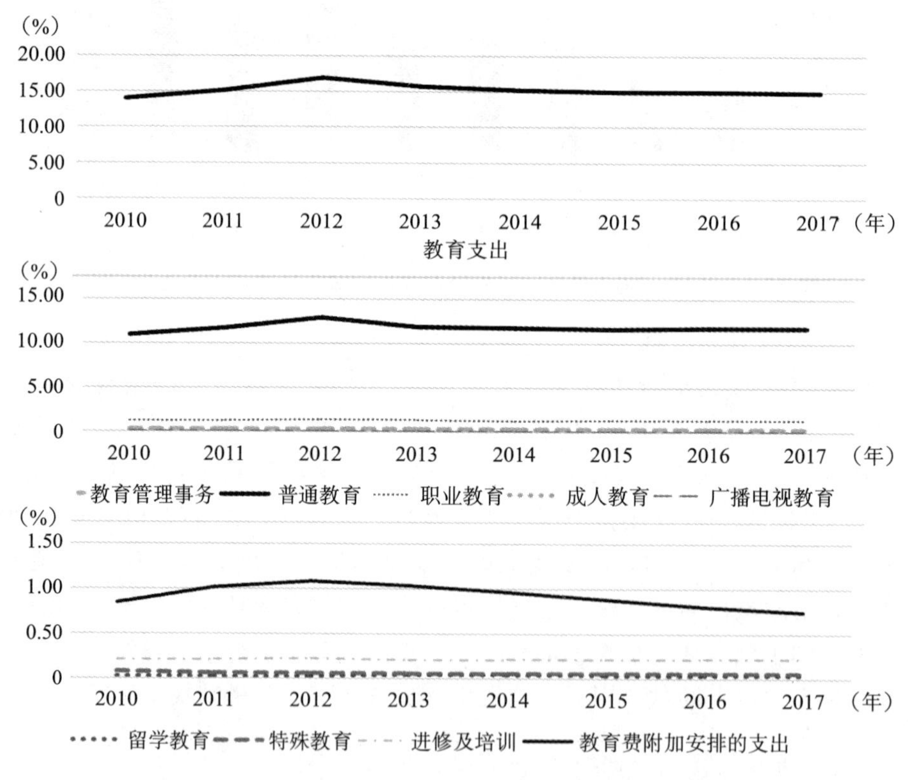

图 4－2 教育支出占公共财政支出比重及变化趋势图

如图 4－2 所示，2010—2017 年，财政用于民生支出中的教育支出占公共财政支出的比重呈现先上升后下降趋势。从 2010 年的 13.96%，持续上升至

2012 年的 16.87%，之后持续下降至 2017 年的 14.85%。是什么原因导致教育支出所占比重呈现上述变化的呢？经对教育支出类级科目细化到款可见，普通教育支出和教育费附加安排的支出的变化趋势与教育支出的变化趋势相似，普通教育支出从 2010 年的 10.91% 持续上升至 2012 年的 12.86%，之后持续下降至 2017 年的 11.72%。教育费附加安排的支出从 2010 年的 0.84% 持续上升至 2012 年的 1.08%，之后持续下降至 2017 年的 0.74%。其他 7 项款级支出在 2010—2017 年间，每项支出占公共财政支出的比重基本保持稳定。就普通教育支出而言，2010—2012 年公共财政支出向普通教育和教育费附加安排的支出[①]倾斜，2012—2017 年公共财政逐步弱化向普通教育和教育费附加安排的支出倾斜。

2. 文化体育与传媒支出的个体分析。由《2017 年政府收支分类科目》可知，文化体育与传媒支出类级科目可细化为文化、文物、体育、新闻出版广播影视和其他文化体育与传媒支出等 5 个款级科目。经对 2008—2017 年的一般公共预算支出决算数据进行观察发现，款级科目其他教育支出并未公布具体内容。2008 年、2009 年的文化体育与传媒支出类级科目下的款级科目只公布了文化和体育两个科目；2016 年广播影视和新闻出版 2 个款级科目合并为新闻出版广播影视 1 个款级科目。基于数据的可得性，本节对 2010—2017 年文化体育与传媒支出追踪到款级科目进行深入分析，且为了分析的连续性，将 2010—2015 年的广播影视和新闻出版 2 个款级科目合并为新闻出版广播影视 1 个款级科目。2010—2017 年类级科目及类下 4 个款级科目占总支出的比重及变化趋势如图 4－3 所示。

如图 4－3 所示，2010—2017 年，财政用于民生支出中的文化体育与传媒支出占公共财政支出的比重呈现先上升后下降趋势。从 2010 年的 1.72%，持续上升至 2013 年的 1.81%，之后持续下降至 2017 年的 1.67%。是什么原因导致文化体育与传媒支出所占比重呈现上述变化的呢？经对文化体育与传媒支出类级科目细化到款可见，文化和体育支出 2 个款级支出呈现出先下降后上升再下降再上升的变化趋势，其中文化支出 2017 年的比值比 2010 年大 0.03%，体育支出 2017 年的比值比 2010 年小 0.05%；文物和新闻出版广播影视 2 个款级支出呈现先上升后下降的变化趋势，其中文物支出 2017 年的比值与 2010 年

① 根据《2017 年政府收支分类科目》，普通教育支出主要包括学前教育支出、小学教育支出、初中教育支出、高中教育支出、高等教育支出、化解农村义务教育债务支出、化解普通高中债务支出等。教育费附加安排的支出主要包括农村中小学校舍建设支出、农村中小学教学设施支出、城市中小学校舍建设支出、城市中小学教学设施支出、中等职业学校教学设施支出等。

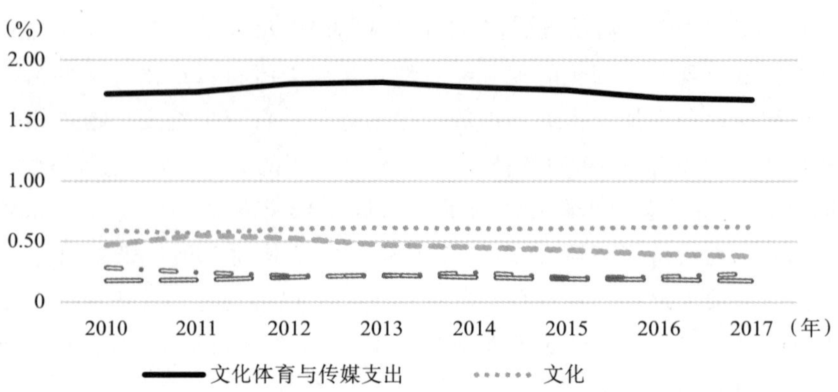

图 4－3 文化体育与传媒支出占公共财政支出比重及变化趋势图

相同，新闻出版广播影视支出 2017 年的比值比 2010 年小 0.09%。

3. 社会保障和就业支出的个体分析。由《2017 年政府收支分类科目》可知，社会保障和就业支出类级科目可细化为人力资源和社会保障管理事务支出、民政管理事务支出、补充全国社会保障基金支出、行政事业单位离退休支出、企业改革补助支出、就业补助支出、抚恤支出、退役安置支出、社会福利支出、残疾人事业支出、自然灾害生活救助支出、红十字事业支出、最低生活保障支出、临时救助支出、特困人员救助供养、补充道路交通事故社会救助基金支出、其他生活救助、财政对基本养老保险基金的补助、财政对其他社会保险基金的补助、其他社会保障和就业支出 20 个款级科目。经对 2008—2017 年的社会保障和就业支出决算数据进行观察发现，款级科目其他社会保障和就业支出并未公布具体内容。2008 年、2009 年的社会保障和就业支出类级科目下的款级科目只公布了财政对社会保险基金的补助支出、行政事业单位离退休、补充全国社会保障基金支出、就业补助支出、抚恤支出、城市居民最低生活保障支出 6 个科目，不到 2017 年公布的款级科目数量的 1/3，且其中财政对社会保险基金的补助支出 2017 年未公布数据，城市居民最低生活保障支出与农村居民最低生活保障支出在 2017 年合并为最低生活保障支出。因此，基于数据的可得性和连续性，本节对 2010—2017 年社会保障和就业支出追踪到人力资源和社会保障管理事务、民政管理事务、财政对社会保险基金的补助、行政事业单位离退休、补充全国社会保障基金、企业改革补助、就业补助、抚恤、退役安置、社会福利、残疾人事业、城市居民最低生活保障、自然灾害生活救助、红十字事业、农村最低生活保障 15 个款级科目进行分析。2010—2017 年社会保障和就业支出类级科目及类下 15 个款级科目占总支出的比重及变化趋势如图 4－4 所示。

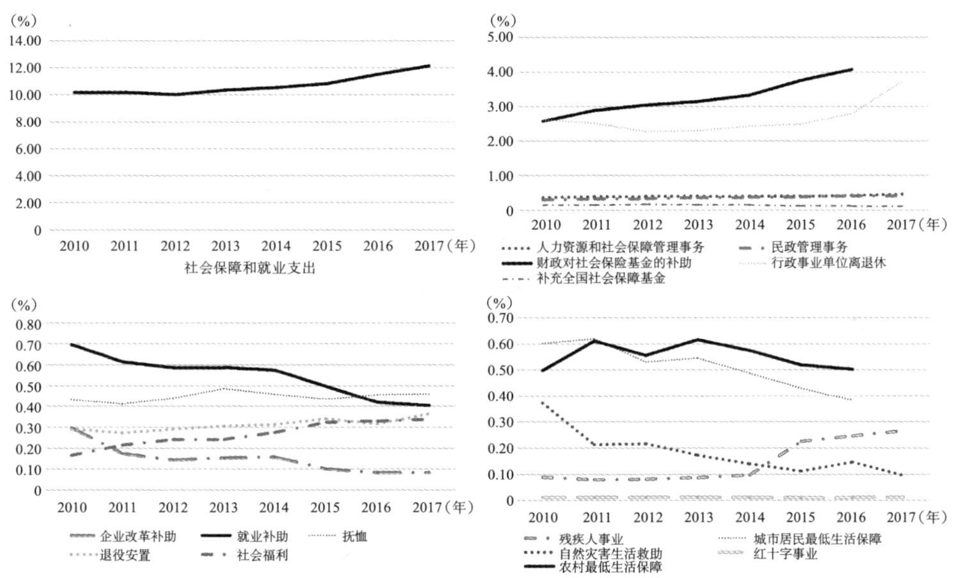

图 4－4 社会保障和就业支出占公共财政支出比重及变化趋势图

如图 4－4 所示，2010—2017 年，财政用于民生支出中的社会保障和就业支出占公共财政支出的比重呈现先上升后下降再上升的趋势。从 2010 年的 10.16%，小幅上升到 2011 年的 10.17%，后下降到 2012 年的 9.99%，最后持续上升到 2017 年的 12.12%。2017 年的比重值比 2010 年的比重值大 1.96%。经对社会保障和就业支出类级科目细化到款可见，财政对社会保险基金的补助支出、民政管理事务支出和社会福利支出 3 项支出占公共财政支出的比重在数据公布年份始终处于上升趋势，社会保障和就业支出、行政事业单位离退休支出和残疾人事业支出 3 项支出占公共财政支出的比重呈现出 2010—2012 年下降，2012—2017 年上升的趋势，且 2017 年的比重值比 2010 年的比重值大。人力资源和社会保障管理事务支出、抚恤支出和退役安置支出 3 项支出占公共财政支出的比重呈现多变趋势，但 2017 年的比重值较 2010 年的比重值大。补充全国社会保障基金支出、企业改革补助支出、就业补助支出、城市居民最低生活保障支出、自然灾害生活救助支出和农村最低生活保障支出 6 项支出占公共财政支出的比重呈现多变趋势，但 2017 年的比重值较 2010 年的比重值小。

4. 医疗卫生与计划生育支出的个体分析。由《2017 年政府收支分类科目》可知，2017 年的医疗卫生与计划生育支出类级科目可细化为医疗卫生与计划生育管理事务支出、公立医院、基层医疗卫生机构、公共卫生、中医药、计划生育事务、食品和药品监督管理事务、行政事业单位医疗、财政对基本医疗保险基金的补助、医疗救助、优抚对象医疗和其他医疗卫生与计划生育支出 12 个款级科目，但财政部官网公布的 2017 年全国一般公共预算支出决算表未将 12 个款级支出全部公布，其中行政事业单位医疗、优抚对象医疗和医疗保障 3 个款级科目未予公布，即公布了 12 个款级科目中的 9 个科目。根据 2008 年、2009 年的公共预算支出决算表，只公布了医疗服务、医疗保障、疾病预防控制、农村卫生 4 个款级支出，且医疗服务、疾病预防控制和农村卫生 3 个科目，2010 年后已经做出调整。基于数据的可得性和连续性，本节对 2010—2017 年医疗卫生与计划生育支出追踪到医疗卫生管理事务支出、公立医院支出、基层医疗卫生机构支出、公共卫生支出、医疗保障支出、中医药支出、人口与计划生育事务支出和食品和药品监督管理事务等 8 个有确切内容的款级科目进行分析。2010—2017 年医疗卫生与计划生育支出类级科目及类下 8 个款级科目占总支出的比重及变化趋势如图 4 - 5 所示。

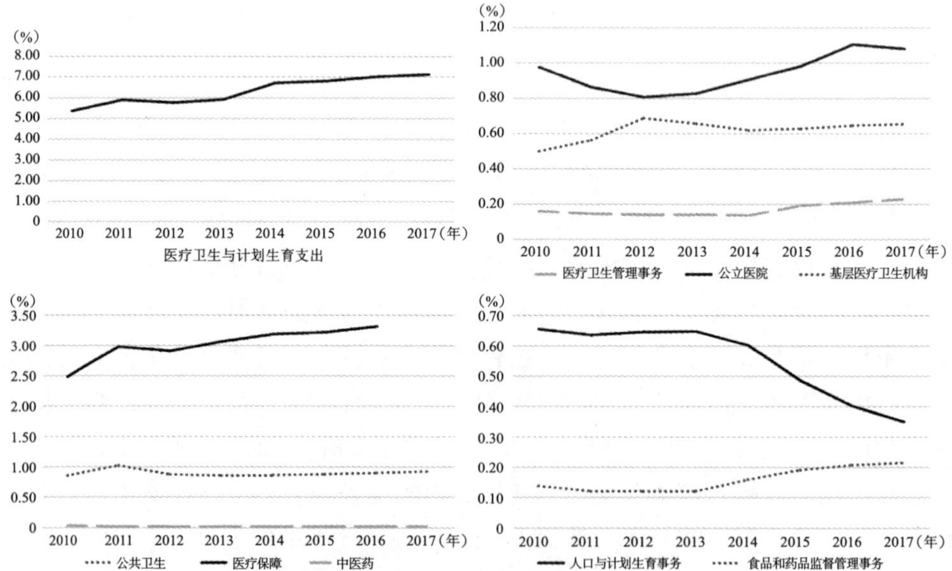

图 4 - 5 医疗卫生与计划生育支出及 8 个款级科目占公共财政支出比重及变化趋势图

如图 4 - 5 所示，2010—2017 年，财政用于民生支出中的医疗卫生与计划生育支出占公共财政支出的比重呈现先上升后下降再上升的趋势。从 2010 年的

5.35%，小幅上升到2011年的5.89%，后下降到2012年的5.75%，最后持续上升到2017年的7.12%。2017年的比重值比2010年的比重值大1.77%。经对医疗卫生与计划生育支出类级科目细化到款可见，财政对医疗卫生管理事务、食品和药品监督管理事务2项支出占公共财政支出的比重呈现先下降后上升趋势，且2017年的比重较2010年的比重值大；财政对基层医疗卫生机构、公共卫生和医疗保障3项支出占公共财政支出的比重呈现出先上升后下降再上升的趋势，且2017年（或2016年[①]）的比重较2010年的比重值大；财政对公立医院和人口与计划生育事务2项支出占公共财政支出的比重呈现先下降后上升再下降的趋势，其中财政对公立医院支出占公共财政支出的比重值2017年较2010年大，财政对人口与计划生育事务支出占公共财政支出的比重值2017年较2010年大；财政对中医药的支出占公共财政支出的比重呈现先下降后稳定的趋势，从2010年的比重值0.03%下降到2011年的0.02%，之后一直保持稳定。

5. 住房保障支出的个体分析。由《2017年政府收支分类科目》可知，2017年的住房保障支出类级科目可细化为保障性安居工程支出、住房改革支出、城乡社区住宅3个款级科目。根据2008年、2009年的公共预算支出决算表，住房保障支出类级科目下只公布了住房改革支出1个款级科目。基于数据的可得性和连续性，本节对2010—2017年住房保障支出追踪到的保障性安居工程支出、住房改革支出、城乡社区住宅3个款级科目进行分析。2010—2017年住房保障支出类级科目及类下3个款级科目占总支出的比重及变化趋势如图4-6所示。

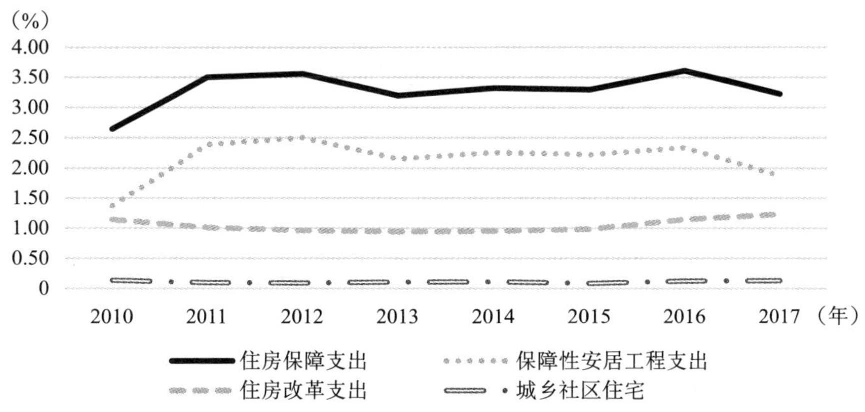

图4-6 住房保障支出及3个款级科目占公共财政支出比重及变化趋势图

① 由于2017年全国一般公共预算支出决算表未公布当年的医疗保障数据，因此，款级科目医疗保障决算数为2016年的数据。

如图 4－6 所示，2010—2017 年，财政用于民生支出中的住房保障支出占公共财政支出的比重呈现出三次升降的多变过程。具体而言，从 2010 年的 2.64%，连续上升到 2012 年的 3.56%，后下降到 2013 年的 3.20%，再上升至 2014 年的 3.32%，2015 年小幅下降到 3.30%，2016 年又上升至 3.61%，2017 年下降到 3.23%。经过反复变化后比较发现，2017 年的比重值比 2010 年的比重值大 0.58%。经对住房保障支出类级科目细化到款可见，财政对保障性安居工程支出占公共财政支出的比重变化呈现出与住房保障总支出近乎相同的三升三降的变化趋势，且 2017 年的比重较 2010 年的比重值大；财政对住房改革支出占公共财政支出的比重呈现出先下降后上升趋势，且 2017 年的比重较 2010 年的比重值大；财政对城乡社区住宅支出占公共财政支出的比重呈现先下降后上升再下降再上升的趋势，但 2017 年的比重较 2010 年的比重值小。

四、结论和政策启示

（一）财政支出向民生倾斜，民生福祉稳步提高

2010—2017 年，财政用于教育支出、文化体育与传媒支出、社会保障和就业支出、医疗卫生与计划生育支出、住房保障支出等五项民生支出之和在财政总支出中所占比重总体呈现上升趋势，2017 年的比重值比 2010 年大 5.15%。即 2010—2017 年，财政支出以年均比重增加 0.7% 的比例向上述五项支出倾斜，反映了党和政府对民生问题的关注和决心切实落在了实际行动上，老百姓切实从经济发展中普遍受益。

（二）教育支出比重总体上升，趋势先升后降，支出未继续向普通教育倾斜

与 2012 年的比重值相比，2017 年财政支出向普通教育和教育费附加安排的支出占财政支出比重分别下降了 1 个百分点，即在 2012—2017 年，财政支出从比重上不仅没有加强，反而弱化了用于小学教育、初中教育、高中教育、高等教育、中小学和中等职业学校的教学设施和校舍建设等的支出。党的十九大报告提出，建设教育强国是中华民族伟大复兴的基础工程，必须把教育事业放在优先位置。建议今后从财政上切实把教育放在优先位置。

（三）文化体育与传媒支出比重总体下降，趋势先升后降，文化支出比重稳定，体育、文物、新闻出版广播影视支出比重削弱

就文化支出而言，文化是一个国家和一个民族的灵魂。“文化兴则国运兴，文化强则民族强”。党的十九大报告指出，要建设社会主义文化强国，建议今后财政支出适度向文化建设支出倾斜。就体育支出而言，“发展体育运动，增强人民体质”是1952年毛泽东主席为中华全国体育总会成立大会所作的题词，该题词直接切中了体育运动的核心，党的十九大报告指出要让全民健身和竞技体育全面发展。加快推进体育强国建设。建议今后财政支出适度向体育支出倾斜。就文物支出而言，文物是人类祖先在长期的社会生活中遗留下来的具有历史、文化、科学、艺术等多种价值的遗物和遗迹。文物是世界的瑰宝、民族的骄傲。只有保护好文物我们才能为子孙后代留下宝贵的遗产。党的十九大报告指出要加强文物保护利用和文化遗产保护传承。建议今后财政支出适度向文物支出倾斜。至于新闻出版广播影视支出，应继续结合事业单位分类改革，对于可以由市场配置资源的应转制为企业，相应的财政支出应适时退出。

（四）社会保障和就业支出比重趋势多变，总体上升，支出向社会保障和就业支出倾斜

在财政支出总体向社会保障和就业支出多变但总体倾斜的背景下，并非其内部的所有具体支出都得到了倾斜，补充全国社会保障基金支出、企业改革补助支出、就业补助支出、城市居民最低生活保障支出、自然灾害生活救助支出和农村最低生活保障支出的比重未得到倾斜。社会保障支出是对人的基本生活和基本尊严的保障。建议今后要全面加强财政向科技支出各个方面的倾斜，特别是对城市居民最低生活保障支出、自然灾害生活救助支出和农村最低生活保障支出等最低生活保障方面的保障支出。

（五）医疗卫生与计划生育支出比重趋势多变，总体上升，支出向医疗卫生和计划生育支出倾斜

在总体呈现倾斜的背景下，医疗卫生与计划生育支出内部款级科目均呈现出多变的不稳定趋势，其中2011年后中医药支出占财政总支出的比重基本保持不变。党的十九大报告指出，要坚持中西医并重，传承发展中医药事业。从财政角度而言，今后要保持对中医药的支出与其他医疗卫生的支出同步。

（六）住房保障支出比重趋势多变，总体微幅上升

保障性安居工程支出比重的变化趋势与总趋势相同，微幅上升。城乡社区住宅支出在趋势多变的同时，支出弱化。就保障性安居工程而言，保障性安居工程支出是政府用于廉租住房、沉陷区治理、棚户区改造、少数民族地区游牧民定居工程、农村危房改造、公共租赁住房、保障性住房租金补贴等保障性住房方面的支出。该支出是确保社会弱势群体实现居者有其屋的重要手段，建议今后财政支出加大向保障性安居工程倾斜，使经济发展的成果能真正惠及最广大群体。就城乡社区住宅而言，城乡社区住宅支出反映城乡社区廉租房规划建设维护、住房制度改革、产权产籍管理、房地产市场监督等方面的支出。该支出事关广大普通老百姓的住房需求，是中国百姓支出中的重中之重，建议今后一方面财政支出向廉租房规划建设倾斜；另一方面加强对住房制度改革、产权产籍管理、房地产市场监督等支出的管理与监督，让居民房地产市场各种住房呈现规范、有序、互补的良性业态。

第二节
一般公共预算中的政府行政成本分析

降低政府行政成本是规范政府行为，提高政府行政效率的重要手段和保障。从 2007 年党的十七大报告到 2017 年党的十九大报告，“简政放权”是贯穿三次报告有关党和国家机构行政体制改革的最核心词汇，党和国家对政府行政成本问题的关注可见一斑。2019 年 10 月，党的十九届四中全会发布了“中共中央关于坚持和完善中国特色社会主义制度 推进国家治理体系和治理能力现代化若干重大问题的决定”，决定提出要推进国家治理体系和治理能力现代化。而降低政府行政成本同样是推进国家治理体系和治理能力现代化的一个重要方面。10 年来，降低政府行政成本的效果如何，以下结合政府行政成本和一般公共预算支出进行分析。本节的结构安排如下：首先是对政府行政成本的文献综述；其次是有关行政成本范围的界定；再次透过财政部公布的一般公共预算支出决算数据对我国 2008—2017 年的政府行政成本进行分析；最后是有关政府行政成本改革的启示和政策建议。

一、有关政府行政成本研究的文献综述

政府行政成本是指政府行政活动所耗费的经济资源，对此各界认识高度一致。至于从一般公共预算支出功能分类的角度来看哪些政府活动属于行政活动，2007年政府收支分类改革后，官方层面没有公布，学术界对此问题的研究也显得较薄弱。目前有关行政成本的范围界定，主要有以下几种主要观点：第一种，以我国的一般公共服务支出作为行政成本。2007年政府收支分类改革实施，政府支出按照功能划分为包括一般公共服务支出等在内的33个类级科目，在类级科目一般公共服务支出下设置了包括人大事务等在内的37[①]个款级支出科目。其中，把一般公共服务支出视同政府收支分类改革之前的行政管理支出。第二种，以国际货币基金组织（2001）发布的《政府财政统计手册》中的一般公共服务为参照，将我国的一般公共服务支出进行调整，用调整后的一般公共服务支出作为我国的行政管理费支出。该手册按政府职能将政府支出分为10个类级支出科目，10个类级科目支出分别是：一般公共服务、国防、公共秩序和安全、经济事务、环境保护、住房和社会福利设施、医疗保健、娱乐文化和宗教、教育、社会保护等。其中，一般公共服务包括：行政和立法机关、金融和财政事务、对外事务；对外经济援助；一般服务；基础研究；一般公共服务“研究与发展”；未另分类的一般公共服务；公共债务操作；各级政府间的一般公共服务等8个款级支出科目。张光（2015）根据该思路，将我国政府的行政成本概括为一般公共服务、外交事务支出和国债付息支出3项支出的和。第三种，将一般公共服务支出、公共安全支出和外交支出3项支出的和计为政府的行政管理费支出。杨斌（2014）明确指出2007年政府收支分类改革后的一般公共服务支出、外交支出和公共安全支出3项属于政府的行政管理费支出，但作者并未给出此种行政管理费支出外延确定的理由。

上述三种政府行政成本的外延确定方法，在财政学的教学和研究中都有采用，采用的具体理由大致如下：第一，将一般公共服务支出直接作为行政管理支出的理由，直接源于该支出的定义。一般公共服务支出的本意，即是指政府的该部分支出并不提供具体的公共产品和服务，即用于维持政府机器运转的支

① 依据《2017年政府收支分类科目》中有关一般公共预算支出功能分类科目下的201类级科目一般公共服务支出中的款级科目排序得出，虽然表中未将37个款级科目全部公示。

出。第二，将调整后的我国一般公共服务支出作为行政管理费支出的理由，是以国际货币基金组织（2001）的视角来确定我国政府的哪些支出并不提供具体的公共产品和服务，只是维护政府机器运转的支出，并将其进行调整。第三，将一般公共服务支出、公共安全支出和外交支出作为我国的行政管理支出，即从我国的国情出发，确定哪些支出并不提供具体的公共产品和服务。

二、本节有关政府行政成本的外延确定

本节认为上述文献有关我国政府行政成本的外延确定都有其合理性，三种外延确定的方法均是从行政成本的定义出发来确定哪些政府支出是政府为了提供公共产品和服务的损耗。基于此，本节将我国政府的行政成本分为小口径和大口径两种，小口径的政府行政成本取名义的一般公共服务，即我国的一般公共服务支出；大口径的政府行政成本取实际的一般公共服务，即政府支出中非用于提供具体的公共产品和服务的支出，也就是政府机器运转的支出。在确定究竟哪些支出应纳入大口径的政府行政成本时，本节将杨斌（2014）明确的口径确定为大口径的政府行政成本，即大口径的行政成本是一般公共服务支出、外交支出和公共安全支出的和。将公共安全支出计入政府行政成本的理由如下：根据《2017 年政府收支分类科目》，公共安全支出反映政府维护社会公共安全方面的支出[①]。但究竟何为公共安全，《2017 年政府收支分类科目》并未做出解释。根据百度百科给出的解释[②]，公共安全，是指社会和公民个人从事和进行正常的生活、工作、学习、娱乐和交往所需要的稳定的外部环境和秩序。基于公共安全和公共安全支出的定义，公共安全支出也可以解读为政府维持稳定的外部环境和秩序的支出。由此可见，公共安全支出并不是政府提供的具体的公共产品和服务支出，因此将公共安全支出计入政府行政成本有其合理性。至于为何不借鉴国际货币基金组织（2001）和张光（2015）的做法，将国债付息支出计入行政成本的理由如下：近年来政府发行国债的主要用途是为各级政府筹资以用于投资并最终促进宏观经济的稳定和增长，而铁路、公路、

① 具体参见《2017 年政府收支分类科目》，中华人民共和国财政部制定，中国财政经济出版社，2016 年 7 月第 1 版。文中除做特别说明，其他有关类级科目和款级科目的解释均来自《2017 年政府收支分类科目》。

② 参考来源：网址：https：//baike. baidu. com/item/% E5% 85% AC% E5% 85% B1% E5% AE% 89% E5% 85% A8/2956734？ fr = aladdin。

机场等基础设施和农业等基础产业是政府投资的主要领域，这些领域具有准公共产品的性质，因此政府发行国债的利息支出也应看作是政府提供的具体的准公共产品支出。故将其计入政府行政成本不具有合理性。以下分别从一般公共预算视角对我国狭义和广义的行政成本分别进行分析。

三、我国政府行政成本的总体和个体分析

2007 年我国财政收支分类改革正式实施。2008 年财政部官方网站开始公布全国一般公共预算收支预决算数据，其中一般公共预算支出按照功能划分为类、款、项三级科目，按照类级科目设置，代码 201、202、204 分别代表一般公共服务支出、外交支出和公共安全支出。以下分别结合我国一般公共预算支出决算数据对我国狭义和广义行政成本支出进行分析。

（一）狭义行政成本分析

2008—2017 年，我国狭义行政成本（一般公共服务支出）从 9795.92 亿元上涨到 16510.36 亿元。狭义行政成本绝对额的增加有经济增长推动的结果、有物价上涨推动的结果，当然也可能有机构膨胀推动的结果，为了将经济增长和物价上涨对行政成本支出的影响予以剔除，从而仅分析 10 年来我国政府的简政放权程度，本节以类级科目一般公共服务支出和该类级科目下的各个款级支出在公共财政总支出[①]中所占的比重这一相对指标为分析对象，从而将简政放权在财政上的努力情况从影响狭义行政成本支出的众多影响因素中予以分离。图 4-7 是 2008—2017 年我国狭义行政成本（一般公共服务支出）在总支出中所占比重的情况。

如图 4-7 所示，2008—2017 年，我国狭义行政成本（一般公共服务支出）占公共财政支出比重经历了先下降后上升的变化过程，从 2008 年的 15.65%持续下降到 2015 年的 7.70%，之后缓慢上升到 2017 年的 8.13%。2008—2015 年的 7 年间，一般公共服务支出占公共财政支出的比重下降了 7.95%。即简政放权在财政支出的努力上取得了明显的效果。虽然 2017 年较 2015 年有所上涨，但两年的涨幅为 0.43%，与简政放权所取得的成绩相比，可以忽略不计。

---

① 文中所指的总支出如不特别强调，均指公共财政总支出，即一般公共预算财政决算总支出。

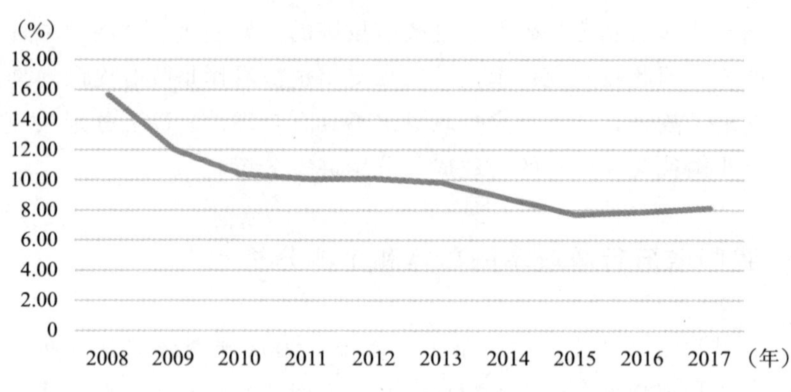

图 4－7 狭义行政成本占公共财政支出比重及变化趋势图

简政放权所取得的成果，究竟是所有政府机构都简政放权从而推动了政府机构整体支出比重的下降，还是部分政府机构简政放权效果明确从而拉低了整体支出比重的下降呢。该问题的深入分析，需要对一般公共服务支出类级科目下的款级科目进行追踪。经对 2008—2017 年的一般公共预算支出决算数据进行观察发现，2008 年和 2009 年的一般公共预算支出只公布到类级科目，即 2008 年和 2009 年的一般公共服务支出不能进行追踪。同时，根据《2017 年政府收支分类科目》，虽然类级科目一般公共服务支出可划分为人大事务、政协事务、政府办公厅事务、党委办公厅（室）及相关机构事务等共计 37 个款级科目，但是党委办公厅（室）及相关机构事务等款级支出未予公布信息或零星公布信息，基于数据的可得性和连续性，2010—2017 年的类级科目一般公共服务支出可具体分析的款级科目为人大事务、政协事务、政府办公厅（室）及相关机构事务等 18 个科目，其中其他一般公共服务支出由于没有明确所指的内容，且 2015 年和 2016 年未公布其他一般公共服务支出数据，因此本节对一般公共服务支出的追踪分析只分析除其他一般公共服务支出外的 17 个款级科目。2010—2017 年 17 个款级科目占总支出的比重及变化趋势如图 4－8 所示。

如图 4－8 所示，在政府机构整体简政放权的大背景下，17 种款级科目中的 13 种款级科目占公共财政支出比重在 2010—2017 年的 7 年间，总体呈现出下降趋势，即可认为这些支出所对应部门在努力简政放权。这 13 款支出分别为：人大事务、政协事务、发展与改革事务、统计信息事务、财政事务、税收事务、审计事务、海关事务、知识产权事务、质量技术监督与检验检疫事务、民族事务、档案事务和群众团体事务。4 种款级科目占公共财政支出比重在

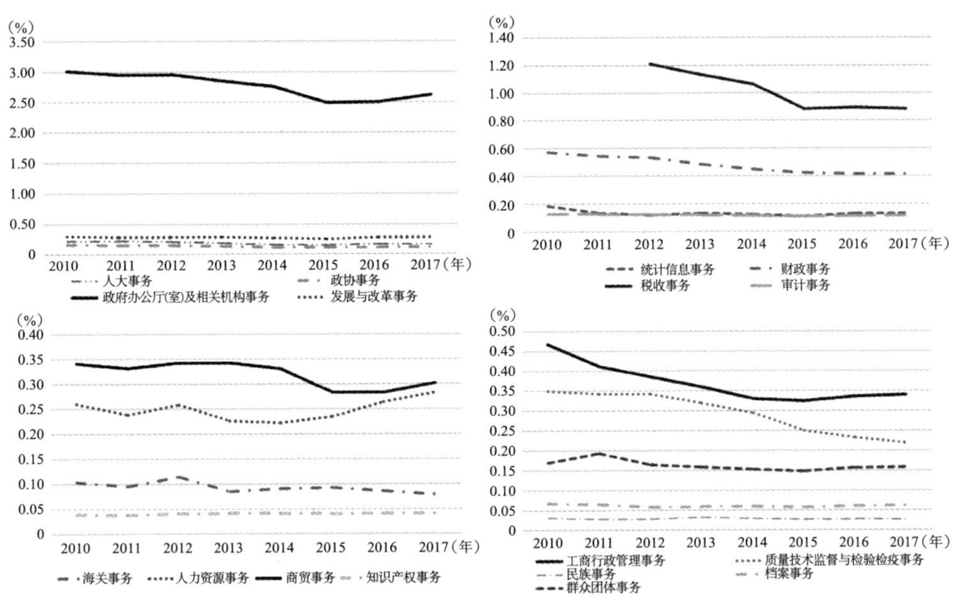

图 4-8　一般公共服务 17 种款级科目占公共财政支出比重及变化趋势图

2010—2017 年的 7 年间，总体呈现出先下降后上升的趋势，即这些支出所对应部门的简政放权还有待加强。这 4 种款级科目分别为：政府办公厅（室）及相关机构事务（2014 年由降转升）、人力资源事务（2014 年由降转升）、商贸事务（2016 年由降转升）和工商行政管理事务（2015 年由降转升）。除其他一般公共服务支出外的 19 个款级科目由于没有公布相关信息，无法对其简政放权的表现予以分析。

就不同政府机构的运行成本而言，在可分析的 17 个款级科目中，政府办公厅（室）及相关机构事务、税收事务和财政事务分别居于各年一般公共服务款级科目的第一、第二、第三位。就政府办公厅（室）及相关机构事务而言，2010—2017 年，政府办公厅（室）及相关机构事务支出的最大值为 3.01%，出现在 2010 年，即当年公共财政支出中的 3.01% 用于维持政府办公厅（室）及相关机构的运转；政府办公厅（室）及相关机构事务支出的最小值为 2.49%，出现在 2015 年，即当年公共财政支出中的 2.49% 用于维持政府办公厅（室）及相关机构的运转。就税收事务而言，2012—2017 年[①]，税务事务支出的最大值为 1.21%，出现在 2012 年，即当年公共财政支出中的 1.21% 用于

① 2010 年和 2011 年一般公共服务支出款级科目未公布税务事务支出。

维持税务机构的运转；税收事务支出的最小值为0.88%，出现在2015年，即当年公共财政支出中的0.88%用于维持税务机构的运转。就财政事务而言，2012—2017年，财政事务支出的最大值为0.57%，出现在2010年，即当年公共财政支出中的0.57%用于维持财政机构的运转；财政事务支出的最小值为0.41%，出现在2016年，即当年公共财政支出中的0.41%用于维持财政机构的运转。

（二）广义行政成本分析

根据前文界定，广义行政成本包括一般公共服务、外交和公共安全三个类级科目。2008—2017年，我国广义行政成本从62592.66亿元上涨到203085.49亿元。此处以广义行政成本（一般公共服务支出、外交支出和公共安全支出三个类级科目的和）在公共财政总支出中所占的比重这一相对指标为分析对象，从而将简政放权在财政上的努力情况从影响广义行政成本支出的众多影响因素中予以分离。图4－9是2008—2017年我国广义行政成本在总支出中所占比重的情况。

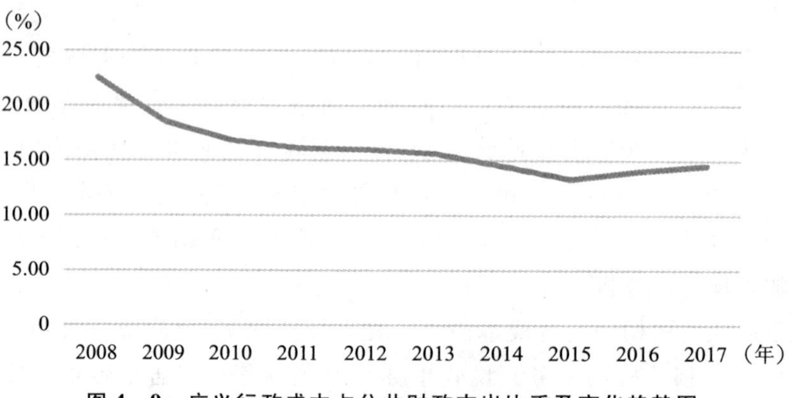

图4－9　广义行政成本占公共财政支出比重及变化趋势图

如图4－9所示，2008—2017年，我国广义行政成本占公共财政支出比重同样经历了先下降后上升的变化过程，从2008年的22.52%持续下降到2015年的13.31%，后缓慢上升到2017年的14.52%。2008—2015年的7年间，广义行政成本占公共财政支出的比重下降了8%。即简政放权在广义行政成本的努力上取得了明显的效果。但2015年后该比重有所反弹，2017年比2015年上涨了1.21%。

为了分析广义行政成本在财政总支出中所占比重的变化趋势，需要将广义成本分解到一般公共服务支出、外交支出和公共安全三个类级科目以及类下的款级科目分别占公共财政总支出的比重进行深入分析。前文已对类级科目一般公共服务支出及其下的款级科目予以分析。以下分别对类级科目外交支出和公共安全支出及其下的款级科目支出进行深入分析。

1. 外交支出的个体分析。根据《2017 年政府收支分类科目》，外交支出类级科目可细分为外交管理事务、驻外使领馆（团、处）等 8 个款级科目。经对 2008—2017 年的一般公共预算支出决算数据进行观察发现，2008—2017 年对外合作与交流等 4 个款级支出未予公布信息，且 2008 年与 2009 年 2 年，8 个款级科目只公布了对外援助和国际组织两个款级科目，基于分析的可得性和连续性。本节对外交支出的追踪分析只分析 2010—2017 年的外交管理事务、驻外机构、对外援助和国际组织等四个款级科目。2010—2017 年，外交支出类级科目及类下 4 个款级科目占总支出的比重及变化趋势如图 4 - 10 所示。

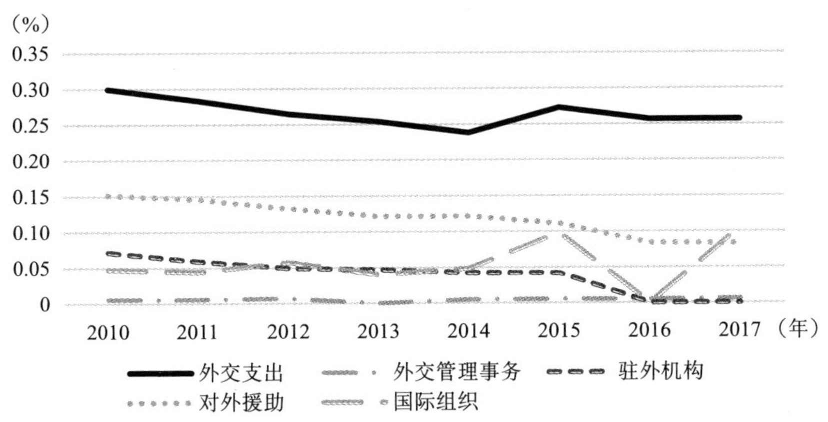

图 4 - 10　外交支出及 4 种款级科目占公共财政支出比重及变化趋势图

如图 4 - 10 所示，2010—2017 年，财政用于外交的支出占公共财政支出的比重呈现先下降后上升再下降趋势。从 2010 年的 0.30%，持续下降至 2014 年的 0.24%，之后上升至 2015 年的 0.27%，后又小幅下降至 2017 年的 0.26%。经对外交支出类级科目细化到款可见，款级科目外交管理事务支出在考察年度经历了先下降后上升的过程，驻外机构和对外援助支出经历了持续下降的过程，国际组织支出在考察期间经历了多次下降与多次上升的反复过程。特别值得注意的是，在外交支出中，对外援助支出在外交支出中所占比重从 2010 年 50% 持续下降到了 2017 年的 30% 左右，但始终保持最高比重。至于其他一般公共服务支出外的 19 个款级科目由于没有公布相关信息，无法对其简政放权的表现予以分析。

2. 公共安全支出的个体分析。由《2017年政府收支分类科目》可知，公共安全支出类级科目可细化为武装警察、公安、国家安全、检察、法院、司法、监狱、强制隔离戒毒、国家保密、缉私警察、海警和其他公共安全支出等12个款级科目。经对2008—2017年的一般公共预算支出决算数据进行观察发现，2008年和2009年的公共安全支出类级科目下的款级科目只公布了武装警察和公安两个科目，而国家安全、监狱、强制隔离戒毒、国家保密、海警和其他公共安全6个款级科目的数据未予公布。基于数据的可得性，本节对2010—2017年公共安全支出追踪到武装警察、公安、检察、法院、司法和缉私警察6个款级科目。款级科目进行深入分析。2010—2017年公共安全支出类级科目及类下6个款级科目占总支出的比重及变化趋势如图4-11所示①。

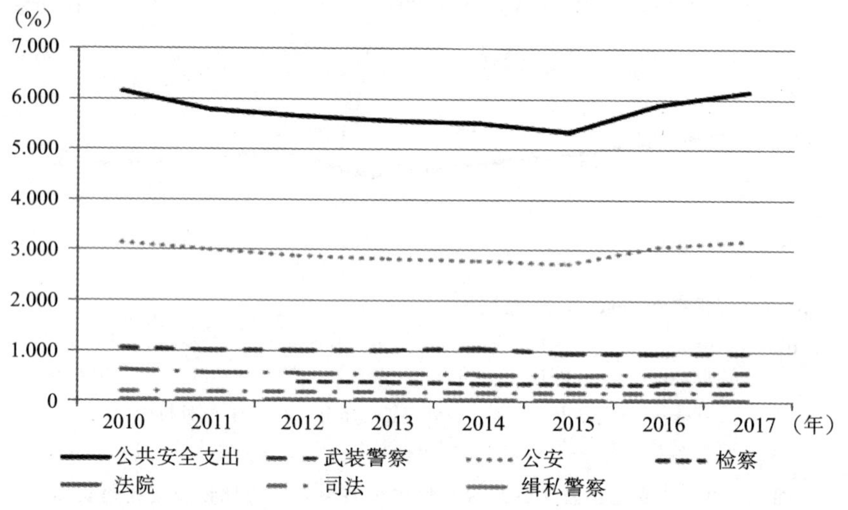

图4-11 公共安全支出及6种款级科目占公共财政支出比重及变化趋势图

如图4-11所示，2010—2017年，财政用于民生支出中的公共安全支出占公共财政支出的比重呈现先下降后上升趋势。从2010年的6.14%，持续下降至2015年的5.33%，之后持续上升至2017年的6.14%。换个角度，可认为政府用于维持稳定的外部环境和秩序的支出经历了上述变化。经对公共安全支出类级科目细化到款可见，武装警察、公安、检察、法院和司法五种款级科目，在考察年度同样经历了先下降后上升的过程，且最低点除司法支出出现在

① 检察支出2010年和2011年2年未公布数据。图4-11检察支出数据为2012—2017年检察支出占公共财政支出比重及变化趋势。

2014 年外，其他 4 款支出的最低点均出现在 2015 年，与公共安全支出的总变化趋势相同，即公共安全支出先下降后上升的趋势是武装警察、公安、检察、法院和司法支出共同作用的结果。特别值得注意的是，在公共安全支出中，公安支出占公共安全支出比重在 50%—52%，即公共安全支出中的一半用于公安支出。且款级科目公安支出与类级科目公共安全支出的变化趋势之间具有高度相似性。换一个角度，也可解读为我国主要依据公安支出维持稳定的外部环境和秩序的支出。

四、结论和政策启示

1. 狭义政府行政成本比重总体下降，但尚有改善空间。2008—2017 年，财政用于一般公共服务支出在总支出的所占比重下降近 50%，反映了党和政府近 10 年来推行的以“简政放权”和“把权力关进笼子里”为主要手段的供给侧改革等措施取得了显著的成效。但政府办公厅（室）及相关机构事务、人力资源事务、商贸事务和工商行政管理事务呈现先降后升趋势。说明以上四种服务支出有反弹趋势，今后要加强对上述四种支出的管理、控制和监督。就某种一般公共服务支出所占总支出比重而言，政府办公厅（室）相关机构事务、税收事务和财政事务属于运转成本最高的三项事务，党和政府应从管理、控制和监督等方面予以高度关注。

2. 外交支出的变化呈现多变态势，其中对外援助支出特别值得关注。对外援助的主要方式有两种：一是无偿援助；二是无息或低息的长期贷款。对外援助在具体援助方式上主要采用提供技术支持、原材料、建设物资、福利设施等方式。无论是哪种援助都需要财政支持，对外援助除在财力上对国内财政支出产生挤出效应外，也会在实物和技术上对国内财政支出安排产生挤出效应。在我国财力有限、民众的公共产品和服务总体水平不高且地区、城乡差距较大的情况下，对外援助的规模和力度要与我国的经济发展水平和财力相匹配。

3. 维稳的成本比重止降反升，背后原因需要关注。中国是全球社会治安最好的国家之一，这无疑要归功于我国维持稳定的外部环境和秩序的公共安全支出。2010—2017 年，我国用于公共安全支出占公共财政支出的比重始终在 5% 以上，2017 年达到 6.14%。一方面我们要为公共安全支出取得的成效表示肯定；另一方面我们要分析是什么原因导致公共安全支出 2016 年后开始反弹。毕竟该部分比重的增加会在一定程度上挤占民众享受的其他公共产品和服务。

第三节 政府性基金预算的完整、独立和衔接

《预算法》(2014)指出政府的全部收入和支出都应当纳入预算。预算包括一般公共预算、政府性基金预算、国有资本经营预算和社会保险基金预算。一般公共预算、政府性基金预算、国有资本经营预算、社会保险基金预算应当保持完整、独立。政府性基金预算、国有资本经营预算、社会保险基金预算应当与一般公共预算相衔接。至于四种预算如何保持完整、独立，如何衔接，预算法并未指出，也鲜有相关条例和政府机构做出解释。“完整”是指具有或保持着应有的部分，没有损坏或残缺。四种预算保持完整，既意味着四种预算构成了政府预算的全部，也意味着每种预算包含了应该纳入该预算的全部。“独立”是指关系上不依附、不隶属。四种预算保持独立，意味着四种预算在收支上应当不存在交集。“衔接”是指事物首尾连接。政府性基金预算、国有资本经营预算、社会保险基金预算应当与一般公共预算相衔接。意味着政府性基金预算、国有资本经营预算和社会保险基金预算应配合和补充一般公共预算。

一、四种预算的基本情况分析

四种预算分别代表政府收支的四种方式，但政府取得上述收入的凭据是有差异的，政府取得国有资本经营预算收入凭借政府对国有资本的所有权，政府取得其他三种预算收入主要凭借政府的政治权力。所有人对自己的财产享有占有、使用、收益和处分的权利，这是市场经济的基本前提。政府凭借政治权力可以取得收入，但政府凭借政治权力取得收入需要有正当的理由。《预算法》明确指出了政府凭借政治权力取得收入的正当理由。社会保险基金预算筹集的资金专项用于社会保险。一般公共预算筹集的资金，用于保障和改善民生、推动经济社会发展、维护国家安全、维持国家机构正常运转等。政府性基金预算筹集的资金，专项用于特定公共事业发展。《预算法》给出了政府通过政治权力取得收入的正当理由，即支出的使用方向，但并未将支出的使用方向具体化，即缺乏支出的具体用途说明。要了解支出的具体用途需借助预决算的具体数据。有关社会保险收入的具体用途，由于社会保险基金收入具有专款专用的

性质，我们可以通过2011—2016年全国社会保险基金收支决算得到清晰又稳定的答案，即该基金收入用于养老、医疗、失业、工伤和生育等方面。有关一般公共预算收入的具体用途，我们可以通过2008—2016年全国一般公共预算支出决算表得到答案。2008—2016年全国一般公共预算收入的具体用途及变化情况如表4-1所示。2008—2015年，一般公共预算支出项目每年都在进行调整，只有2016年相对于2015年未作调整。通过支出项目的具体调整可以发现，2008—2016年，一般公共服务、外交、国防、公共安全、教育、科学技术、文化体育与传媒、社会保障和就业、医疗卫生、环境保护、城乡社区事务、农林水事务和交通运输等支出项目始终存在，换言之，政府及相关部门始终明确上述支出项目的用途在于保障和改善民生、推动经济社会发展、维护国家安全或维持国家机构正常运转中的一种或多种。而计划生育支出、节能支出、资源勘探信息等支出、商业服务业等支出、金融支出、援助其他地区支出、国土海洋气象等支出、住房保障支出、粮油物资储备支出、债务付息支出、债务发行费用支出、预备费和其他支出等支出在2008—2015年的7年时间里不断调整，只在2016年年未做出调整。换言之，对于上述支出项目的用途是否在于保障和改善民生、推动经济社会发展、维护国家安全或维持国家机构正常运转，政府及相关部门的认识也处于不断摸索中。有关政府性基金预算收入的具体用途，我们可以通过2010—2016年全国政府性基金预算支出决算表得到答案。通过2010年全国政府性基金支出决算表可见，2010年全国政府性基金支出共有三峡工程建设基金支出、农网还贷资金支出和山西省煤炭可持续发展基金支出等47项支出项目。经过6年的不断调整，2016年全国政府性基金支出共有农网还贷资金支出、铁路建设基金支出和民航发展基金支出等30项支出项目。全国政府性基金支出6年来的调整情况如表4-1和表4-2所示。

通过2010—2016年全国政府性基金支出决算表及其变动情况可见，政府性基金项目种类繁多，有基金、资金、附加费、建设费、专项收费等不同的基金形式，至于这些基金形式的差别，尚未找到官方解释，因此试图通过基金形式的差异来分析基金用途的尝试只能搁浅。由于基金种类繁多，对其用途进行分类既困难，又主观。所幸，财政部官方网站公布了“政府性基金预算编制情况”[1]，该编制情况将政府性基金按支出用途划分为：用于公路、铁路、民

① 详细内容见财政部官方网站，网址 http://www.mof.gov.cn/zhengwuxinxi/caizhengshuju/201005/t20100511_291390.html。

表 4-1　2008—2016 年全国一般公共预算收入的具体用途及变化情况表

2008 年支出项目	支出项目调整过程			2016 年支出项目
一般公共服务	新增项目	调减项目	修订项目	一般公共服务支出
外交	2009 年			外交支出
国防	采掘电力信息等事务	无	工业商业金融等事务修订为金融事务	国防支出
公共安全	粮油物资储备等事务			公共安全支出
教育	国债付息支出			教育支出
科学技术	预备费			科学技术支出
文化体育与传媒	保障性住房支出			文化体育与传媒支出
社会保障和就业	2010 年			社会保障和就业支出
医疗卫生	商业服务业等事务	无	采掘电力信息等事务修订为资源勘探电力信息等事务	医疗卫生与计划生育支出
环境保护	国土资源气象等事务		金融事务修订为金融监管等事务支出	节能环保支出
城乡社区事务			粮油物资储备等事务修订为粮油物资储备管理事务	城乡社区支出
农林水事务	2011 年			农林水支出
交通运输	无	无	环境保护修订为节能环保	交通运输支出
工业商业金融等事务			粮油物资储备管理事务修订为粮油物资管理事务	资源勘探信息等支出
地震灾后恢复重建支出			国债付息支出修订为国债还本付息支出	商业服务业等支出
其他支出	2012 年			金融支出
	援助其他地区支出	无	粮油物资管理事务修订为粮油物资储备事务	援助其他地区支出
	2013 年			国土海洋气象等支出
	无	无	国债还本付息支出修订为政府债务付息支出	住房保障支出

续表

2008 年支出项目	支出项目调整过程			2016 年支出项目
一般公共服务	新增项目	调减项目	修订项目	一般公共服务支出
	2014 年			粮油物资储备支出
			医疗卫生修订为医疗卫生与计划生育支出	其他支出
	无	地震灾后恢复重建支出	金融监管等事务支出修订为金融支出	债务付息支出
			国土资源气象等事务修订为国土海洋气象等支出	债务发行费用支出
	2015 年			预备费
	债务发行费用支出	无	无	
	2016 年			
	无	无	无	

表 4－2　2010—2016 年全国政府性基金预算收入具体用途变化情况表

支出项目调整过程		
新增项目	调减项目	修订项目
2011 年		
长江口航道维护支出	三峡工程建设基金支出	无
核电站乏燃料处理处置基金支出	对外贸易发展基金支出	
无线电频率占用费安排的支出	援外合资合作项目基金支出	
	国家茧丝绸发展风险基金支出	
2012 年		
可再生能源电价附加收入安排的支出	福建省铁路建设附加费安排的支出	民航基础设施建设基金支出和民航机场管理建设费安排的支出修订为民航发展基金支出
船舶油污损害赔偿基金支出	江苏省地方教育基金支出	
电力改革预留资产变现收入安排的支出	山西省水资源补偿费安排的支出	
废弃电器电子产品处理基金支出		
2013 年		
烟草企业上缴专项收入安排的支出	贸促会收费安排的支出	无
2014 年		
水土保持补偿费安排的支出	铁路资产变现收入安排的支出	无

续表

支出项目调整过程		
新增项目	调减项目	修订项目
2015 年		
彩票发行和销售机构业务费安排的支出	山西省煤炭可持续发展基金支出	无
污水处理费相关支出	转让政府还贷道路收费权收入安排的支出	
地方政府专项债务收入安排的支出	文化事业建设费安排的支出	
	地方教育附加安排的支出	
	育林基金支出	
	森林植被恢复费安排的支出	
	水利建设基金支出	
	残疾人就业保障金支出	
	船舶港务费安排的支出	
	长江口航道维护支出	
2016 年		
无	散装水泥专项资金相关支出	大中型水库移民后期扶持基金支出、大中型水库库区基金相关支出和三峡水库库区基金支出修订为中央水库移民扶持基金相关支出
	政府住房基金相关支出	
	电力改革预留资产变现收入安排的支出	
	无线电频率占用费安排的支出	
	水土保持补偿费安排的支出	小型水库移民扶助基金相关支出修订为地方水库移民扶持基金相关支出

航、港口等建设的基金；用于水利建设的基金；用于城市维护建设的基金；用于教育、文化、体育等事业发展的基金；用于移民和社会保障的基金；用于生态环境建设的基金和用于其他方面的基金。

二、政府性基金预算的完整分析

根据完整的要求，一方面政府性基金预算要与其他三种预算一起构成政府预算的全部；另一方面政府性基金预算包含且仅包含应该纳入该预算的全部。

政府性基金预算是否满足了完整的第一方面要求呢，根据《预算法》的规定，政府的全部收入和支出都应当纳入预算。预算包括一般公共预算、政府性基金预算、国有资本经营预算和社会保险基金预算。从《预算法》的规定来看，四种预算应该构成了政府收入和支出的全部，不存在任何遗漏。政府性基金预算满足了完整性的第一方面要求。

至于政府性基金预算是否包含且仅包含应该纳入该预算的全部，则主要取决于两个重要的考察。考察一，纳入政府性基金预算的项目是否有明确的清单。只有在评价期期初有明确的清单，政府部门、民众和社会各界才能在评价期结束后，依据清单对评价期的基金项目完整性情况进行分析和判断。2010—2016 年有关政府性基金的清单情况是：财政部分别于 2011—2013 年年初发布了《全国政府性基金项目目录的通知》（以下简称《目录》），通知公布了截至上年（即 2010—2012）年末，按规定程序经国务院或财政部批准向社会征收的全国政府性基金项目。并指出各地、各部门，各组织应严格按照《目录》执行，凡未列入《目录》以及未经国务院或财政部批准的政府性基金，公民、法人和其他社会组织应拒绝缴纳。有关 2013—2016 年的政府基金清单，目前在各政府部门官网及其他网站均未找到相关通知或信息发布记录。在此假定财政部每年都会发布《目录》，则已发布的《目录》应成为来年全国政府性基金收支预决算项目的最主要依据。根据 2010—2012 年的《目录》情况对 2011—2013 年的全国政府性基金预决算的完整性情况分析如表 4 - 3 所示。

表 4 - 3　　2010—2013 年基金项目目录与基金预决算对比情况表①

2010（2011）	2011（2012）	2012（2013）
在基金项目目录但不在基金预决算表中的收入项目		
教育费附加	教育费附加	教育费附加
	地方教育附加	国家重大水利工程建设基金
	机场管理建设费	船舶油污损害赔偿基金
	民航基础设施建设基金	城市基础设施配套费

① 表 4 - 3 中 2010、2011、2012 表示所公示的全国政府性基金项目目录对应的年份，（2011）、（2012）、（2013）表示所公示的全国政府性基金收入决算表对应的年份。

续表

2010（2011）	2011（2012）	2012（2013）
在基金预算表但不在基金项目中的收入项目		
转让政府还贷道路收费权收入	民航发展基金收入	转让政府还贷道路收费权收入
新增建设用地土地有偿使用费收入	转让政府还贷道路收费权收入	新增建设用地土地有偿使用费收入
政府住房基金收入	地方教育附加收入	政府住房基金收入
国有土地使用权出让金收入	新增建设用地土地有偿使用费收入	国有土地使用权出让金收入
国有土地收益基金收入	政府住房基金收入	国有土地收益基金收入
农业土地开发资金收入	国有土地使用权出让金收入	农业土地开发资金收入
三峡水库库区基金收入	国有土地收益基金收入	中央特别国债经营基金财务收入
中央特别国债经营基金财务收入	农业土地开发资金收入	彩票公益金收入
车辆通行费收入	中央特别国债经营基金财务收入	城市基础设施配套费收入
船舶港务费收入	彩票公益金收入	国家重大水利工程建设基金收入
贸促会收费收入	车辆通行费收入	车辆通行费收入
长江口航道维护收入	船舶港务费收入	船舶港务费收入
铁路资产变现收入	贸促会收费收入	长江口航道维护收入
电力改革预留资产变现收入	长江口航道维护收入	船舶油污损害赔偿基金收入
无线电频率占用费收入	船舶油污损害赔偿基金收入	铁路资产变现收入
其他政府性基金收入	铁路资产变现收入	电力改革预留资产变现收入
	电力改革预留资产变现收入	无线电频率占用费收入
	无线电频率占用费收入	烟草企业上缴专项收入
	废弃电器电子产品处理基金收入	其他政府性基金收入
	其他政府性基金收入	

资料来源：根据2010—2012年全国政府性基金项目目录和2011—2013年全国政府性基金收入决算表整理得出。

由基金目录清单、基金收入决算表及表4-3可见，纳入《2010年全国政府性基金项目目录》的项目共计32项，《2011年全国政府性基金收入决算表》列示基金收入项目47项，2010年目录清单中的1个项目未在2011年决算表中出现，2011年决算表中的16个项目不在2010年目录清单中。纳入《2011年全国政府性基金项目目录》的项目共计29项，《2012年全国政府性基金收入决算表》列示基金收入项目45项，2011年目录清单中的4个项目未在2012年决算表中出现，2012年决算表中的20个项目不在2011年目录清单中。纳入《2012年全国政府性基金项目目录》的项目共计30项，《2013年全国政府性基金收入决算表》列示基金收入项目45项，2012年目录清单中的4个项目未在2013年决算表中出现，2013年决算表中的19个项目不在2012年目录清单中。通过对比可见，2011—2013年全国政府性基金预决算与2010—2012年全国政府性基金目录清单存在很大差异，若以清单来对政府性基金预算进行考察，则完整性情况并不理想。

考察二，该纳入政府基金的项目是否都纳入了预算清单。经考察发现，基金目录与基金预算之间有很大的差异，至于哪些项目应该纳入政府性基金预算属于规范性分析的范畴。根据《预算法》规定，政府性基金项目是依法向特定对象筹集的，专项用于特定公共事业发展的资金。究竟何为特定公共事业，《预算法》及相关部门未做说明，由表4-2可见，2010—2016年，共有12个项目曾被列入新增项目，共有24个项目曾被列入调减项目，共有3个项目曾被列入修订项目，政府性基金项目的不断调整表明，有关特定公共事业的外延是开放的、是不断变化的。对于开放的、不断变化的事物，考察其对象的完整性是不具可操作性。

三、政府性基金预算的独立分析

根据独立的要求，政府性基金预算在收支上应当与其他预算不存在交集。但根据《预算法》关于一般公共预算和政府性基金预算的定位，两者之间必定会存在交集，而且交集范围很大。原因在于，《预算法》对一般公共预算的目标定位为用于保障和改善民生、推动经济社会发展、维护国家安全、维持国家机构正常运转等。上述目标的实现，主要依赖于政府提供的公共产品和服务、准公共产品和服务。《预算法》对政府性基金预算的目标定位为专项用于特定公共事业发展。不管特定公共事业如何特定，其公共事业的属性决定了政府支出的用途在于提供公共产品和服务、准公共产品和服务。因此，两种预算之间必定存在交集，交集的存在通过前文财政部“政府性基金预算编制情况”中有关政府性基金支出的用途可见一斑。为了更清晰地了解一般公共预算与政府性基金预算的交集，以下以2016年两种预算支出的对比情况为例予以说明。通过对比可知，2016年全国政府性基金支出30个项目中，除烟草企业上缴专项收入安排的支出项目不能与一般公共预算支出项目相对应，其他政府性基金相关支出由于没有明确具体内容无法与一般公共预算支出项目相对应外，其他28个项目都与一般公共预算支出存在交集，有关两种预算支出的交集情况如表4-4所示。

表 4-4　2016 年一般公共预算与政府性基金预算支出交集情况对比表

<table>
<tr><th>全国一般公共预算支出项目</th><th>全国政府性基金预算支出项目</th></tr>
<tr><td>文化体育与传媒支出</td><td>国家电影事业发展专项资金相关支出</td></tr>
<tr><td rowspan="2">社会保障和就业支出</td><td>彩票公益金相关支出</td></tr>
<tr><td>彩票发行和销售机构业务费安排的支出</td></tr>
<tr><td rowspan="5">节能环保支出</td><td>新型墙体材料专项基金相关支出</td></tr>
<tr><td>核电站乏燃料处理处置基金支出</td></tr>
<tr><td>可再生能源电价附加收入安排的支出</td></tr>
<tr><td>废弃电器电子产品处理基金支出</td></tr>
<tr><td>污水处理费相关支出</td></tr>
<tr><td rowspan="12">城乡社区支出
农林水支出
住房保障支出</td><td>新增建设用地土地有偿使用费相关支出</td></tr>
<tr><td>城市公用事业附加相关支出</td></tr>
<tr><td>农业土地开发资金相关支出</td></tr>
<tr><td>城市基础设施配套费相关支出</td></tr>
<tr><td>地方水库移民扶持基金相关支出</td></tr>
<tr><td>农网还贷资金支出</td></tr>
<tr><td>新菜地开发建设基金相关支出</td></tr>
<tr><td>南水北调工程基金相关支出</td></tr>
<tr><td>国家重大水利工程建设基金相关支出</td></tr>
<tr><td>国有土地使用权出让金收入相关支出</td></tr>
<tr><td>国有土地收益基金相关支出</td></tr>
<tr><td>中央水库移民扶持基金相关支出</td></tr>
<tr><td rowspan="6">交通运输支出</td><td>铁路建设基金支出</td></tr>
<tr><td>民航发展基金支出</td></tr>
<tr><td>海南省高等级公路车辆通行附加费相关支出</td></tr>
<tr><td>港口建设费相关支出</td></tr>
<tr><td>车辆通行费相关支出</td></tr>
<tr><td>船舶油污损害赔偿基金支出</td></tr>
<tr><td>商业服务业等支出</td><td>旅游发展基金支出</td></tr>
<tr><td>债务付息支出</td><td rowspan="2">中央特别国债经营基金财务支出</td></tr>
<tr><td>债务发行费用支出</td></tr>
</table>

资料来源：根据 2016 年一般公共预算支出表与政府性基金预算支出表整理得出。

通过2016年政府性基金支出项目可见，其支出内容均为公共产品或准公共产品，这些产品的供给具有长期性和资本性，并非通过短期的甚至是一次性的基金投入就能彻底解决问题。这也意味着政府性基金预算支出与一共公共预算支出两者不仅存在很大的交集，而且这种交集必然会长期存在。因此，政府性基金预算难以真正做到独立。

四、政府性基金预算的衔接分析

根据衔接的要求，政府性基金预算应配合、协调和补充一般公共预算。

就政府性基金预算配合、协调一般公共预算而言。2010—2016年，政府性基金预算与一般公共预算共同存在的7年中，两者之间的支出部分一直存在很大的交集，2016年两者的交集情况如表4-4所示，其他年份的情况相类似。既然实现情况是两者之间的交集很大，那可以认为两者实现的目标大致相同，可以通过两者共同发力，相互配合和相互协调来共同完成，两者在收支上的配合情况如表5-5所示。

表4-5　2010—2016年一般公共预算与政府性基金预算决算收支差额（单位：亿元）

年份	一般公共预算	政府性基金预算
2010	-10000.00	2833.86
2011	-8500.00	1416.52
2012	-8000.00	1204.03
2013	-12000.00	1767.89
2014	-13500.00	2649.82
2015	-16200.00	-8.97
2016	-21800.00	-235.02

资料来源：根据2010—2016年一般公共预算收入和支出决算表、政府性基金预算收入和支出决算表整理计算得出。

由表4-5可知，2010—2014年，一般公共预算在完成职能时，出现了较大的收不抵支，而相应年份的政府性基金预算在完成职能时，出现了较大的收入结余。这种现象说明两种预算的配合并不默契。根据《预算法》的规定，政府性基金预算筹集的资金，专项用于特定公共事业发展，这种目标设定具有专款专用的性质，即收入与支出具有严格的一一对应关系，这种对应关系可由政府性基金收入决算表和政府性基金支出决算表得到印证。基金项目之所以要取得相应规模的收入，是因为有相应规模的支出需求，两者的规模总体应该相当。2010—2014 年的政府性基金收入决算数一直较大规模地大于支出决算数，既说明相应年度基金项目的资金需求总体上得到了满足，也说明相应年度基金收入总体规模偏大。但这种认识却与一般公共预算支出项目相悖，2010—2014 年，一般公共预算支出除用于一般公共服务、外交和公共安全等国家机器运转的支出外，主要用于文化体育与传媒支出、社会保障和就业支出、节能环保支出、城乡社区支出、农林水支出、住房保障支出、交通运输支出、商业服务业、债务付息支出和债务发行费用等支出，这些一般公共预算中的支出项目由于与政府性基金项目有交集，不能否认其中有相当一部分用于了政府性基金支出项目。一方面是政府性基金项目自身的盈余；另一方面是一般公共项目自身的赤字，而赤字方还要为盈余方买单。说明政府性基金预算与一般公共预算之间缺乏配合和协调的机制。

就政府性基金预算补充一般公共预算而言。2014 年 11 月 21 日，财政部发布了《关于完善政府预算体系有关问题的通知》，指出从 2015 年 1 月 1 日起，包括地方教育附加、文化事业建设费等 11 项，用于提供基本公共服务、人员和政府机器运转等方面的收支项目转列一般公共预算。2015 年 6 月 16 日，国务院发布了《推进财政资金统筹使用方案》，指出，加大政府性基金预算转列一般公共预算的力度。从 2016 年 1 月 1 日起，将水土保持补偿费、政府住房基金等 5 项基金转列一般公共预算。2015 年和 2016 年的政府性基金转列一般公共预算，同时涉及政府性基金项目的收入和支出，即调减的政府性基金收入转入一般公共预算收入，调减的政府性基金支出转入一般公共预算支出。换言之，是把一部分项目从先前计入政府性基金预算收支改变为计入一般公共预算收支，若把两本账作为一个整体考察，则这种调整如果衔接通畅，不会明显地影响总体收支盈余。把两本账作为一个整体分析，2013 年的总体收支情况为赤字 8219. 11 亿元，2014 年的总体收支情况为赤字 8836. 18 亿元，2015 年的总体收支情况为赤字 14193. 97 亿元，2016 年的总体收支情况为赤字 20019. 02 亿元。比较发现，在政府性基金收支未做出并入一般公共预算改革的 2014 年，其收支结余与同样未做出改革的 2013 年相比赤字增加了 617. 07 亿元，而实行政府性基金并入一般公共预算改革的 2015 年，与未做出改革的 2014 年相比，赤字规模增加了 5357. 79 亿元，继续加大改革的 2016 年，与 2015 年相比，赤字规模增加了 5825. 05 亿元。通过比较可见，在政府性基金并入一般公共预算改革的 2015 年和 2016 年，赤字规模有了明显增加，虽然我们无法控制在这一改革过程中的其他变化因素，但可以确认政府性基金并入一般公共预算改革所带来的冲击却是导致盈余发生明显增加的一个重要因素。由此可知，基于补充一般公共预算的目的所做出的政府性基金预算收支改革并未能很好地补充一般公共预算。

五、结论与启示

（一）完整的结论与启示

《预算法》（2014）明确并保障了政府性基金预算与其他三种预算一起构成政府全部预算的合法地位，至于哪些项目应该纳入政府性基金预算，《预算法》缺乏对特定公共事业的详细解释，要把握公共事业的内涵和外延有赖于更深入的规范研究。在目前的可操作层面，应动态地及时地公布政府基金目录清单，从而在实证上使政府、民众和其他社会各界对政府性基金的完整性分析有的放矢。有效的基金目录清单对于规范和监督政府行为，提高政府性基金项目的透明性和更好地发挥作用都有重要意义。

（二）独立的结论与启示

不同的预算应保持相对独立，不应出现你中有我，我中有你的现象。目前的政府性基金预算与一般公共预算存在交集过大的情况，交集过大就会出现有利时两种预算抢着上的现象，有害时两种预算躲着让的现象。建议在未来的政府性基金改革中，继续进行分类改革，特别是将国家机器运转和提供公共产品和服务等方面的支出纳入一般公共预算，真正保证两者在收支上的独立性。只有真正彼此独立，才能各司其职，各尽其责，更好地发挥各自应有的作用。

（三）衔接的结论与启示

在部分政府性基金预算转入一般公共预算的改革过程中，政府性基金预算对一般公共预算的配合、协调和补充有待加强。作为专款作用的政府性基金预算应优先安排用于特定公共事业的支出，只有当特定的政府性基金支出不足以弥补相应的基金支出时，一般公共预算支出才需要补足。而不是前者在支出上留有结余，而一般公共预算支出却在相应的项目上进行支出。此外，要理顺部分政府性基金项目转入一般公共预算项目的收支管理，找出为何只是项目归入预算包的不同却导致收支结余差异明显的原因，特别要查明是否由于基金项目改革，导致改革前负责基金征收、管理的部门由于权力旁落而产生消极情绪甚至抵触行为所导致的收支差距过大。最后要真正做到财权统一，政府性基金预算作为政府收支的一部分，同样应该由财政部门编制并统一安排收支。

第四节 国有资本经营预算、国有企业与经济增长

改革开放 40 多年，国有经济在实现国富民强中的作用有目共睹。但毋庸置疑，国有经济自身存在的配置效率不高、资产流失严重等问题始终悬而未决。早在 1993 年党的第十四届三中全会通过的“中共中央关于建立社会主义市场经济体制若干问题的决定”，近在 2015 年国务院发布的“关于改革和完善国有资产管理体制的若干意见”和 2017 年习近平总书记在党的十九大所做的报告，对国有经济存在问题的关注始终是重中之重。这一方面反映了党和政府对国有资本的重视和努力；另一方面也反映了解决问题的困难和阻力。

一、国有资本的投资定位

在资源配置问题上，支持市场应在资源配置中发挥主要作用的理论和实践并不鲜见。

（一）政府作用的理论定位

理论上，从经济学的开山鼻祖亚当·斯密的《国富论》，到 1974 年诺贝尔奖得主哈耶克的《自由秩序原理》和 1976 年诺贝尔奖得主弗里德曼的《资本主义与自由》，他们都主张通过市场来配置资源，因为市场坚持自由选择，在市场中交易双方的自由交换最终会使供需双方都受益，从而实现帕累托改进；而任何的政府行为都会使一部分人受损，即政府行为只能实现潜在的帕累托改进，因此政府的作用不是替代市场，而是弥补市场缺陷，为市场保驾护航。

（二）政府作用的历史经验

1929—1933 年席卷资本主义世界的以经济停滞为特点的经济危机，曾引发了人们对自由放任的市场经济的不满，于是以 1936 年凯恩斯的《就业利息与货币通论》为代表，有效的需求管理即主张政府干预的理论开始流行，在该理论支持的实践盛行约 50 年后，1979—1982 年又一场经济危机在资本主义世界蔓延，但此次危机的特点是经济停滞与通货膨胀同时出现，有效的需求管理理论在解决一个问题时，会使另一个问题变得更加严重，从而陷入了进退维谷的处境。时任美国总统里根和英国首相撒切尔推行了以萨伊为代表的供给学派的做法，即以减少税费为企业松捆，从而减少政府干预，有效供给管理最终使"滞胀"药到病除。这次危机的出现，也让人们认识到，政府的干预也许会使问题更糟糕。此外，1989 年的东欧巨变和苏联解体，经济恶化是一个重要原因，而政府过多干预经济导致的资源配置效率低下又是经济恶化的主因。以上资本主义国家的危机和前社会主义阵营的瓦解都表明，政府对经济的过度干预是危险的，因此政府直接干预国有经济也要适可而止。

（三）国有资本的投资领域

经济学家的理论研究和人类近百年的社会实践表明，政府的存在在于弥补市场缺陷和为市场保驾护航，作为政府直接干预经济的国有经济应服从和服务于政府的上述作用。历经 40 多年的改革开放，30 多年的社会主义市场经济体制改革，中国对资源配置中"两只手"（有形之手的政府和无形之手的市场）的认识不断突破。2013 年党的十八届三中全会通过的"中共中央关于全面深化改革若干重大问题的决定"，开篇"全面深化改革的重大意义和指导思想"指出经济体制改革的核心问题是处理好政府和市场的关系，使市场在资源配置中起决定性作用和更好发挥政府作用。而政府的职责和作用主要是保持宏观经济稳定，加强和优化公共服务，保障公平竞争，加强市场监管，维护市场秩序，推动可持续发展，促进共同富裕，弥补市场失灵。这种对市场和政府作用的定位与经济理论和国际经验相符。

国有经济是政府直接干预经济的手段，其目标应服从和服务于政府的职能和作用。党的十八届三中全会明确国有资本投资运营要服务于国家战略目标，更多投向关系国家安全、国民经济命脉的重要行业和关键领域，重点提供公共服务、发展重要前瞻性战略性产业、保护生态环境、支持科技进步、保障国家安全。此定位与弥补市场缺陷和为市场保驾护航相一致。既能发挥国有经济的作用，也为国有资本的投资范围设置了篱笆。

二、国有资本经营预算与国有资本投资范围

国有资本经营预算是国家凭借对国有资本的所有权取得收入并进行支出的预算。国有资本经营收入反映政府凭借所有权取得收入的来源，来源的最主要部分为国有企业上缴的利润，国有资本经营支出反映政府对上述取得收入的使用去向。通过国有资本经营收入决算表中的利润来源部分，可以看出我国国有企业的投资范围情况。2012—2016 年我国企业的投资范围共涉及 31 种企业，具体如下：①烟草企业；②石油石化企业；③电力企业；④电信企业；⑤煤炭企业；⑥有色冶金采掘企业；⑦钢铁企业；⑧化工企业；⑨运输企业；⑩电子企业；⑪机械企业；⑫投资服务企业；⑬纺织轻工企业；⑭贸易企业；⑮建筑施工企业；⑯房地产企业；⑰建材企业；⑱医药企业；⑲农林牧渔企业；⑳邮政企业；㉑地质勘查企业；㉒教育文化广播企业；㉓科学研究企业；㉔卫生体育福利企业；㉕金融企业；㉖军工企业；㉗机关社团所属企业；㉘转制科研院所；㉙境外企业；㉚对外合作企业；㉛其他国有资本经营预算企业。由于国有资本经营预算对企业的划分并非按照《中华人民共和国国家标准（GB/T 4754—2011）国民经济行业分类》中的行业划分标准，两者差异较大，因此考察国有企业的投资范围归属情况只能依据标准（GB/T 4754—2011）的最大分类科目：门类进行比对。比对的结果是除㉘转制科研院所；㉙境外企业；㉚对外合作企业和㉛其他国有资本经营预算企业不能明确其所属门类外，其他企业所属的门类情况相对清晰。2012—2016 年我国企业投资范围的具体情况如表 4 -6 所示[①]。

表 4 -6　　国有企业投资范围表

（GB/T 4754—2011）门类	国有企业利润
A. 农、林、牧、渔业	⑲
B. 采矿业	②⑤⑥
C. 制造业	①②⑤⑦⑧⑩⑪⑬⑰⑱㉖
D. 电力、热力、燃气及水生产和供应业	③
E. 建筑业	⑮

① 表 4 -6 中有关国有企业利润来源行业用文中行业的相应代码表示。

续表

（GB/T 4754—2011）门类	国有企业利润
F. 批发和零售业	⑭
G. 交通运输、仓储和邮政业	⑨⑳
H. 住宿和餐饮业	㉗
I. 信息传输、软件和信息技术服务业	④㉖
J. 金融业	㉕
K. 房地产业	⑯
L. 租赁和商务服务业	⑫
M. 科学研究和技术服务业	㉑㉓㉖
N. 水利、环境和公共设施管理业	
O. 居民服务、修理和其他服务业	
P. 教育	㉒
Q. 卫生和社会工作	㉔
R. 文化、体育和娱乐业	㉒㉔
S. 公共管理、社会保障和社会组织	
T. 国际组织	

资料来源：根据《中华人民共和国国家标准（GB/T 4754—2011）国民经济行业分类》和相应年份的全国国有资本经营收入决算表整理得出。

由表 4－6 可知，仅就能明确所属门类的 27 种企业而言，其投资范围遍及 20 大门类国民经济行业中的 16 门类，占比 80%，若考虑不能明确其所属门类的 4 种企业，保守估计，我国国有企业投资范围占到全社会所有企业门类的比重超过 80%。

表 4－6 中国有企业利润未涉及的行业有 N 水利、环境和公共设施管理业，O 居民服务、修理和其他服务业，S 公共管理、社会保障和社会组织和 T 国际组织。上述国有企业利润未涉及的行业集中在公共产品和服务、社会福利和保障领域。企业利润未涉及的可能原因有两种：第一种，未有或鲜有国有企业进入上述领域；第二种，有国有企业进入上述领域，但没有盈利或有盈利但不需上缴利润。因公共产品和服务、社会福利和保障领域的产品属性有完全的非排他性和非竞争性或部分的非排他性和非竞争性，企业要想在该领域投资并获利的可能性微乎其微，因此，企业利润未涉及该领域的第一种原因居多，若有第二种可能性则该企业享受财政补贴的可能性较大。而该领域是十八届三个全会所明确的国有资本投资重点中的提供公共服务和保障国家安全的重要组成部分。

从以上分析可知，国有经济的投资范围之广，几乎涉及了“无形的手”配置资源的全部领域。根据十八届三中全会有关国有资本投资服务目标的设定，国有资本投资应该是有严格范围限定的，虽然有关国有资本投资的具体行业目录尚未出台，但显然目前的国有资本投资存在明显的超范围经营。至于超范围经营的后果，国有经济或多或少都有政府干预的影子，国企高管通常由党或政府相关部门任命，都有部、厅、处或其他级别待遇，如此与市场经济中没有任何头衔的民企竞争，竞争的天平显然已经倾向前者，资源配置的非效率和不公平也就由此产生，市场经济本身的内在优势也被打破。

为了进一步了解国有经济的投资范围情况，以下选取房地产和酒店两个行业作分析，经过20多年的市场经济改革，上述两个行业通过市场配置资源得到了长足的发展，且上述两个行业明显不属于十八届三中全会有关国有资本投资服务目标所设定的重要行业和关键领域，即该投资领域与十八届三中全会所主导的有关国有资本投资的精神不符。但目前的现状是，国有企业将上述两个行业作为经营业务范围甚至主业的企业为数不少。由于国有企业数量众多，为了分析问题的方便，也为了分析的客观性，以下以央企为对象进行分析。我国的央企主要以国有资产监督管理委员会监管为主。截至2017年年底，由国资委监管的97家央企中，国资委网站明确公示，以房地产开发作为主业之一的有11家，以房地产开发和酒店两个行业同时作为主业的有4家。这15家企业如表4-7所示。

表4-7　以房地产和酒店作为主业的央企目录表

房地产开发	房地产开发、酒店
中国建筑工程总公司	中国粮油食品（集团）有限公司
中国葛洲坝集团公司	中国中化集团公司
中国铁道建筑总公司	华侨城集团公司
中国铁路工程总公司	南光（集团）有限公司
中国冶金科工集团公司	
中国水利水电建设集团公司	
中国交通建设集团有限公司	
香港中旅（集团）有限公司	
华润（集团）有限公司	
中国保利集团公司	
招商局集团有限公司	

资料来源：根据国有资产监督管理委员会网站有关信息和公司主页的业务信息整理得出。

更进一步，将国资委圈定的以房地产开发和酒店业作为主业的15家央企为突破和样本，深入考察国企的整个经营范围。15家央企的经营业务情况如表4－8所示。

表4－8 15家央企业务范围情况表①

公司	业务范围			
中国建筑工程总公司	房屋建筑工程	基础设施建设与投资	房地产投资与开发	勘察设计
	建筑科技	水务环保	电子商务	金融业务
	海外业务			
中国葛洲坝集团公司	环保	建筑	装备制造	基础设施投资与运营业务
	水泥	民爆	金融	房地产
中国铁道建筑总公司	工程建筑	房地产	特许经营	工业制造
	矿产资源	金融服务	物资物流	
中国铁路工程总公司	基础设施建设	勘查设计和咨询服务	工程设备和零部件制造	金融投资服务
	资源开发	海外业务	投资业务	房地产开发
中国冶金科工集团公司	冶金工程	高端房建	矿山建设与矿产开发	中高端地产
	核心技术装备与中冶钢构	环境工程与新能源	特色主题工程	交通市政基础建设
中国水利水电建设集团公司	电力工程	水电工程	公路桥梁	交通设施
	市政建设			
中国交通建设集团有限公司	全球知名工程承包商	城市综合体开发运营商	特色房地产商	基础设施综合投资商
	金融业务	海洋重工与港口机械制造集成商		
香港中旅（集团）有限公司	旅行社	酒店	景区	免税品
	国旅集团	邮轮	证件	旅游地产

① 由于各公司情况差别很大，再者业务分类完全由公司自定，为了最真实地反映各公司业务情况，表4－8中业务分类完全采用公司自定分类和顺序，没有做调整。

续表

公司	业务范围			
华润（集团）有限公司	消费品	电力	地产	水泥
	燃气	医药	金融	
中国保利集团公司	国际贸易	房地产开发	文化艺术经营	矿产资源投资开发
	民爆产销及相关	科技创新		
招商局集团有限公司	交通	金融	地产	
中国粮油食品（集团）有限公司	中粮国际	中粮贸易	中粮粮谷	中粮油脂
	中粮生化	中粮饲料	中粮糖业	中粮纺织
	中粮工科	中粮酒业	中可饮料	中粮肉食
	中国茶叶	蒙牛乳业	我买网	中粮包装
	中粮资本	中粮资本	中粮置地	中粮营养健康研究院
中国中化集团公司	能源	化工	农业	地产
	金融	招标		
华侨城集团公司	文化产业	旅游产业	新型城镇化	金融投资
	电子			
南光（集团）有限公司	日用消费品贸易	旅游、酒店及配套服务业	房地产开发经营	综合物流服务

资料来源：根据各央企网站关于公司业务或投资关系的情况整理得出。

由表4－8可知，除房地产是国资委确定的各公司主业外，各公司还在诸多领域拓展业务，以金融业为例，15家央企中的9家把金融业作为其经营业务。而金融业务也非十八届三中全会所明确的国有资本投资重点。通观15家央企的投资范围，涉及衣食住行等各个领域，其中与十八届三中全会精神不符的国有资本投资应不在少数。由15家央企推而广之，所有央企甚至所有的国企，其经营范围情况几乎遍及各个门类也就和前文分析相一致了。

三、国有资本经营预算收入与国有企业利润分配

国有企业的超范围投资，一个重要的原因在于我国尚未明确详细的国有企业投资目录，即在制度上缺乏严格的投资方向约束。但投资需要资本，国有企业超范围投资的资本从何而来，其中一个重要来源是国有企业的可支配利润，国有企业的可支配利润和资产情况如表4－9所示。

表 4－9　　国有企业利润及资产情况表　　单位：亿元（比重除外）

项目	2012 年	2013 年	2014 年	2015 年	2016 年	2017 年
国有企业利润	21959.60	24050.50	24765.40	23027.50	23157.80	28985.9
国有资本经营收入	1495.90	1713.36	2007.59	2550.98	2608.95	2580.90
国有资本经营收入占利润的比重	6.81%	7.12%	8.11%	11.08%	11.27%	8.90%
企业可支配利润	14973.8	16324.52	16566.46	14719.645	14759.4	19138.28
总资产	806942.97	911038.60	1021187.80	1192048.80	1317174.50	1517115.4
净资产	286113.50	317872.10	355629.40	401378.20	446797.20	519958

资料来源：根据财政部官方网站公布的各年度的全国国有及国有控股企业经济运行情况和国有资本经营预算收入决算表整理得出。表中企业可支配利润＝国有企业利润－国有企业利润×25%－国有资本经营收入，国有企业利润×25%表示企业缴纳的企业所得税。

由表 4－9 可知，从 2012—2016 年，我国国有企业收益上缴给财政的利润从 2012 年的占比 6.81%持续上升到 2016 年的 11.27%，但 2017 年又下降到 8.90%。即使以 2016 年的最高比重 11.27%来分析，国家或者全民凭借所有权，即以股东的身份获得的收益仅仅占到了企业利润的很小一部分，其余利润企业缴纳企业所得税后全部转化成了企业可支配利润或可支配资本。企业应实现的价值形态有多种认识，但无论是主流的股东利益最大化还是社会利益最大化，国有企业都应该把利润的主要部分花在使全民或社会受益上，最直接的体现是利润的 50%以上应由国有企业上缴给代表全民身份的财政。显然目前的企业利润分配格局需要做出较大的调整。再以企业的资产来分析，现实中作为资产所有者的全民对资产没有真正的占有、使用、处置甚至是有效监督的权利。资产实际掌握在国资委等监督管理部门和企业的实际经营者手中，把以百亿计的总资产和以十亿计的净资产放在各个国有企业中，会极大地诱发相关主体基于自身利益最大化进行投资，而有排他性和竞争性的私人产品是谋求利益的最佳投资对象，这也是国有资产超范围投资，且广泛进行私人产品投资的一个重要原因。

四、国有资本经营支出与国有经济

（一）国有资本经营支出内容缺乏稳定性

2012—2016 年，国有资本经营预算的内容差异大。

1. 类级科目变化大。2012—2015 年国有资本经营支出预决算的类级科目基本相同，但 2016 年和 2017 年的类级科目与 2012—2015 年完全不同，2012—2017 年国有资本经营支出类级科目情况及变动如表 4 - 10 所示。

表 4 - 10　　2012—2017 年国有资本经营支出类级科目表①

2012—2015 年	2016—2017 年
一、教育支出	一、国有资本经营预算补充社保基金支出
二、科学技术支出	二、解决历史遗留问题及改革成本支出
三、文化体育与传媒支出	三、国有企业资本金注入
四、社会保障和就业支出	四、国有企业政策性补贴
五、节能环保支出	五、其他国有资本经营预算支出
六、城乡社区支出	
七、农林水支出	
八、交通运输支出	
九、资源勘探信息等支出	
十、商业服务业等支出	
十一、其他支出	
十二、转移性支出	

资料来源：2012—2017 年全国国有资本经营支出决算表。

2. 款级科目变化大。款级科目变化大不仅表现在 2016 年后由于一级科目类的变化所引起的二级科目款的变化，也表现在 2013—2015 年，一级科目类未做出调整但二级科目款的分类却与 2012 年完全不同。2012 年的款级科目划分主要以支出去向（即具体行业）为划分标准，而 2013—2015 年以支出用途（即实现目标）为划分标准。为了分析两者的差异，选取 2012 年款级科目分类较明确的几个类级科目变化前后的情况予以分析（见表 4 - 11）。

表 4 - 11　　2012—2017 年国有资本经营支出款级科目表

类级科目	2012 年款级科目	2013—2015 年款级科目
三、文化体育与传媒		
	文化	国有经济结构调整支出

① 2012 年、2013 年类级科目九的名称为“资源勘探电力信息等事务”，此外 2012 年的类级科目共 13 个，表 4 - 10 中未列的类级科目为“地震灾后恢复重建支出”。

续表

类级科目	2012 年款级科目	2013—2015 年款级科目
	体育	重点项目支出
	广播影视	产业升级与发展支出
	新闻出版	境外投资及对外经济技术合作支出
		困难企业职工补助支出
		其他国有资本经营预算支出
七、农林水事务		
	农业	款级分类同（三）2013—2015 年款级科目
	林业	
	水利	
八、交通运输		
	公路水路运输	款级分类同（三）2013—2015 年款级科目
	铁路运输	
	民用航空运输	
	邮政业支出	
	其他交通运输支出	

（二）国有资本经营支出的用途有待规范

1. 全民与企业的权责不对称。全民以股东的身份取得的收入应用于谋求全民的利益最大化，无疑公共产品和服务、社会福利和保障是不二选择。2012—2015 年的国有资本经营支出，其用途主要用于以上两大领域，较好地实现了全民利益最大化。2016 年的国有资本经营支出，其中 1693. 93 亿元用于解决国有企业的历史遗留问题、国有企业资本金注入和国有企业政策性补贴，该支出占到 2016 年总支出的 78. 59%。2017 年的国有资本经营支出，其中 1710. 95 亿元用于解决国有企业的历史遗留问题、国有企业资本金注入和国有企业政策性补贴，该支出占到 2017 年总支出的 84. 90%。根据前文所述，目前国有企业上缴财政的利润最高比例为 2016 年的 11. 27%，即当企业有利润时，即使按照最高比例，也只向所有者缴纳了利润的 11. 27%，剩余部分即利润的绝大部分都留在了国有企业。因此，当国有企业由于自身经营或政策环境等问题造成亏损或历史遗留等问题时，首当其冲考虑的应是用企业留利来解决上述问题，这符合成本和收益的配比原则。既然企业获得利润时，国有企业是最大的受益者，如果当国有企业存在问题时甚至付出成本时，国有企业也应该是最大的承担者。其实让国有企业在享受应有的收益的同时去承担应该承担的成本，不仅符合配比原则，且有经济上的可行性，2012—2017 年国有企业的税后可支配利润（以 25% 的企业所得税为标准）均超过 14000 亿元，让国有企业承担 1693.93 亿元（2016 年）或 1710.95 亿元（2017 年）的国有企业问题，实在不是什么难事。反过来分析，2016 年全国的国有资本经营支出只有 2155.49 亿元，却拿出其中的 78.59% 解决企业问题，2017 年全国的国有资本经营支出只有 2015.31 亿元，却拿出其中的 84.90% 解决企业问题，企业盈利时只上缴 10% 左右给股东，企业出现问题却要股东全额买单。如此大包大揽的家长制作风只会纵容企业花钱大手大脚，缺乏责任和担当。

2. 其他支出项目占比过高。目前，尚未找到有关国有资本经营支出中其他支出项目的详细说明，根据预算的完整性要求，其他支出项目应是国有资本经营支出中未以主要支出项目列示的支出。至于这些支出为何不以主要支出项目列示，原因可能有两点：其一，这些支出基于《中华人民共和国保密法》的要求不便于对公众公开；其二，这些支出具有极大的偶然性，由于在做预算时支出用途尚不明确，因此笼统地计入其他支出。无论是基于哪种原因，一般都认为其他支出在总支出中的占比应是非常少的一部分。表 4－12 和表 4－13 分别考察我国 2012—2015 年和 2016 年的其他支出情况。表中项目不加说明的为款级科目，括号内所带数字为该款级科目所对应的类级科目，相应科目见 2012—2017 年国有资本经营支出类级科目表 4－12 和表 4－13。

表 4－12 2012—2015 年其他支出情况表① 单位：亿元

2012 年			2013 年	2014 年	2015 年
项目	决算数	项目	决算数	决算数	决算数
其他教育支出（一）	4.99	其他国有资本经营预算支出（一）	6.31	0.92	1.15
其他科学技术支出（二）	11.62	其他国有资本经营预算支出（二）	13.56	4.46	1.22
		其他国有资本经营预算支出（三）	2.68	1.26	2.29
		其他国有资本经营预算支出（五）	16.26	9.38	7.14

① 由于 2013 年款级科目调整，故 2012 年与 2013—2015 年款级科目不同。

续表

2012 年			2013 年	2014 年	2015 年
项目	决算数	项目	决算数	决算数	决算数
其他城乡社区事务支出（六）	20.99	其他国有资本经营预算支出（六）	33.7	24.57	32.78
		其他国有资本经营预算支出（七）	10.19	2.16	2.18
其他交通运输支出（八）	20.36	其他国有资本经营预算支出（八）	38.5	25.75	51.41
其他资源勘探电力信息等事务支出（九）	150.45	其他国有资本经营预算支出（九）	56.5	37.61	56.95
其他商业服务业等事务支出（十）	64.16	其他国有资本经营预算支出（十）	26.31	27.92	29.04
其他支出（类）	56.57	其他支出（类）	107.76	104.72	247.05
其他支出合计	329.14	其他支出合计	311.77	238.75	431.21
全国国有资本经营支出	1402.8	全国国有资本经营支出	1561.52	2013.71	2066.77
其他支出占当年总支出的比重	23.46%	其他支出占当年总支出的比重	19.97%	11.86%	20.86%

资料来源：根据 2012—2015 年各年国有资本经营支出表整理计算得出。

表 4-13　　2016—2017 年其他支出情况表①　　单位：亿元

项目	决算数	决算数
其他解决历史遗留问题及改革成本支出（二、解决历史遗留问题及改革成本支出）	48.11	103.48
其他国有企业资本金注入（三、国有企业资本金注入）	132.32	195.67
其他国有资本经营预算支出（类级科目五）	401.95	269.50
其他支出合计	582.38	568.65
全国国有资本经营支出	2155.49	2015.31
其他支出占当年总支出的比重	27.02%	28.22%

资料来源：根据 2016—2017 年各年国有资本经营支出表整理计算得出。

① 由于 2016 年类款级科目均做变化，故 2016 年与 2012—2016 年科目均不同。

由表4-12和表4-13可知，国有资本经营支出中其他支出所占比重居高不下是事实，2012年该比重为23.46%，之后两年持续下降，2014年降至11.86%，2015年开始反弹，2016年该比重达到27.02%。2017该比重继续上升达到28.22%，这与其他支出在总支出中的占比应是非常少的一部分的认识相悖。

五、结论与政策建议

（一）国有资本投资应有所为，有所不为

党的十八届三中全会有关政府与市场的认识，有关国有资本投资领域和作用的认识符合经济学家的理论研究和人类近百年的社会实践表明，转型期的中国有其自身的特殊性，但“他山之石，可以攻玉”，他国有关市场与政府作用的认识，有关国有资本作用的认识，或成功或失败都是我们可以借鉴的宝贵财富。同时，中国自身也经历了计划经济并正在经历计划经济向市场经济的转型，“前事不忘，后事之师”，对政府和市场，对国有经济的定位我们也有自己的经验与教训。2018年党的十九届三中全会通过了《中共中央关于深化党和国家机构改革的决定》，指出转变政府职能是深化党和国家机构改革的重要任务。要坚决破除制约市场在资源配置中起决定性作用、更好发挥政府作用的体制机制弊端。同时指出，深入推进简政放权。减少微观管理事务和具体审批事项，最大限度减少政府对市场资源的直接配置，最大限度减少政府对市场活动的直接干预，提高资源配置效率和公平性，激发各类市场主体活力。有关国有经济我们认识到要有所为有所不为，但有关国有资本的投资范围目前还缺乏行业目录规范，这样就极大地增加了国有资本投资的弹性和可操作空间，导致国有资本的超范围投资，不利于真正发挥国有资本的作用，建议尽快出台相关目录规范，能真正引导并约束国有资本投资范围。

（二）国有资本经营收入分配要以全民利益为核心，兼顾企业利益

目前，国有企业利益分配格局以企业利益为核心，兼顾全民利益。如此分配格局，违背了所有者利益最大化的主旨，加剧了所有权主体的虚置和内部人控制企业的现象。建议加大所有者凭借所有权取得收入的比例，为了体现所有者利益最大化的原则，该比例要超过企业可支配利润的50%，党的十八届三

中全会提出，国有资本上缴公共财政的收益比例到2020年要达到30%，在目标实现的同时，应进一步提高该比例。

（三）要规范国有资本经营支出

国有资本经营支出事关全民利益和福祉，其支出内容要相对稳定，不能朝令夕改。这样才能让全民有一个稳定的预期，也能方便公民对政府行为进行有效监督。与此，为了保障全民的知情权，国有资本经营支出应尽可能明确支出的具体用途。国有资本经营支出应主要用于为全民谋福利，这同样是国有资本支出的宗旨，所有支出都不能偏离这一宗旨。

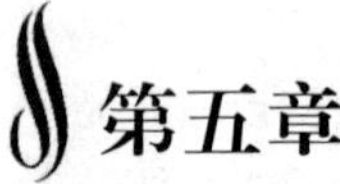

第五章 财政预算对财政决算的约束

“凡事预则立，不预则废。”财政预算事关国家机器的运转、资源配置的效率、收入分配的公平和宏观经济的稳定与增长。好的预算需要有好的执行才能真正发挥作用，如何确保好的预算得到好的执行呢？《预算法》（2014年）第一章总则中的第一条指出，《预算法》制定的目的之一是规范政府收支行为，强化预算约束，加强对预算的管理和监督。至于如何评价预算约束水平，《预算法》并未指明，本书认为，从最简单和最易获取的财政预决算数据入手，看决算在多大程度上按预算执行，或者说看预算在多大程度上对决算形成了约束不失为一个可行的视角。

第一节 有关财政预算约束水平的文献回顾

对于财政预决算的重要性社会各界有着高度的认同，但至于如何对财政预算约束水平进行可能性评价，目前的研究主要有两种思路：第一，从财政预决算入手考察约束水平情况。刘叔申（2010）、郑玉歆（2012）分别对一定时期的一般公共预算收入和一般公共预算支出中某些收支项目的预算完成情况进行了分析，并据此提出了相应的政策建议。第二，从经济发展、财政收入、财政支出、预算赤字等角度入手考察约束水平。Olivier Jean Blanchard（1990）结合上述因素构建了对政府预算行为进行约束的财政扩张指数；陈志勇等（2014）利用修正的财政扩张指数对中国省级财政预算约束进行了分析并提出了相应的政策建议。

学者目前的研究，有力地推动了中国的预决算改革。但尚有以下几个方面可以商榷：第一，目前有关约束水平的考察，主要集中在一般公共预算这一个账本上，而事实是中国的政府收支目前有四个账本，仅限于一个账本进行考察，有失偏颇。第二，从财政预决算入手来考察预算约束水平，简单易行，且更符合约束本意，但目前有关约束的分析，在判断标准上缺乏一个容错空间。第三，从经济发展、财政收入、财政支出和预算赤字等入手综合考察约束水平，首先偏离了约束的本意；其次，如何选取每个因素并最终把每个因素结合进行综合分析，人为选择的差异很大；最后，得到的结论实际操作性不强，难以体现应用价值。

第二节
预算约束水平构建及指标说明

经对预算约束进行文献分析可知，兼具理论价值，又简单易行，易于对政府行为进行考量的评价方法及应用既重要又迫切。我国《预算法》指出政府的全部收入和支出都应当纳入预算，预算包括一般公共预算、政府性基金预算、国有资本经营预算和社会保险基金预算。通过《预算法》可知，四种预算构成了我国政府收支的全部，因此要完整地了解我国财政的预算约束水平，需要分别对四种预算进行分析。《预算法》第一章第十三条指出："经人民代表大会批准的预算，非经法定程序，不得调整。各级政府、各部门、各单位的支出必须以经批准的预算为依据，未列入预算的不得支出。"财政预算要经人民代表大会批准，这是财政法定原则的体现，也是人民真正当家做主的重要保障。为了分析问题的方便，本书明确财政预算约束水平 = 某种财政收入（或支出）的决算数 ÷ 该种财政收入（或支出）的预算数。就收入的预算约束水平而言，既然收入预算是人民代表大会通过的，严格意义上该预算已经对未来的经济发展、各种收入的财源预测乃至风险进行了充分的估计，即该收入预算应具有极大的科学性和对实际收入（决算收入）的预测性。若收入预算满足了这一假设条件，则收入的预算约束水平越接近于 1，说明政府征收部门的征收行为越规范；若收入的预算约束水平大于 1 且越偏离 1，表明征收部门征税努力越大，甚至不规范的行为越严重；若收入的预算约束水平小于 1 且越偏离

1，表明征收部门的征税努力越小，甚至懒政的行为越严重；就支出的预算约束水平而言，同样，既然支出预算是人民代表大会通过的，严格意义上该支出预算已经对政府的收入规模、政府机构规模、政府提供的公共产品和服务规模以及政府提供的社会福利和保障规模有了充分的估计，即该支出预算同样应具有极大的科学性和对实际支出（决算支出）的预测性。若支出预算满足了这一假设条件，则支出的预算约束水平越接近于1，说明政府部门的消费、投资和转移支付行为越规范；若支出的预算约束水平大于1且越偏离1，表明政府部门过度消费、投资和转移支付甚至违规违法消费、投资和转移支付的行为越严重；若支出的预算约束水平小于1且越偏离1，表明政府部门不作为，甚至懒政的行为越严重。现实中，财政收入预算和财政支出预算的编制并不完全符合假设条件，可能的原因有：预算编制程序不规范、预算人员及人大代表的专业素质不高、未来风险的不可预测等。鉴于此，在分析财政预算约束水平及存在的问题时，如果忽略预算本身的问题，即以完美预算作为分析前提，会有失偏颇从而将板子都打在预算执行一方。为了使分析结论更贴近现实，此处设置"5%"的财政预算约束水平容错率，所谓财政预算约束水平容错率，是指可以接受的决算偏离预算水平的差异，本书将此差异定为5%，即将预算对决算形成约束的合理区间设定为预算的（1±5%）的范围内，从而在一定程度上消除由于预算方和不可控因素而导致决算过度偏离预算而决算方（执行方）承担责任和指责的后果。

第三节 财政预算约束水平的统计分析

2007年，政府收支分类改革正式实施，以此次改革作为分水岭，以下分别对2007年后的一般公共预算、政府性基金预算、国有资本经营预算和社会保险基金预算的约束水平进行分析。

一、一般公共预算约束水平的统计分析

（一）一般公共预算收入的约束水平

2007—2017 年各年的收入预决算情况如下：收入分为税收收入和非税收入两个大类。表 5－1 依据收入的类级科目划分对全国、中央和地方的一般公共预算收入约束水平进行分析。

表 5－1　2007—2017 年一般公共预算收入类级科目约束水平（合理区间值：0.95—1.05）

类	地区	2007 年	2008 年	2009 年	2010 年	2011 年	2012 年	2013 年	2014 年	2015 年	2016 年	2017 年
税收收入	全国	***1.171***	1.036	1.014	***1.126***	***1.132***	1.024	1.012	0.992	0.974	***1.171***	***1.065***
	中央	***1.176***	1.026	0.987	***1.126***	***1.111***	1.004	0.988	0.990	0.958	***1.176***	***1.075***
	地方	***1.165***	1.049	***1.052***	***1.127***	***1.158***	*1.047*	*1.039*	*0.994*	*0.990*	***1.165***	***1.055***
非税收入	全国	***1.114***	***1.160***	***1.191***	***1.108***	***1.355***	***1.087***	***1.070***	***1.094***	***1.051***	***1.114***	***0.853***
	中央	***1.185***	***1.189***	***1.243***	0.953	***1.296***	1.019	***1.292***	***1.194***	***1.641***	***1.185***	***0.662***
	地方	***1.092***	***1.151***	***1.171***	***1.155***	***1.370***	***1.102***	1.029	***1.070***	***0.935***	***1.092***	***0.916***

资料来源：根据财政部官网公布的 2010—2017 年一般公共预算收入决算表整理计算得出。其中加粗斜体数字表示该数字约束水平在合理范围外。下表中的加粗斜体数字表示意思相同。

表 5－1 显示，2007—2017 年的 11 年，在 5% 的预算约束水平容错率下，全国税收收入在 2007 年、2010 年、2011 年、2016 年、2017 年，约束水平在合理区间外，且均表现为决算数明显大于预算数，即在这 5 年税收的征收不规范，存在征收“过头税”和乱征税现象；非税收入在 2007—2017 年的 11 年，约束水平在合理区间外，且 2007—2016 年表现为决算数明显大于预算数，以 2011 年尤为突出，2017 年转变为决算数明显小于预算数。这表明，非税收入主要表现为征收过度甚至不规范征收的行为比较严重。全国问题是中央问题和地方问题汇总的结果，因此全国问题可分解为中央问题和地方问题。就税收收入而言，11 年里，中央税收征收不规范的年份有 5 年，与全国年份一致，地方税收征收不规范的年份有 6 年，除与全国一致的 5 年外，2009 年依然不规范。在全国、中央与地方同时不规范的 5 年里，中央 2007 年征收不规范问题较地方严重，2010 年、2016 年、2017 年 3 年两者征收不规范的程度相当，2011 年地方较中央征收不规范的问题严重。就非税收入而言，11 年里，中央非税收入征收不规范的年份有 9 年，地方税收征收不规范的年份有 10 年。

2007—2009 年、2011 年、2014—2017 年 8 年时间里，中央与地方的征收不规范与全国一致，2010 年和 2012 年两年地方不规范但中央规范，2013 年中央不规范但地方规范。

（二）一般公共预算支出的约束水平

2007—2017 年部分类级支出科目进行了调整，为了分析问题的连贯性，以下选取一般公共服务支出、外交支出等 13 个 11 年来相对稳定的类级支出科目进行约束水平分析。

表 5-2　2007—2017 年全国一般公共预算支出类级科目约束水平

（合理区间值：0.95—1.05）

类级科目	2007 年	2008 年	2009 年	2010 年	2011 年	2012 年	2013 年	2014 年	2015 年	2016 年	2017 年
一般公共服务支出	1.043	0.988	0.984	***1.089***	***1.125***	***1.089***	1.037	0.984	***0.923***	***1.084***	***1.114***
外交支出	***0.928***	***0.892***	***0.927***	0.952	0.974	0.967	0.991	0.956	0.990	***0.921***	0.952
国防支出	1.013	1.000	1.030	1.002	1.003	0.998	1.001	0.998	0.997	1.000	0.999
公共安全支出	***1.057***	0.991	0.974	***1.073***	1.010	1.013	1.012	1.023	***1.054***	***1.195***	***1.102***
教育支出	***1.102***	0.992	0.953	***1.058***	***1.157***	***1.122***	0.955	0.959	0.967	1.050	1.025
科学技术支出	***1.108***	0.989	1.037	***1.069***	1.037	1.025	1.036	0.961	1.028	***1.082***	***1.067***
文化体育与传媒支出	***1.110***	1.022	***1.116***	***1.059***	***1.105***	1.041	1.016	0.978	0.995	1.026	***1.062***
社会保障和就业支出	***1.114***	1.018	***0.913***	***1.094***	***1.071***	0.973	1.015	1.005	1.037	***1.092***	***1.093***
医疗卫生与计划生育支出	***1.204***	***1.103***	***1.169***	***1.082***	***1.200***	0.986	1.016	1.010	1.009	***1.064***	1.029
节能环保支出	***1.308***	***1.132***	***1.108***	***1.128***	***0.940***	0.999	1.045	0.980	***1.192***	0.980	***1.178***
城乡社区支出	***1.130***	1.026	***1.084***	***1.140***	***1.155***	***1.057***	***1.151***	***1.081***	***1.127***	***1.158***	***1.072***
农林水支出	***1.131***	***1.059***	***1.164***	***1.080***	***1.065***	***1.065***	1.005	0.984	1.025	***1.061***	0.987
交通运输支出	***1.381***	***1.166***	***1.114***	1.025	***1.220***	0.997	***1.113***	***1.053***	***1.117***	***0.903***	1.029

资料来源：根据财政部官网公布的 2010—2017 年一般公共预算收入决算表整理计算得出。

如表 5-2 所示，就全国一般公共预算支出的预算约束而言，13 个类级科目 11 年间的差异明显，有完全符合预算约束的，有基本不符合预算约束的。观察不符合预算约束的科目可见，除 2015 年的一般公共服务支出项目，2007—2009 年以及 2016 年的外交支出项目、2009 年的社会保障和就业支出项目、2011 年的节能环保支出项目和 2016 年的交通运输支出项目外，13 个项目在其他年份不符合预算约束的表现均为决算（实际支出）超预算，即超预算是一般公共预算支出不符合预算约束的常态。更进一步，表 5－3 将全国分解为中央和地方来看一般公共预算支出的预算约束情况。

表 5－3　2007—2017 年全国、中央及地方一般公共预算支出类级科目不符合预算约束个数表

类级科目	全国	中央	地方
一般公共服务支出	6	3	7
外交支出	4	4	9
国防支出	0	0	7
公共安全支出	5	3	5
教育支出	4	7	5
科学技术支出	4	2	9
文化体育与传媒支出	5	5	5
社会保障和就业支出	6	4	6
医疗卫生与计划生育支出	6	10	6
节能环保支出	7	7	7
城乡社区支出	10	11	10
农林水支出	7	9	7
交通运输支出	8	10	7

资料来源：根据财政部官网公布的 2010—2017 年一般公共预算收入决算表整理计算得出。

如表 5－3 所示，就全国而言，11 年间 13 个类级项目中 7 个项目 6 年或以上不符合预算约束，6 个项目 5 年或以下不符合预算约束，1 个项目完全符合预算约束。支出不符合预算约束不是偶然现象，而是普遍现象，对于某些项目甚至是一种常态。就中央和地方而言，13 个类级科目中，中央较地方财政支出预算约束履行相对较好的科目有一般公共服务支出、外交支出、国防支出、公共安全支出、科学技术支出和社会保障与就业支出 6 个科目，地方较中央财政支出预算约束履行相对较好的科目有教育支出、医疗卫生与计划生育支出、城乡社区支出、农林水支出和交通运输支出 5 个科目，文化体育与传媒支出、节能环保支出 2 个科目的预算约束中央和地方难分高下。就中央而言，城乡社区支出在 11 年时间里，全部不符合预算约束，十分值得关注。分析表明，一般公共预算支出不受预算约束从中央到地方都是普遍现象。

二、政府性基金预算约束水平的统计分析

财政部官方网站公布的政府性基金收支数据始于 2010 年。2010—2017 年间全国政府性基金收支主要公布到类级科目，且科目不断调整，从 2010 年的 47 个类级项目[①]不断调整减少为 2017 年的 26 个类级项目。根据基金收支主体的不同，类级科目可分为中央自有基金、地方自有基金和中央与地方共有基金 3 种。基于数据的连续性和完整性，2010—2017 年已公布的中央基金有铁路建设基金收支等 3 个，地方基金有海南省高等级公路车辆通行附加费收支等 9 个，中央与地方共有基金有农网还贷资金收支等 3 个。以下分别从收入和支出两方面对中央、地方和中央与地方共有基金进行分析。

（一）政府性基金收入的预算约束水平

以下根据基金收入主体的不同，分别分析中央政府性基金收入、地方政府性基金收入和中央与地方共有基金收入的预算约束水平。

1. 中央政府性基金收入。表 5 - 4 分析了 2010—2017 年中央政府性基金收入的预算约束水平。

表 5 - 4　　2010—2017 年中央政府性基金收入类级科目约束水平

（合理区间值：0.95—1.05）

类	2010 年	2011 年	2012 年	2013 年	2014 年	2015 年	2016 年	2017 年
铁路建设基金收入	***1.060***	1.000	***0.915***	0.957	***0.832***	***0.748***	***0.857***	***1.132***
旅游发展基金收入	***1.338***	1.035	***1.106***	1.035	***1.122***	***1.101***	1.037	0.974
中央特别国债经营基金财务收入	***1.112***	***1.163***	1.030	***1.262***	***1.079***	1.019	1.018	1.001

资料来源：根据财政部官网公布的 2010—2017 年全国政府性基金收入决算表整理计算得出。

如表 5 - 4 所示，2010—2017 年，中央政府性基金收入 3 个类级项目的预算约束情况是：3 个项目 8 年中均有 4 年或以上不符合预算约束，其中铁路建设基金收入有 6 年不符合预算约束。这表明 2010—2017 年中央政府性基金收入预算主要表现为不符合预算约束。

---

① 2010 年政府性基金收入 48 项，政府性基金支出 47 项，其中核电站乏燃料处置处理基金收入未列相应的支出预算，其他年份的基金收入项目与基金支出项目数量相同。

2. 地方政府性基金收入。表 5－5 分析了 2010—2017 年地方政府性基金收入的预算约束表。

表 5－5　　2010—2017 年地方政府性基金收入类级科目约束水平

类	2010 年	2011 年	2012 年	2013 年	2014 年	2015 年	2016 年	2017 年
海南省高等级公路车辆通行附加费收入	***1.217***	***1.055***	0.980	***1.106***	1.029	***0.855***	0.980	1.020
新型墙体材料专项基金收入	***1.405***	***1.473***	***1.185***	***1.319***	***1.172***	***1.226***	***1.200***	***2.007***
新菜地开发建设基金收入	1.040	***1.665***	1.033	1.011	***0.641***	***1.118***	***5.673***	***1.902***
城市公用事业附加收入	***1.126***	***1.297***	***1.109***	***1.095***	***1.106***	***1.151***	***1.098***	***1.345***
国有土地使用权出让金收入	***2.265***	***1.705***	***1.055***	***1.527***	***1.176***	***0.823***	***1.334***	***1.452***
国有土地收益基金收入	***2.278***	***1.634***	1.032	***1.360***	***1.210***	***0.823***	***1.375***	***1.715***
农业土地开发资金收入	***1.328***	***1.580***	0.969	***1.220***	***1.242***	***0.769***	***1.137***	***1.275***
城市基础设施配套费收入	***1.797***	***1.920***	***1.224***	***1.575***	***1.086***	***1.064***	***1.417***	***1.065***
车辆通行费收入	***1.736***	***1.136***	***1.054***	***1.071***	0.991	***0.942***	0.985	1.020

资料来源：根据财政部官网公布的 2010—2016 年全国政府性基金收入决算表整理计算得出。

如表 5－5 所示，2010—2017 年，地方政府性基金收入 9 个类级项目的预算约束情况是：4 个项目 8 年全部不符合预算约束，2 个项目 8 年中有 7 年不符合预算约束，2 个项目 8 年中有 5 年不符合预算约束，1 个项目 8 年中有 4 年不符合预算约束。这表明 2010—2017 年地方政府性基金收入预算主要表现为不符合预算约束。

除以上中央和地方的自有基金外，2010—2017 年中央和地方有 3 个共有基金，共有基金的预算约束情况见表 5－6 和表 5－7。通过对共有基金的预算约束水平进行统计分析，更能看出中央和地方在基金收入预算约束水平上的共性和差异。

表 5－6　2010—2017 年中央与地方共有基金中央收入类级科目约束水平

类	2010 年	2011 年	2012 年	2013 年	2014 年	2015 年	2016 年	2017 年
农网还贷资金收入	***1.122***	1.042	***1.097***	0.993	***0.939***	0.986	***1.072***	***1.058***
国家重大水利工程建设基金收入	0.974	***1.083***	1.019	1.029	0.957	***0.822***	0.979	0.977
彩票公益金收入	***1.210***	***1.214***	1.050	***1.055***	***1.093***	***0.890***	1.005	1.046

资料来源：根据财政部官网公布的 2010—2017 年全国政府性基金收入决算表整理计算得出。

表 5－7　2010—2017 年中央与地方共有基金地方收入类级科目约束水平

类	2010 年	2011 年	2012 年	2013 年	2014 年	2015 年	2016 年	2017 年
农网还贷资金收入	***1.203***	***1.240***	***1.131***	***1.081***	***1.110***	1.034	***0.902***	***1.246***
国家重大水利工程建设基金收入	***0.542***	***3.353***	***1.101***	***1.131***	***1.123***	***1.060***	0.971	1.046
彩票公益金收入	***1.133***	***1.192***	***1.221***	***1.157***	***1.184***	***0.931***	***1.064***	***1.271***

资料来源：根据财政部官网公布的 2010—2017 年全国政府性基金收入决算表整理计算得出。

由表 5－6 和表 5－7 可知，中央与地方共有基金收入约束水平的共性表现为：3 项共有基金收入中，除国家重大水利工程建设基金收入中的中央收入 8 年中只有 2 年不符合预算约束外，其余 2 项，在 2010—2017 年的 8 年中，中央和地方均有 5 年或以上不符合预算约束。这表明基金收入不符合预算约束从中央到地方都是常态；差异性表现为：3 项共有基金收入中，均表现为地方比中央更不符合预算约束。

（二）政府性基金支出的约束水平

以下根据基金支出主体的不同，分别分析中央政府性基金支出、地方政府性基金支出和中央与地方共有基金支出的预算约束水平。

1. 中央政府性基金支出。表 5－8 分析了 2010—2017 年中央政府性基金支出的预算约束水平。

表 5－8　2010—2017 年中央政府性基金支出类级科目约束水平

类	2010 年	2011 年	2012 年	2013 年	2014 年	2015 年	2016 年	2017 年
铁路建设基金支出	1.000	1.000	***0.915***	0.957	***0.832***	***0.748***	***0.857***	1.000
旅游发展基金支出	***0.941***	***0.802***	***0.730***	***0.746***	***0.798***	***0.822***	***0.606***	***0.817***
中央特别国债经营基金财务支出	1.000	1.000	1.000	1.000	1.000	1.000	1.000	1.000

资料来源：根据财政部官网公布的 2010—2017 年全国政府性基金支出决算表整理计算得出。

如表 5－8 所示，2010—2017 年，中央政府性基金支出 3 个类级项目的预算约束情况是：中央特别国债经营基金财务支出 8 年全部符合预算约束，且决算支出完全按预算支出执行；铁路建设基金支出 8 年中有 4 年不符合预算约束，且 4 年均表现为决算支出低于预算支出；旅游发展基金支出 8 年全部不符合预算约束，且均表现为决算支出低于预算支出。

2. 地方政府性基金支出。表5－9分析了2010—2017年地方政府性基金支出的预算约束水平。

表5－9　　2010—2017年地方政府性基金支出类级科目约束水平

类	2010年	2011年	2012年	2013年	2014年	2015年	2016年	2017年
海南省高等级公路车辆通行附加费支出	1.047	***1.194***	0.992	1.013	***1.085***	***0.836***	0.984	***1.795***
新型墙体材料专项基金支出	***0.669***	***0.732***	1.031	***0.819***	***0.683***	***0.707***	***0.586***	***1.284***
新菜地开发建设基金支出	***0.806***	***1.131***	***0.632***	***1.189***	***0.924***	***1.659***	***8.939***	na①
城市公用事业附加支出	0.958	***1.260***	1.017	0.960	0.997	***1.232***	***0.880***	***1.818***
国有土地使用权出让金收入安排的支出	***2.139***	***1.701***	1.012	***1.491***	***1.122***	***0.818***	***1.222***	***1.123***
国有土地收益基金支出	***1.951***	***1.572***	***0.856***	***1.289***	***1.152***	***0.833***	***0.925***	***1.122***
农业土地开发资金支出	1.025	***1.270***	***0.867***	***1.066***	0.974	***0.676***	***0.722***	***0.838***
城市基础设施配套费支出	***1.410***	***1.696***	***1.277***	***1.413***	0.983	0.980	***1.101***	***0.905***
车辆通行费支出	***1.553***	***1.125***	0.963	1.044	0.999	0.950	***0.938***	***1.254***

资料来源：根据财政部官网公布的2010—2017年全国政府性基金支出决算表整理计算得出。

如表5－9所示，2010—2017年，地方政府性基金支出9个类级项目的预算约束情况是：1个项目8年全部不符合预算约束，3个项目8年中有7年不符合预算约束，2个项目8年中有6年不符合预算约束，3个项目8年中有4年不符合预算约束。

2010—2017年中央和地方3个共有基金的支出预算约束情况见表5－10和5－11。通过对共有基金的预算约束水平进行统计分析，更能看出中央和地方在基金支出预算约束水平上的共性和差异。

表5－10　　2010—2017年中央与地方共有基金中央支出类级科目约束水平

类	2010年	2011年	2012年	2013年	2014年	2015年	2016年	2017年
中央农网还贷资金支出	1.000	0.993	1.000	0.953	***0.846***	***0.945***	1.000	0.997
国家重大水利工程建设基金支出	***0.713***	***0.675***	***0.911***	0.988	***0.897***	***0.852***	***0.861***	***0.918***
彩票公益金支出	***0.891***	***0.853***	***0.850***	***0.920***	***0.947***	***0.919***	***0.917***	***0.773***

资料来源：根据财政部官网公布的2010—2017年全国政府性基金支出决算表整理计算得出。

① 2017年地方政府性基金收入决算表显示“新菜地开发建设基金收入”取得了收入，但当年的地方政府性基金支出决算表未公开相关支出数据。

表 5－11　2010—2017 年中央与地方共有基金地方支出类级科目约束水平

类	2010 年	2011 年	2012 年	2013 年	2014 年	2015 年	2016 年	2017 年
地方农网还贷资金支出	1.012	***1.279***	***1.220***	1.026	***1.055***	***1.200***	***0.883***	***1.092***
国家重大水利工程建设基金支出	***0.025***	***0.554***	***1.356***	***0.834***	***0.922***	***1.071***	***1.185***	1.008
彩票公益金支出	***0.939***	***0.863***	***1.308***	***0.901***	***0.898***	1.018	***1.092***	***0.944***

资料来源：根据财政部官网公布的 2010—2017 年全国政府性基金支出决算表整理计算得出。

由表 10－11 可知，中央与地方共有基金支出约束水平的共性表现为：3 项共有基金支出中，除农网还贷资金支出的中央收支外，其余 2 项无论是中央支出还是地方支出在 2010—2017 年的 8 年中，均有 5 年或以上年份不符合预算约束。这表明基金支出不符合预算约束从中央到地方都是常态；差异性表现为：3 项共有基金支出中，农网还贷资金支出表现为中央比地方更符合预算约束，彩票公益金支出表现为地方比中央更符合预算约束。

三、国有资本经营预算约束水平的统计分析

财政部官方网站公布的国有资本经营预算收支数据始于 2012 年。2012—2017 年间国有资本经营预算收支主要公布到类级科目，就收入而言，分为利润收入、股利和股息收入、产权转让收入、清算收入和其他国有资本经营收入等 5 类。就支出而言，由于 2016 年、2017 年两年的科目与 2010—2015 年相比，做出了巨大调整。基于分析的连续性和可比较性，本书有关国有资本经营预算支出约束水平的分析年限为 2010—2015 年。

（一）国有资本经营预算收入约束水平

表 5－12 分析了 2012—2017 年国有资本经营预算收入的约束水平。

表 5－12　2012—2017 年国有资本经营预算收入约束水平①

类	地区	2012 年	2013 年	2014 年	2015 年	2016 年	2017 年
利润收入	中央	***1.155***	1.039	0.974	1.025	0.971	***0.947***
	地方	0.973	***1.156***	***1.072***	***1.216***	***1.423***	***1.250***

① 2016 年的中央股利、股息收入未公布列预算数，决算数列示为 8.01 亿元。因此不能得出预算约束水平值；2012—2017 年的中央清算收入没有公布预算数，因此中央清算收入的预算约束水平值没有进行分析；2012—2017 年的中央预算收入没有公布其他国有资本经营收入数据，因此中央其他国有资本经营收入的预算约束水平值没有进行分析。

续表

类	地区	2012 年	2013 年	2014 年	2015 年	2016 年	2017 年
股利、股息收入	中央	***1.630***	***2.100***	***8.918***	***1.101***	na	1.006
	地方	***1.317***	***1.276***	1.024	***1.281***	***1.489***	***1.717***
产权转让收入	中央	***0.920***	***1.837***	***2.253***	***2.732***	***6.647***	***1.802***
	地方	***1.207***	***1.067***	***3.604***	***2.429***	***2.762***	***3.215***
清算收入	地方	***0.819***	***4.150***	***1.718***	***1.942***	***2.889***	***1.203***
其他国有资本经营收入	地方	***3.441***	***1.185***	***0.715***	***1.296***	***0.524***	***0.758***

资料来源：根据财政部官网公布的 2010—2017 年国有资本经营预算收入决算表整理计算得出。

如表 5-12 所示，2012—2017 年，中央与地方共有收入为利润收入，股利、股息收入和产权转让收入共 3 类。其中，中央利润收入 6 年中有 4 年符合预算约束，明显好于地方预算约束 6 年中 5 年不符合预算约束的情形。股利、股息收入中央 2016 年未公布预算数，不符合预算公开的前提，其余 5 年中有 4 年不符合预算约束，而地方股利、股息收入 6 年中有 5 年不符合预算约束。中央和地方的股利、股息预算均表现为严重不符合预算约束。产权转让收入中央与地方 6 年中均不符合预算约束，表明预算未对产权转让收入形成约束。地方自有的清算收入和其他国有资本经营收入 2 项，6 年全部不符合预算约束，表明预算未对上述 2 项收入形成约束。

（二）国有资本经营预算支出约束水平

表 5-13 分析了 2012—2015 年国有资本经营预算支出的约束水平。

表 5-13　2012—2015 年国有资本经营预算支出的约束水平

类	地区	2012 年	2013 年	2014 年	2015 年
教育支出	中央	***10.381***	***0.495***	***0.49***	na
	地方	***2.097***	***5.256***	***0.317***	***2.03***
文化体育与传媒支出	中央	***155***	***0.714***	***0.677***	***0.611***
	地方	***1.314***	***0.651***	***0.787***	0.992
农林水支出	中央	***5.153***	***0.756***	***0.713***	na
	地方	***2.829***	***1.379***	0.969	***1.823***
交通运输支出	中央	***0.56***	***0.601***	***1.605***	0.967
	地方	***2.248***	0.974	1.043	***0.882***

续表

类	地区	2012 年	2013 年	2014 年	2015 年
资源勘探信息等支出	中央	***1.193***	0.968	***0.836***	***0.715***
	地方	***1.162***	***0.799***	***0.883***	***0.745***
商业服务业等支出	中央	***1.152***	***0.887***	1.038	***1.071***
	地方	0.971	***1.292***	***1.192***	***0.763***
其他支出	中央	***0***	***0.262***	***0.078***	***0.582***
	地方	***0.733***	***1.27***	1.035	***0.94***
科学技术支出	地方	***1.161***	***1.628***	0.992	***1.274***
节能环保支出	地方	***0.635***	***1.645***	***0.931***	***13.444***
城乡社区支出	地方	***6.58***	1.047	***2.978***	***1.613***
社会保障和就业支出	中央	***0.856***	***1.701***	***2.071***	***2.307***

资料来源：根据财政部官网公布的2010—2017年国有资本经营预算支出决算表整理计算得出。

由表5－13可知，教育支出、文化体育与传媒支出、农林水支出、交通运输支出、资源勘探信息等支出、商业服务业等支出和其他支出7类支出为中央和地方共有支出项目；科学技术支出、节能环保支出、城乡社区支出3类支出为地方自有支出项目；社会保障和就业支出为中央自有支出项目。

就中央和地方共有支出项目而言，7类支出中除地方交通运输支出在2012—2015年的4年中有2年符合预算约束外，其余项目无论是中央还是地方在2012—2015年的4年中均有3年或以上不符合预算约束。表明7类共有支出未对中央和地方形成有效约束是常态，仅从符合预算约束的年份数来看，7个项目中只有商业服务业1个支出项目中央和地方符合预算约束的年份相同，其余6个项目表现为中央符合预算约束的年份少于地方符合预算约束的年份。表明中央相对地方而言，在中央和地方共有支出项目上更不符合预算约束。就地方自有支出项目而言，3个地方自有项目在2012—2015年的4年中均有3年或以上不符合预算约束。表明地方自有项目支出不符合预算约束是常态。一个中央自有支出项目2012—2015年的4年全部不符合预算约束。总体而言，无论是中央还是地方，2012—2015年国有资本经营预算支出不符合预算约束是常态。

四、社会保险基金预算约束水平的统计分析

财政部官方网站公布的社会保险基金预算收支数据始于2011年。2011—

2017 年间社会保险基金预算收支主要公布到类级科目，由于社会保险基金具有专款专用的性质，因此相应的收支项目具有统一性。2011—2017 年社会保险基金预算收入（或支出）类级科目包括企业职工基本养老保险基金收入（或支出）、失业保险基金收入（或支出）、城镇职工基本医疗保险基金收入（或支出）、工伤保险基金收入（或支出）、生育保险基金收入（或支出）、居民社会养老保险基金收入[①]（或支出）和居民基本医疗保险基金收入（或支出）7 项。

表 5 - 14 分析了 2011—2017 年社会保险基金预算收入的约束水平。

表 5 - 14　　2011—2017 年社会保险基金预算收入的约束水平

类级科目	2011 年	2012 年	2013 年	2014 年	2015 年	2016 年	2017 年
企业职工基本养老保险基金收入	***1.210***	***1.160***	***1.110***	***1.083***	***1.092***	***1.077***	***1.153***
失业保险基金收入	***1.230***	***1.240***	***1.120***	***1.122***	0.974	0.965	0.971
城镇职工基本医疗保险基金收入	***1.130***	***1.160***	***1.110***	***1.085***	***1.076***	***1.084***	***1.166***
工伤保险基金收入	***1.170***	***1.190***	***1.130***	***1.096***	1.027	***1.061***	***1.170***
生育保险基金收入	***1.190***	***1.200***	***1.130***	***1.104***	***1.085***	***1.075***	***1.111***
居民社会养老保险基金收入（城乡居民基本养老保险基金收入）	na	0.960	1.040	1.020	1.046	1.012	***1.076***
居民基本医疗保险基金收入	na	1.030	1.040	1.018	1.046	1.016	1.012

资料来源：根据财政部官网公布的 2011—2017 年的社会保险基金数据整理得出。

如表 5 - 14 所示，2011—2017 年，7 类社会保险基金收入中，企业职工基本养老保险基金收入、失业保险基金收入、城镇职工基本医疗保险基金收入、工伤保险基金收入和生育保险基金收入 5 项收入 7 年中有 4 年或以上不符合预算约束，特别是企业职工基本养老保险基金收入、城镇职工基本医疗保险基金收入和生育保险基金收入 3 项收入 7 年全部不符合预算约束。居民社会养老保险基金收入 7 年中除 2011 年没有数据外，只有 1 年不符合预算约束。居民基本医疗保险基金收入 7 年中除 2011 年没有数据外，其余 6 年全部符合预算约束。分析结果显示，2011—2017 年社会保险基金预算收入不同项目的预算约束两极分化严重。

---

① 2014 年后改为城乡居民基本养老保险基金收入。

表 5 - 15　　2011—2017 年社会保险基金预算支出的约束水平

类级科目	2011 年	2012 年	2013 年	2014 年	2015 年	2016 年	2017 年
企业职工基本养老保险基金支出	1.000	1.010	1.010	1.036	1.023	1.015	1.000
失业保险基金支出	***0.890***	***0.910***	***0.900***	***0.910***	0.989	***0.906***	***0.860***
城镇职工基本医疗保险基金支出	1.040	***1.070***	1.050	1.035	1.006	0.992	1.032
工伤保险基金支出	1.010	***1.130***	***1.060***	1.047	0.970	***0.929***	0.999
生育保险基金支出	1.050	***1.170***	***1.150***	***1.120***	1.002	1.020	***1.210***
居民社会养老保险基金支出（城乡居民基本养老保险基金支出）	na	1.010	1.030	1.025	***1.082***	0.976	1.002
居民基本医疗保险基金支出	na	***1.090***	***1.080***	1.039	0.993	0.986	0.987

资料来源：根据财政部官网公布的 2011—2017 年的社会保险基金数据整理得出。

如表 5 - 15 所示，2011—2017 年，7 类社会保险基金支出中，失业保险基金支出 7 年中有 6 年不符合预算约束；生育保险基金支出 7 年中有 4 年不符合预算约束；工伤保险基金支出 7 年中有 3 年不符合预算约束；居民基本医疗保险基金支出 7 年中有 1 年数据缺失，其余 6 年中有 2 年不符合预算约束；特别地，企业职工基本养老保险基金支出 7 年全部符合预算约束。分析结果显示，2011—2017 年社会保险基金预算支出符合预算约束和不符合预算约束的年份数情况相当。但总体情况明显好于社会保险基金收入的预算约束情况。

第四节
结论与政策建议

一、结论

（一）一般公共预算不符合预算约束是常态

2007—2017 年的 11 年间，一般公共预算约束的具体表现如下：第一，就一般公共预算收入约束而言，税收收入比非税收入符合预算约束。税收收入有 5 年不符合预算约束，而非税收入 11 年全部不符合预算约束。第二，就中央和地方一般公共预算收入约束而言，地方比中央更不符合预算约束。就税收收入而言，11 年里中央有 5 年不规范，地方有 6 年不规范；就非税收入而言，

11 年里中央有 9 年不规范，地方有 10 年不规范。第三，就一般公共预算支出约束而言，中央与地方支出不符合预算约束情况相当。11 年里，就全国而言，13 个考察的支出项目中超过 7 个 6 年或 6 年以上不符合预算约束，中央有 6 个项目比地方符合预算约束，地方有 5 个项目比中央符合预算约束。第四，一般公共预算不符合预算约束主要表现为决算数超出预算数。无论是收入还是支出，全国、中央还是地方，不符合预算约束主要表现为决算数大于预算数 5% 以上。

（二）政府性基金预算不符合预算约束是常态

2010—2017 年的 8 年间，政府性基金预算约束的具体表现如下：第一，就政府性基金预算收入约束而言，各类基金收入不符合预算约束是常态，地方比中央在共有基金收入中表现得更不符合预算约束。3 个中央政府基金收入、9 个地方政府基金收入 7 年里，全部表现为 4 年或 4 年以上不符合预算约束。3 项中央与地方共有基金收入项目，全部表现为地方比中央更不符合预算约束。第二，就政府性基金预算支出约束而言，各类基金支出不符合预算约束是常态，地方比中央在共有基金支出中表现得更不符合预算约束。3 个中央政府基金支出中的 2 个、9 个地方政府基金支出有 4 年或 4 年以上不符合预算约束。3 项中央与地方共有基金支出项目，有 2 项表现为中央比地方更符合预算约束，1 项表现为地方比中央更符合预算约束。第三，政府性基金预算不符合预算约束在收入上主要表现为收入决算数大于收入预算数 5% 以上，在支出上主要表现为支出决算数大于支出预算数 5% 以上。

（三）国有资本经营预算不符合预算约束是常态

国有资产经营预算约束的具体表现如下：第一，就国有资本经营预算收入约束而言，除中央利润收入外的其他收入从中央到地方不符合预算约束是常态。2012—2017 年的 6 年间，3 类中央与地方共有国有资本经营收入中，除中央利润收入 6 年中 4 年符合预算外，地方利润收入和其他 2 类收入基本不符合预算约束。2 类地方国有资本经营收入 5 年中全部不符合预算约束。第二，就国有资本经营预算支出约束而言，支出不符合预算约束从中央到地方均是常态。2012—2015 年的 4 年间，7 类中央与地方共有支出项目，除地方交通支出项目 4 年中有 2 年符合预算约束外，其余中央与地方共有支出项目、3 个地方自有支出项目和 1 个中央自有支出项目 4 年里均有 3 年及以上年份不符合预算约束。第三，国有资本经营预算不符合约束无明显的方向性。即无论是国有资本经营收入具体项目约束还是国有资本经营支出具体项目约束呈现出有的年份决算数大于预算数 5% 以上，有的年份决算数小于预算数 5% 以上，没有明显的规律性。

（四）社会保险基金预算不符合预算约束是常态

2011—2017 年的 7 年间，社会保险基金预算约束的具体表现如下：第一，就社会保险基金预算收入约束而言，收入不符合预算约束是常态。7 类社会保险基金收入中，除居民基本医疗保险基金收入 7 年里全部符合预算约束外，有 5 类收入 7 年里有 4 年及 4 年以上不符合预算约束。第二，就社会保险基金预算支出约束而言，支出符合预算约束与支出不符合预算约束的情况相当。7 类社会保险基金支出中，失业保险基金支出 7 年中有 6 年不符合预算约束，而企业职工基金养老保险基金支出 7 年里全部符合预算约束，其余 5 类社会保险基金支出项目 6 年里，符合与不符合预算约束的情况相当。第三，社会保险基金预算不符合约束主要包括为决算数大于预算数 5% 以上。除失业保险基金支出这一支出项目不符合预算约束表现为决算数小于预算数 5% 以上外，其余的收入项目和支出主要表现为决算数大于预算数 5% 以上。

二、政策建议

（一）强化财政的预算硬约束

从中央到地方，财政预算常年不能对决算形成有效约束，说明我国财政的预算约束能力较差。《预算法》及各级人民代表大会批准的预算具有法律效力，应体现严肃性和刚性。财政预算应具有强制约束力，这是原则，是常态。非遇特殊事项，预算的执行即决算不能突破预算约束的合理范围。预算遭遇特殊事项需要调整，这是例外，是非常态。由于特殊事项对预算进行调整，《预算法》应做出详细的规定。我国有关预算应遵循的原则，《预算法》第一章总则第十二条指出，各级预算应当遵循收支平衡的原则，各级政府应当建立跨年度预算平衡机制。建议《预算法》改革应将财政预算应具有强制约束力作为预算的重要原则之一。

（二）将行政权力更好地关进笼子里

通过《预算法》对政府收支活动四个账本的介绍可见，就政府收入而言，无论政府是通过税收筹集收入、为特定公共事业发展筹集的收入、通过国有资本经营取得收益还是社会保险缴款收入，行政单位都是直接的组织者和管理者。就政府支出而言，无论是安排保障和改善民生支出、安排国家机构运转支出，特定公共事业发展的支出，国有资本收益安排的支出，还是社会保险等专项支出，行政单位同样是直接的组织者和管理者。财政预算常年不能对决算形成约束，需要我们更多地关注组织财政收支的行政单位的行政行为。作为组织和管理财政收支的相关行政部门，其行为与市场经济中的企业和个人利益密切相关，换言之，组织和管理财政收支的相关行政部门的职务行为有较大的行政权力，一旦市场中的企业和个人试图通过游说和贿赂等行为改变相关行政部门的财政收支安排，而相关行政部门的行政人员选择与这些企业或个人合谋，则腐败就很有可能发生，从而为相应的财政收支项目的改变乃至最终财政收支决算常年不受预算约束埋下了伏笔。建议进一步规范组织和管理财政收支的相关行政部门的权力，将权力进一步关进笼子里。

（三）加强人大对预算的批准和监督权力

我国《预算法》赋予了人大在政府收支预算上的诸多权力：预算、预算调整、决算、预算执行情况的报告等都需要经过人大的批准，各级人大及其常务委员会会对相应的政府预算、决算进行监督。那随之而来的一个问题是，既然《预算法》赋予了人大包括财政监督权在内的诸多权力，那人大是如何批准和监督政府的财政收支活动的，人大在财政预算常年不能对决算形成有效约束的现象中扮演了什么角色呢？要回答该问题，首先需要厘清人大和政府的关系。从机构设置上来看，人大是我国的立法机关，政府是我国的行政机关。两者是平行关系。但从机构运转的资金来源来看，人大的机构运转来源于财政收入，即政府收入的一部分，政府掌握着人大的钱袋子。人大和政府的关系是资金需求者和资金提供者的关系。从机构运转的资金来源来看，资金需求者处于弱势，资金提供者处于强势，让弱势去监督强势本身即不符合法理逻辑。监督权应是平等主体的双方之间，一方对另一方或双方之间相互的权力。因此要真正发挥人大的作用，切实加强人大对预算的批准和监督权力，可探索实施人大、行政、财政相分离的机构设置。使人大、行政和财政处于真正的平行关系，切实保障人大对预算的批准和监督权力。

第六章
结　论

结合对财政信息公开重要性的检验、我国财政预决算公开四性的分析、财政预决算中的其他财政收支的分析、财政预决算中的重要项目的分析和财政预算对财政决算约束的分析，有关我国财政信息公开问题的研究终于可以暂时告一段落了。本书所做的主要创造性工作和研究成果概括如下：

第一，将财政信息公开、政府转移支付、资源禀赋与政府的行政支出相结合，定量分析研究了财政信息公开的作用。以行政管理支出作为政府行政成本视角的研究发现，财政信息公开对总财政支出中的政府行政支出比重具有显著的约束作用，而自然资源依赖度增加会弱化两者间的关系。对于转移支付规模增加导致政府行政管理支出增加的“粘蝇纸”效应，提高财政信息公开可以减弱这种效应。为了充分发挥财政信息公开对政府收支的约束作用，应继续推进各级政府的财政信息公开工作；不同地区除应提供基本的财政预决算信息公开外，应当披露重点项目的财政信息；加强对自然资源依赖地区与自然资源有关的财政收支信息公开；要加大对转移支付依赖地区的财政信息公开度。此外，还应建设有利于财政信息公开发挥作用的宏观经济环境。

第二，重新诠释并考察了我国财政预决算信息公开的完整性、透明性、确定性和统一性四性。研究指出，就完整性而言，一般公共预决算支出和社会保险基金预决算收支不符合完整性要求；就透明性而言，四个钱包的透明性主要集中在一级科目（类）和二级科目（款），只有一般公共预算的决算支出的大部分透明到了三级科目（项），至于四级科目（目）则完全不涉及；就确定性而言，研究表明，目前有关财政信息公布的确定性情况是，当年的财政预算信息不仅不能当年之前公布，也不能在当年公布，而是选择在下一年年中公布财政决算信息时才一同公布。就统一性而言，我国目前的财政预决算涉及的机构现状是，社会保险基金预算同时涉及人力资源和社会保障部与财政部，国有资本经营预算同时涉及国有资产监督管理委员会和财政部，一般公共预算同时涉及国家税务总局和财政部。未来的财政预决算信息在上述四个方面有很大的改进空间。

第三，设置了财政收支项目需要关注的级别标准，并以此为标准分析了我国一般公共预算、政府性基金预算、国有资本经营预算中的其他财政收入和其他财政支出科目需要关注的级别。分析得出的结论无论是一般公共预算、政府性基金预算还是国有资本经营预算都设置了从类到款到项等级别不同的其他收入和其他支出科目，而这些设置的其他收入和其他支出科目中的绝大部分都需要予以一般关注级别以上的关注，特别是其中超过50%以上的科目需要予以重点关注和重中之重关注。在未来的财政收支公开改革中，除了需要关注公开四性外，还应加强科目设置的规范性和科学性，减少其他财政收支科目设置的数量和占相应的上级科目的比重，进一步地规范政府行为的同时，也保障民众有更多的知情权。

第四，选取了民生、政府行政、国有企业改革和经济增长等重点项目，结合一般公共预算、政府性基金预算、国有资本经营预算的公开信息对其进行分析。结合具体的财政预决算信息对上述重点项目予以分析的结论是，我国的财政项目在民生、政府行政、国有企业改革和促进经济增长存在着一些问题和不足，在未来的财政支出中应加强财政对教育支出、文化体育与传媒支出、社会保障和就业支出、医疗卫生与计划生育支出、住房保障支出等民生支出；控制政府办公厅（室）及相关机构事务、人力资源事务、商贸事务和工商行政管理等行政行为；规范政府性基金预算与一般公共预算各自的边界；加强对国有资本经营预算的管理，调整国有企业改革，发挥国有经济在经济增长中的作用。

第五，通过构建的预算约束容错率对我国财政预算对财政决算（财政执行）的约束水平进行了分析，发现我国的财政预算对财政决算（财政执行）的约束水平不强，无论是一般公共预算、政府性基金预算、国有资本经营预算还是社会保险基金预算，预算对决算都没有形成有力的约束。未来要完善《预算法》，强化财政预算对财政决算的硬约束。要特别强调，《预算法》及各级人民代表大会批准的预算具有法律效力，应体现严肃性和刚性。财政预算应具有强制约束力，这是原则，是常态。非遇特殊事项，预算的执行即决算不能突破预算约束的合理范围。预算遭遇特殊事项需要调整，这是例外，是非常态。此外还要规范政府权力，将权力关进笼子里，加强人大对财政预算的批准和监督权力。

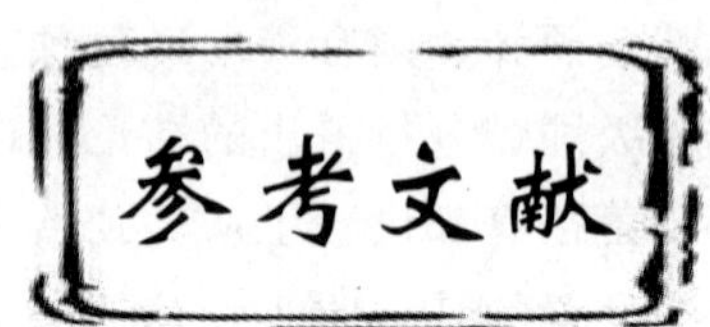

参考文献

[1] 陈工. 民生财政支出分权与中国城乡收入差距 [J]. 财贸研究, 2016 (02): 95 - 103.

[2] 陈少英. 论地方政府保障民生的财政支出责任 [J]. 社会科学, 2012 (02): 112 - 120.

[3] 陈志勇, 陈思霞. 制度环境、地方政府投资冲动与财政预算软约束. 经济研究, 2013 (3): 76 - 87.

[4] 邓子基, 韩瑜. 公共财政与民生 [J]. 当代财经, 2008 (08): 39 - 44.

[5] 范子英. 转移支付、基础设施投资与腐败 [J]. 经济社会体制比较, 2013 (2): 179 - 192.

[6] 范子英, 张军. 粘纸效应: 对地方政府规模膨胀的一种解释 [J]. 中国工业经济, 2010 (12): 5 - 15.

[7] 范子英, 张军. 转移支付、公共品供给与政府规模的膨胀 [J]. 世界经济文汇, 2013 (2): 1 - 19.

[8] 付文林, 沈坤荣. 均等化转移支付与地方财政支出结构 [J]. 经济研究, 2012 (5): 45 - 57.

[9] 高翔, 黄建忠. 贸易开放、要素禀赋与中国省际政府规模: 1997 - 2013 [J]. 国际贸易问题, 2016 (5): 164 - 176.

[10] 国际货币基金组织. 2001 年政府财政统计手册 [Z]. 华盛顿特区: 国际货币基金组织, 2001.

[11] 国际预算合作组织网页，https：//www. internationalbudget. org/open - budget - survey/.

[12] 哈维·S. 罗森，特德·盖亚．财政学［M］. 中国人民大学出版社，2015.

[13] 侯余兴、李媛媛：政府行政运转成本核算的理论探讨，财政研究，2012 年第 9 期，第 2 - 5 页。

[14] 胡兵，陈少林，乔晶．贸易开放对地方政府支出规模影响的实证研究［J］. 国际贸易问题，2013（8）：38 - 50.

[15] 黄寿峰，郑国梁．财政透明度对腐败的影响研究——来自中国的证据［J］. 财贸经济，2015（03）：30 - 42.

[16] 贾康，梁季，张立承．“民生财政”论析［J］. 中共中央党校学报，2011（02）：5 - 13.

[17] 姜扬．中国民生财政支出的经济社会效应研究［D］. 吉林大学 2017 年博士论文．

[18] 景辛辛．民生性财政支出对中国居民消费的动态驱动效应研究——基于 LMDI 模型的再检验［J］. 西南民族大学学报（人文社会科学版），2018（6）：132 - 141.

[19] 李春根，徐建斌．中国财政预算透明与地区官员腐败关系研究［J］. 当代财经，2016（1）：19 - 28.

[20] 李丹，裴育．财政透明度对财政资金配置效率的影响研究［J］. 财经研究，2016（2）：40 - 49.

[21] 刘欢．民生财政支出、人口流动与经济增长——基于非线性面板门槛模型的实证分析［J］. 贵州财经大学学报，2018（01）：13 - 24.

[22] 刘叔申：政府预算的科学性与软约束——基于中国财政预算执行情况的实证分析，中国行政管理，2010 年第 2 期，第 110 - 114 页。

[23] 马海涛，和立道．公共财政保障民生的次序研究——基于民生支出项目的“层级分布”要求［J］. 地方财政研究，2010（02）：28 - 34.

[24] 潘俊，杨兴龙，王亚星．财政分权、财政透明度与地方政府债务融资［J］. 山西财经大学学报，2016（12）：52 - 63.

[25] 上海财经大学公共政策研究中心．中国财政透明度报告［M］. 上海财经大学出版社，2009 - 2018.

[26] 宋小宁，陈斌，梁琦．区位劣势和县域行政管理费增长［J］. 经济

研究，2015（3）：32－46.

[27] 宋小宁，葛锐，苑德宇．县级行政管理费增长与财政转移支付依赖[J]．中国行政管理，2015（1）：119－125.

[28] 孙春雷．我国民生财政研究［D］．财政部财政科学研究所2015年博士论文．

[29] 王莹，范琦，冯经纶．增值税与政府规模扩张的实证分析［J］．财贸经济，2014（11）：23－30.

[30] 文雁兵．政府规模扩张、福利效应与政策矫正——基于门槛效应模型的经验研究［J］．经济理论与经济管理，2016（9）：25－39.

[31] 肖鹏，刘炳辰，王刚．财政透明度的提升缩小了政府性债务规模吗？——来自中国29个省份的证据［J］．中央财经大学学报，2015（8）：18－26.

[32] 谢宇．回归分析［M］．社会科学文献出版社，2013.

[33] 辛兵海．尚晓贺，陶江．资源依赖是否降低了地方政府信息透明度[J]．山西财经大学学报，2014（9）：23－30.

[34] 辛兵海，张志超．资源依赖降低了财政透明度吗——基于我国288个城市样本的分析［J］．财贸经济，2014（08）：24－37.

[35] 徐振华、秦浩：政府行政成本概念研究的多维述评，领导科学，2015年第3期。第13－17页。

[36] 杨斌．财政学（第三版）［M］．东北财经大学出版社，2014.

[37] 余华义．城市化、大城市化与中国地方政府规模的变动［J］．经济研究，2015（10）：104－118.

[38] 翟司霞．中央财政预算透明度评价研究［J］．管理评论，2013（02）：12－18.

[39] 张光：测量中国政府的行政成本，甘肃行政学院学报，2015年第5期，第4－18页。

[40] 张馨．论民生财政［J］．财政研究，2009（01）：7－10.

[41] 郑玉歆：强化我国财政预算的硬约束，中国社会科学报2012年6月11日。

[42]《中国市级政府财政透明度研究》课题组．中国市级政府财政透明度研究报告［R］．清华大学公共管理学院，2012－2018.

[43] 周伟．“一带一路”沿线国家政府预算透明度的比较与思考［J］．

财政监督，2017（15）：17－22.

［44］庄玉乙，张光．“利维坦”假说、财政分权与政府规模扩张：基于1997—2009年的省级面板数据分析［J］．公共行政评论，2012（4）：5－26.

［45］Arellano，M.，and S. Bond. 1991. Some tests of specification for panel data：Monte Carlo evidence and an application to employment equations. Review of Economic Studies 58：277－97.

［46］Olivier Jean Blanchard. “Suggestions for a New Set of Fiscal Indicators，” OECD Economics Department Working Papers 79，OECD Publishing.

［47］Xiangzhou HE，Zhongan XI，Analysis and Solution on High Government Cost，2011 International Conference on Education Science and Management Engineering（ESME 2011）.

后　记

《中国财政信息公开问题研究》即将付梓，回想写作的动机和过往，感慨良多。对财政信息公开问题的兴趣和关注源于在上海财经大学读博期间与蒋洪老师和刘小兵老师的相识，两位老师组织的团队当时正在忙于《2009 中国财政透明度报告》的写作，上课之余两位老师会与我们分享报告团队在调研、撰写中的点滴故事，那时的我就被这些故事深深吸引了，以致于以后每年发布的财政透明度报告我都会第一时间关注。而且关注也不止于上海财经大学发布的《中国财政透明度报告》，包括清华大学发布的《中国市级财政透明度研究报告》和国际预算合作组织发布的《公开预算调查全球报告》。

博士毕业后的 10 年里，由于家庭的变故和工作单位的变更，我的生活重心和工作内容不断地调整，唯一不变的是我一直是财政信息公开问题研究的“消费者”。真正让我下定决心从事这一领域研究的，是三年前我工作的学校所做的本科生教学培养方案大调整。根据调整方案，2018 级以后的新生课程安排，将之前培养方案中的《政府预算管理与会计》一门课程调整为《政府预算》和《预算会计》两门课程，而调整后的《政府预算》课程将由我作为主讲人。虽然从事财税专业教学十多年，对政府预算问题有自己的一些心得，但客观地说，当时的我由于没有做过预算方面的研究，接到任务的片刻心里是忐忑的。为了能真正进入政府预算这一领域，不误人子弟，我在心里说服自己要从一个政府预算的“消费者”向一个政府预算的研究者转变。这一转变中我最先触及的又是财政信息公开，因此我才开始真正地尝试进入这一领域。

在此，感谢我的夫人陈鑫女士多年来在生活和工作上给予我的巨大支持；感谢山西财经大学财政与公共经济学院财政系的所有同仁，他们给了我一个温暖有爱的财政之家；感谢前工作单位上海工程技术大学和云南财经大学，他们为我的专业成长提供了历练和空间；感谢我的岳父，多年来为我的家庭所做的付出；感谢中国财政经济出版社的编辑们对于书稿出版的大力支持。当然，由于本人能力所限，书中难免会有错误和疏漏，恳请各位专家和读者不吝赐教。

刘生旺

2020 年 11 月 30 日